VIES

DES

DAMES GALANTES

PARIS. — TYPOGRAPHIE TOLMER ET Cie
3, RUE DE MADAME, 3

VIES
DES
DAMES GALANTES

PAR

LE SEIGNEUR DE BRANTOME

PARIS
VICTOR BUNEL, ÉDITEUR
3, RUE DE L'ABBAYE, 3

1880

VIES
DES
DAMES GALANTES

Édition illustrée d'un grand nombre de dessins

PAR

Le Seigneur de BRANTOME

Victor BUNEL, éditeur, 3, rue de l'Abbaye, 3
PARIS

VIES
DES
DAMES GALANTES

DISCOURS PREMIER

Sur les dames qui font l'amour et leurs maris cocus [1].

D'AUTANT que ce sont les dames qui ont fait la fondation du cocuage, et que ce sont elles qui font les hommes cocus, j'ay voulu mettre ce discours parmy ce livre des dames, encore que je parleray autant des hommes que des femmes. Je sçay bien que j'entreprens une grand' œuvre, et que je n'aurois jamais fait si j'en voulois monstrer la fin ; car tout le papier de la chambre des Comptes de Paris n'en sçauroit comprendre par escrit la moitié de leurs histoires, tant des femmes que des hommes. Mais pourtant j'en escriray ce que je pourray,

---

1. Dans cet ouvrage, l'auteur qualifie telle dame de *belle et honneste*, dont pourtant il parle comme d'une fieffée p......; mais lorsqu'il ajoute, comme il fait quelquefois, *vertueuse* à *belle et honneste*, il insinue par là que la dame était sage et ne faisait point parler d'elle.

et, quand je n'en pourray plus, je quitteray ma plume au diable, ou à quelque bon compagnon qui la reprendra; m'excusant si je n'observe en ce discours ordre ny demy, car de telles gens et de telles femmes le nombre en est si grand, si confus et si divers, que je ne sçache si bon sergent de bataille qui le puisse bien mettre en rang et ordonnance.

Suivant donc ma fantaisie, j'en diray comme il me plaira, en ce mois d'avril qui en ramène la saison et venaison des cocus : je dis des branchiers, car d'autres il s'en fait et s'en voit assez tous les mois et saisons de l'an.

Or, de ce genre de cocus, il y en a force de diverses espèces ; mais de toutes la pire est, et que les dames craignent et doivent craindre autant, ce sont ces fols, dangereux, bisarres, mauvais, malicieux, cruels, sanglants et ombrageux, qui frappent, tourmentent, tuent, les uns pour le vray, les autres pour le faux, tant le moindre soupçon du monde les rend enragez ; et de tels la conversation est fort à fuir, et pour leurs femmes et pour leurs serviteurs. Toutesfois j'ay cogneu des dames et de leurs serviteurs, qui ne s'en sont point soucié; car ilz estoient aussi mauvais que les autres et les dames estoyent courageuses, tellement que si le courage venoit à manquer à leurs serviteurs, le leur remettoyent ; d'autant que tant plus toute entreprise est périlleuse et escabreuse, d'autant plus se doit-elle faire et exécuter de grande générosité. D'autres telles dames ay-je cogneu qui n'avoyent nul cœur ny ambition pour attenter choses hautes, et ne s'amusoyent du tout qu'à leurs choses basses : aussi dit-on : lasche de cœur comme une putain.

J'ay cogneu une honneste dame, et non des moindres, laquelle, en une bonne occasion qui s'offrit pour recueillir la jouissance de son amy, et luy remonstrant à elle l'inconvénient qui en adviendroit si le mary, qui n'estoit pas loin, les surprenoit, n'en fit plus de cas, et le quitta là, ne l'estimant hardy amant, ou bien pour ce qu'il la dédit au besoin: d'autant qu'il n'y a rien que la dame amoureuse, lorsque l'ardeur et la fantaisie de venir là luy prend, et que son amy ne la peut où veut contenter tout à coup, pour quelques divers empeschements, haïsse plus et s'en dépite.

Il faut bien louer cette dame de sa hardiesse, et d'autres aussi ses pareilles qui ne craignent rien pour contenter leurs amours, bien qu'elles y courent plus de fortune et de danger que ne fait un soldat ou un marinier aux plus hasardeux périls de la guerre ou de la mer.

Une dame espagnole, conduite une fois par un gallant cavallier dans le logis du roy, venant à passer par un certain recoing caché et sombre, le cavallier, se mettant sur son respect et discrétion espagnole, luy dit : *Señora, buen lugar, si no fuera vuessa merced.* La dame lui respondit seulement : *Si, buen lugar, si no fuera vuessa merced* : « Voicy un beau lieu, si c'estoit une « autre que vous. — Ouy, vrayment, si c'estoit un autre que vous. » Par-là l'arguant et incolpant de couardise, pour n'avoir pas pris d'elle en si bon lieu ce qu'il vouloit et elle désiroit ; ce qu'eust fait un autre plus hardy : et, pour ce, oncques plus ne l'aima, et le quitta.

J'ay ouy parler d'une fort belle et honneste dame, qui donna assignation à son amy de coucher avec elle, par tel si qu'il ne la toucheroit nullement et ne viendroit aux prises ; ce que l'autre accomplit, demeurant toute la nuict en grand'stase, tentation et continence ; dont elle lui en sceut si bon gré, que quelque temps après luy en donna jouissance, disant pour ses raisons qu'elle avoit voulu esprouver son amour en accomplissant ce qu'elle luy avoit commandé. Et, pour ce, l'en aima puis après davantage, et qu'il pourroit faire toute autre chose une autre fois d'aussi grande adventure que celle-là, qui est des plus grandes.

Aucuns pourront louer cette discrétion ou laschcté, autres non : je m'en rapporte aux humeurs et discours que peuvent tenir ceux de l'un et de l'autre party en cecy.

J'ay cogneu une dame assez grande qui, ayant donné une assignation à son amy de venir coucher avec elle une nuict, il y vint tout appresté, en chemise, pour faire son devoir ; mais, d'autant que c'estoit en hyver, il eut si grand froid en allant, qu'estant couché il ne put rien faire, et ne songea qu'à se réchauffer : dont la dame l'en haït, et n'en fit plus de cas.

Une autre dame devisant d'amour avec un gentilhomme, il luy dit, entre autres propos, que s'il estoit couché avec elle, qu'il entreprendroit faire six postes la nuict, tant sa beauté le feroit bien piquer. « Vous vous vantez de beaucoup, dit-elle. Je vous assigne donc à une telle nuict. » A quoy il ne faillit de comparoistre ; mais le malheur fut pour luy qu'il fut surpris, estant dans le lict, d'une telle convulsion, refroidissement et retirement de nerf, qu'il ne put pas faire une seule poste ; si bien que la dame luy dit : « Ne voulez-vous faire autre chose ? Or, vuidez de mon lict ; je ne le vous ay pas presté, comme un lict d'hostellerie, pour vous y mettre à vostre aise et reposer. Par-quoy, vuidez. » Et ainsi le renvoya, et se moqua bien de luy ; l'haïssant plus que peste.

Ce gentilhomme fust esté fort heureux s'il fust esté de la complexion du grand protenotaire Baraud, et aumosnier du roi François, que, quand il couchoit avec les dames de la cour, du moins il alloit à la douzaine, et au matin il disoit encor : « Excusez-moi, madame, si je n'ai mieux fait, car je « pris hier médecine. » Je l'ay veu depuis : et l'appelloit-on le capitaine

Baraud, gascon, et avoit laissé la robbe ; et m'en a bien conté, à mon advis, nom par nom.

Sur ses vieux ans, cette virile et vénéréique vigueur luy défaillit; et estoit pauvre, encor qu'il eust tiré de bons brins que sa pièce luy avoit valu; mais il avoit tout brouillé, et se mit à escouler et distiller des essences : « Mais, « disoit-il, si je pouvois, aussi bien que de mon jeune aage, distiller de « l'essence spermatique, je ferois bien mieux mes affaires et m'y gouverne- « rois mieux. »

Durant cette guerre de la Ligue, un honneste gentilhomme, brave certes et vaillant, estant sorti de sa place dont il estoit gouverneur pour aller à la guerre, au retour, ne pouvant arriver d'heure en sa garnison, il passa chez une belle et fort honneste et grande dame veufve, qui le convie de demeurer à coucher léans; ce qu'il ne refusa, car il estoit las. Après l'avoir bien fait souper, elle lui donne sa chambre et son lict, d'autant que toutes ses autres chambres estoyent dégarnies pour l'amour de la guerre, et ses meubles serrez, car elle en avoit de beaux. Elle se retire en son cabinet, où elle y avoit un lict d'ordinaire pour le jour.

Le gentilhomme, après plusieurs refus de cette chambre et ce lict, fut contraint par la prière de la dame de le prendre ; et, s'y estant couché et bien endormy d'un très-profond sommeil, voicy la dame qui vient tout bellement se coucher auprès de luy sans qu'il en sentist rien, ny de toute la nuict, tant il estoit las et assoupy de sommeil : et reposa jusques au lendemain matin grand jour, que la dame s'estant près de luy qui s'accommençoit à esveiller, luy dit : « Vous n'avez pas dormy sans compagnie, comme vous voyez, car « je n'ay pas voulu vous quitter toute la part de mon lict, et par ce j'en ay jouy « de la moictié aussi bien que vous. Adieu : vous avez perdu une occasion que « vous ne recouvrirez jamais. »

Le gentilhomme, maugréant et détestant sa bonne fortune faillie (c'estoit bien pour se pendre), la voulut arrester et prier : mais rien de tout cela, et fort dépitée contre luy pour ne l'avoir contentée comme elle vouloit, car elle n'estoit là venue pour un coup, (aussi qu'on dit : un seul coup n'est que la salade du lict;) et mesmes la nuict, et qu'elle n'estoit là venue pour le nombre singulier, mais pour le plurier, que plusieurs dames en cela ayment plus que l'autre; bien contraires à une très-belle et honneste dame que j'ai cogneu, laquelle ayant une fois donné assignation à son amy de venir coucher avec elle, en un rien il fit trois bons assauts avec elle; et puis, voulant quarter et parachever de multiplier ses coups, elle luy dit, pria et commanda de se découcher et retirer. Luy, aussi frais que devant, luy représente le combat, et promet qu'il feroit rage toute cette nuict là avant le jour venu, et que pour

si peu sa force n'estoit en rien diminuée. Elle luy dit : « Contentez-vous que
« j'ay recogneu vos forces, qui sont bonnes et belles et qu'en temps et lieu
« je les sçauray mieux employer qu'ast'heure ; car il ne faut qu'un malheur
« que vous et moy soyons découverts ; que mon mary le sçache, me voylà
« perdue. Adieu donc jusques à une plus seure et meilleure commodité et
« alors librement je vous employeray pour la grande battaille, et non pour si
« petite rencontre. »

Il y a force dames qui n'eussent eu cette considération, mais ennyvrées du plaisir, puisque tenoient déjà dans le camp leur ennemy, l'eussent fait combattre jusques au clair jour.

Cette honneste dame que je dis de paravant celles-cy, estoit de telle humeur, que, quand le caprice luy prenoit, jamais elle n'avoit peur ni apprehension de son mary, encor qu'il eust bonne espée et fust ombrageux ; et nonobstant elle y a esté si heureuse, que ny elle ny ses amants n'ont peu guières courir fortune de vie, pour n'avoir jamais esté surpris, pour avoir bien posé ses gardes et bonnes sentinelles et vigilantes : en quoy pourtant ne se doivent fier les dames, car il n'y faut qu'une heure malheureuse, ainsi qu'il arriva il y a quelque temps à un gentilhomme brave et vaillant, qui fut massacré, allant voir sa maistresse, par la trahison et menée d'elle-mesme que le mary luy avoit fait faire [1] : que s'il n'eust eu si bonne présomption de sa valeur comme il avoit, certes, il eust bien pris garde à soy et ne fust pas mort, dont ce fut grand dommage. Grand exemple, certes, pour ne se fier pas tant aux femmes amoureuses, lesquelles, pour s'eschapper de la cruelle main de leurs maris, jouent tel jeu qu'ils veulent, comme fit cette-cy qui eut la vie sauve, et l'amy mourut.

Il y a d'autres marys qui tuent la dame et le serviteur tout ensemble, ainsi que j'ay ouy dire d'une très-grande dame de laquelle son mary estant jaloux, non pour aucun effect qu'il y eust certes, mais par jalousie et vaine apparence d'amour, il fit mourir sa femme de poison et langueur, dont fut un très-grand dommage, ayant paravant fait mourir le serviteur, qui estoit un honneste homme, disant que le sacrifice estoit plus beau et plus plaisant de tuer le taureau devant et la vache après.

Ce prince fut plus cruel à l'endroict de sa femme qu'il ne fut après à l'endroict d'une de ses filles qu'il avoit mariée avec un grand prince, mais non si grand que luy, qui estoit quasi un monarque.

Il eschappa à cette folle femme de se faire engroisser à un autre qu'à son

1. Le fameux Bussy d'Amboise, Louis de Clermont, massacré le 19 août 1579, à un rendez-vous que lui avoit donné la comtesse de Monsoreau par le commandement de son mari. (De Thou, Liv. LXVIII.)

mary, qui estoit empesché à quelque guerre ; et puis, ayant enfanté un b[el] enfant, ne sceut à quel sainct se vouer, sinon à son père, à qui elle décela l[e] tout par un gentilhomme en qui elle se fioit, qu'elle luy envoya. Duc[uel] aussitost la créance ouye, il manda à son mary que, sur sa vie, il se don[nast] bien garde de n'attenter sur celle de sa fille, autrement il attenteroit s[ur la] sienne, et le rendroit le plus pauvre prince de la chrestienté, comme c['est] en son pouvoir ; et envoya à sa fille une galère avec une escorte quérir [l'enfant] et la nourrice ; et l'ayant fourny d'une bonne maison et entreti[en] le fit très-bien nourir et élever. Mais au bout de quelque temps que le [fils] vint à mourir, par conséquent le mary la fit mourir.

J'ay ouy dire d'un autre qui fit mourir le serviteur de sa fe[mme] devant elle, et le fit fort languir, afin qu'elle mourust martyre de voi[r] [mouri]r en langueur celuy qu'elle avoit tant aymé et tenu entre ses bras.

Un autre de par le monde tua sa femme en pleine [   ], luy ayant donné l'espace de quinze ans toutes les libertez du mo[nde] et qu'il estoit assez informé de sa vie, jusques à luy remonstrer et [l'adm]ester. Toutesfois une verue luy prit (on dit que ce fut par la persuasi[on] [d']un grand son maistre), et par un matin la vint trouver dans son lict a[vant] [qu']elle voulsit se lever, et ayant couché avec elle, gaussé et ryt bien [agréa]ble, luy donna quatre ou cinq coups de dague, puis la fit achever à [un aut]re serviteur, et après la fit mettre en litière, et devant tout le monde [la fit em]portée en sa maison pour la faire enterrer. Après s'en retourna, et se pr[ésent]a à la cour, comme s'il eust fait la plus belle chose du monde, et en t[rioph]a. Il eust bien fait de mesme à ses amoureux ; mais il eust eu trop [d'affair]es, car elle en avoit tant eu et fait, qu'elle en eust fait une petite arm[ée].

J'en ay ouy parler d'un brave et v[aillant] capitaine pourtant, qui, ayant eu quelque soupçon de sa femme, qu'i[l avoit] prise en très-bon lieu, la vint trouver sans autre suitte, et l'estrang[la luy me]sme, de sa main, de son escharpe blanche, puis la fit enterrer le p[lus hon]orablement qu'il peut, et assista aux obsèques habillé en deuil, fort [triste,] et le porta fort longtemps ainsi habillé : et voilà la pauvre femme bien [satis]faite, et pour la bien resusciter par belle cérémonie. Il en fit de mes[me d'u]ne damoiselle de sadite femme qui luy tenoit la main à ses amours. [Il] mourut sans lignée de ceste femme, car il en eut un brave fils, des va[leureu]s et des premiers de sa patrie, et qui, par ses valeurs et mérites, vint [à de gr]ands grades, pour avoir bien servy ses rois et maistres.

J'en ay ouy parle[r aussi] d'un grand en Italie qui tua aussi sa femme,

---

1. René de Villequier, qui tua Françoise de La Marck, sa première femme.

VIES DES DAMES GALANTES

Bussy d'Amboise massacré au rendez-vous de la comtesse de Monsoreau. (voir page 7).

n'ayant peu atrapper son gaiant pour s'estre sauvé en France : mais on disoit qu'il ne la tua point tant pour le péché, car il y avoit assez de temps qu'il sçavoit qu'elle faisoit l'amour, et n'en faisoit point autre mine, que pour espouser une autre dame dont il estoit amoureux.

Voilà pourquoy il fait fort dangereux d'assaillir et attacquer un c... armé, encore qu'il y en ait d'assaillis aussi bien et autant que des désarmez, voire vaincus, comme j'en sçay un qui estoit aussi bien armé qu'en tout le monde. Il y eut un gentilhomme, brave et vaillant certes, qui le voulut muguetter ; encor ne s'en contentoit-il pas, il s'en voulut prévaloir et publier : il ne dura guières qu'il ne fust aussi tost tué par gens appostez, sans autrement faire scandale, ny sans que la dame en pâtist, qui demeura longuement pourtant en tremble et aux altères, d'autant qu'estant grosse, et se fiant qu'après ses couches, qu'elle eust voulu estre allongées d'un siècle, elle auroit autant ; mais le mary, bon et myséricordieux, encor qu'il fust des meilleures espées du monde, luy pardonna ; et n'en fut jamais autre chose, et non sans grande allarme de plusieurs autres des serviteurs qu'elle avoit eu ; car l'autre paya pour tous. Aussi la dame, recognoissant le bienfait et la grace d'un tel mary, ne luy donna jamais que peu de soupçon despuis, car elle fut des assez sages et vertueuses d'alors.

Il arriva tout autrement un de ces ans au royaume de Naples, à donne Marie d'Avalos, l'une des belles princesses du païs, mariée avec le prince de Venouse, laquelle s'estant enamourachée du comte d'Andriane, l'un des beaux princes du païs aussi, et s'estans tous deux concertés à la jouissance et le mary l'ayant descouverte (par le moyen que je dirois, mais le conte en seroit trop long), voire couchez ensemble dans le lict, les fit tous deux massacrer par gens appostez; si que le lendemain on trouva ces deux belles moitiés et créatures, exposées estendues sur le pavé devant la porte de la maison, toutes mortes et froides, à la veue de tous les passants, qui les larmoyoient et plaignoient de leur misérable estat.

Il y eut des parens de ladicte dame morte qui en furent très-dolents et très-estomacquez, jusques à s'en vouloir ressentir par la mort et le meurtre, ainsi que la loi du païs le porte; mais d'autant qu'elle avoit esté tuée par des marauts de vallets et esclaves qui ne méritoyent avoir leurs mains teintes d'un si beau et si noble sang, sur ce seul sujet s'en vouloyent ressentir et rechercher le mary, fust par justice ou autrement, et non s'il eust faict le coup luy mesme de sa propre main; car n'en fut esté autre chose, ny recherché.

Voilà une sotte et bizarre opinion et formalisation; dont je m'en rapporte à nos grands discoureurs et bons jurisconsultes, pour sçavoir: quel acte est plus énorme, de tuer sa femme de sa propre main qui l'a tant aimée ou de celle d'un maraut esclave? Il y a force raisons à déduire là dessus; dont je me passeray les alléguer, craignant qu'elles soient trop foibles au prix de celles de ces grands.

J'ay ouy conter que le viceroy, en sçachant la conjuration, en advertit l'amant, voire l'amante; mais telle estoit leur destinée, qui se devoit ainsi finer par si belles amours.

Cette dame estoit fille de dom Carlo d'Avalos, second frère du marquis de Pescayre, auquel, si on eust faict un pareil tour en aucunes de ses amours que je sçay, il y a longtemps qu'il fust esté mort.

J'ai cogneu un mary lequel, venant de dehors, et ayant esté longtemps qu'il n'avoit couché avec sa femme, vint résolu et bien joyeux pour le faire avec elle et s'en donner bon plaisir; mais arrivant de nuit, il entendit, par le petit espion, qu'elle estoit accompagnée de son amy dans le lict; luy aussitost mit la main à l'espée; et frappant à la porte, et estant ouverte, vint résolu pour la tuer; mais premièrement cherchant le gallant qui avoit sauté par la fenestre, vint à elle pour la tuer; mais, par cas, elle s'estoit cette fois si bien atiffée, si bien parée pour sa coiffure de nuit, et de sa belle chemise blanche, et si bien ornée (pensez qu'elle s'estoit ainsi dorlottée pour mieux plaire à son amy), qu'il ne l'avoit jamais trouvée ainsi bien accommodée pour luy ny à son gré, qu'elle, se jettant en chemise à terre et à ses genoux, luy demandant pardon par si belles et douces paroles qu'elle dit, comme de vray elle sçavoit très-bien dire, que, la faisant relever, et la trouvant si belle et de bonne grace, le cœur luy fléchit, et laissant tomber son espée, luy, qui n'avoit fait rien il y avoit si longtemps, et qui en estoit affamé (dont possible bien en prit à la dame, et que la nature l'émouvoit), il luy pardonna et la prit et l'embrassa, et la remit au lict, et se déshabillant soudain, se coucha avec elle, referma la porte; et la femme le contenta si bien par ses doux attraicts et mignardises (pensez qu'elle n'y oublia rien), qu'enfin le lendemain on les trouva meilleurs amis qu'auparavant, et jamais ne se firent tant de caresses : comme fit Ménélaus, le pauvre cocu, lequel l'espace de dix ou douze ans menassant sa femme Héleine qu'il la tueroit s'il la tenoit jamais, et mesmes luy disoit du bas de la muraille en haut; mais, Troye prise, et elle tombée entre ses mains, il fut si ravy de sa beauté qu'il luy pardonna tout, et l'ayma et caressa mieux que jamais.

Tels martyrs furieux encor sont bons, qui de lions tournent ainsi en papillons; mais il est mal aisé à faire une telle rencontre que celle-cy.

Une grande, belle et jeune dame du règne du roy François Ier, mariée avec un grand seigneur de France, et d'aussi grande maison qui y soit point, se sauva bien autrement, et mieux que la précédente : car, fust ou qu'elle eust donné quelque sujet d'amour à son mary, ou qu'il fust surpris d'un ombrage ou d'une rage soudaine, et fust venu à elle l'espée nue à la main pour la tuer, désespérant de tout secours humain pour s'en sauver, s'advisa soudain de se vouer à la glorieuse Vierge Marie, et en aller accomplir son vœu à sa chapelle de Lorette, si elle la sauvoit, à Sainct-Jean des Mauverets, au païs d'Anjou. Et sitost qu'elle eut fait ce vœu mentallement, ledict seigneur tumba par terre, et luy faillit son espée du poing; puis tantost se releva, et, comme venant d'un songe, demanda à sa femme à quel saint elle s'estoit recommandée pour éviter ce péril. Elle luy dit que c'estoit à la Vierge Marie, en sa chapelle susdite, et avoit promis d'en visiter le saint lieu. Lors il luy dit : « Allez-y donc, et accomplissez vostre vœu; » ce qu'elle fit, et y appendit un tableau contenant l'histoire, ensemble plusieurs beaux et grands vœux de cire, à ce jadis accoustumez, qui s'y sont veus long-temps après. Voilà un bon vœu, et belle escapade inopinée ! Voyez la *Cronique d'Anjou*.

J'ay ouy parler que le roy François une fois voulut aller coucher avec une dame de sa cour qu'il aimoit. Il trouva son mary l'espée au poing pour l'aller tuer; mais le roy luy porta la sienne à la gorge, et luy commanda, sur sa vie, de ne luy faire nul mal, et que s'il luy faisoit la moindre chose du monde, qu'il le tueroit, ou qu'il luy feroit trancher la teste; et pour cette nuict l'envoya dehors, et prit sa place.

Cette dame estoit bien heureuse d'avoir trouvé un si bon champion et protecteur de son c.., car onques puis le mary ne luy osa sonner mot, ains luy laissa tout faire à sa guise.

J'ay ouy dire que, non seulement cette dame, mais plusieurs autres, obtindrent pareille sauve-garde du roy. Comme plusieurs font en guerre pour sauver leurs terres et y mettent les armoiries du roy sur leurs portes, ainsy font ces femmes celles de ces grands roys, au bord et au dedans de leurs c.., si bien que leurs marys ne leur osoyent dire mot, qui sans cela, les eussent passez au fil de l'espée.

J'en ay cogneu d'autres dames, favorisées ainsy des rois et des grands qui portoyent ainsi leurs passeports partout: toutesfois, si en avoit-il aucunes qui passoyent le pas, auxquelles leurs marys, n'osans y apporter le couteau, s'aydoient des poisons et morts cachées et secrètes, faisant à croire que c'estoyent catherres, apoplexie et mort subite. Et tels marys sont détestables de voir à leurs costés coucher leurs belles femmes, languir et tirer à la mort de jour en jour, et méritent mieux la mort que leurs femmes ; ou bien les font mourir entre deux murailles, en chartre perpétuelle, comme nous en avons aucunes croniques anciennes de France, et comme j'en ay sceu un grand de France, qui fit ainsi mourir sa femme, qui estoit une fort belle et honneste dame, et ce par arrest de la cour, prenant son petit plaisir par cette voye à se faire déclarer cocu.

De ces forcenez et furieux marys de cocus sont volontiers les vieillards, lesquels se deffians de leurs forces et chaleurs, et s'asseurans de celles de leurs femmes, mesmes quand ilz ont esté si sots de les espouser jeunes et belles, ilz en sont si jaloux et ombrageux, tant par leur naturel que par leurs vieilles pratiques qu'ils ont traittées eux-mesmes autresfois ou veu traitter à d'autres, qu'il meinent si misérablement ces pauvres créatures, que leur purgatoire leur seroit plus doux que non pas leur autorité. L'Espagnol dit : *El diablo sabe mucho, porque es viejo*, que « le diable sçait beaucoup parce qu'il est vieux » : de mesme ces vieillards, par leur aage et anciennes routines, sçavent force choses. Si sont-ils grandement à blasmer de ce poinct, que, puisqu'ils ne peuvent contenter les femmes, pourquoy les vont-ils espouser ? et les femmes aussi belles et jeunes ont grand tort de les aller espouser sous l'ombre des biens, en pensant jouir après leur mort, qu'elles attendent d'heure à autre; et cependant se donnent du bon temps avec des amis jeunes qu'elles font, dont aucunes d'elles en pâtissent griefvement.

J'ay ouy parler d'une, laquelle estant surprise sur le fait, son mary, vieillard, luy donna une poison de laquelle elle languit plus d'un an, et vint seiche comme bois ; et le mary l'alloit voir souvent, et se plaisoit en cette langueur, et en rioit, et disoit qu'elle n'avoit que ce qu'il luy falloit.

Une autre, son mary l'enferma dans une chambre et la mit au pain et à l'eau, et bien souvent la faisoit despouiller toute nue et la fouettoit son saoul, n'ayant aucune compassion de ceste belle charnure nue, ni non plus d'émotion. Voilà le pis d'eux, car, estans desgarnis de chaleurs et dépourveus de tentation comme une statue de marbre, n'ont pitié de nulle beauté, et passent leurs rages par de cruels martyres, au lieu qu'estans jeunes la passeroyent, possible, sur leur beau corps nud, comme j'ay dict cy devant.

Voylà pourquoy il ne fait pas bon d'espouser de tels vieillards bizarres ; car, encore que la veue leur baisse et vienne à manquer par l'aage, si en ont-ils toujours prou pour espier et voir les frasques que leurs jeunes femmes leur peuvent faire.

Aussi j'ay ouy parler d'une grande dame qui disoit que nul samedy fut sans soleil, nulle belle femme sans amours, et nul vieillard sans estre jaloux ; et tout procède pour la débolezze de ses forces.

C'est pourquoy un grand prince que je sçay disoit : qu'il voudroit ressembler le lion, qui, pour vieillir, ne blanchit jamais ; le singe, qui tant plus il le fait, tant plus il le veut faire ; le chien, tant plus il vieillit, son cas se grossit ; et le cerf, que tant plus il est vieux, tant mieux il le fait, et les biches vont plustost à lui qu'aux jeunes.

Or, pour en parler franchement, ainsi que j'ay ouy dire à un grand personnage, quelle raison y a-il, ny quelle puissance a-il le mari si grand, qu'il doive et puisse tuer sa femme, veu qu'il ne l'a point de Dieu, ny de sa loy ny de son Evangile, sinon de la répudier seulement ? Il ne s'y parle point de meurtre, de sang, de mort, de tourmens, de prison, de poisons ni de cruautez. Ah ! que Nostre Seigneur Jésus-Christ nous a bien remonstré qu'il y avoit de grands abus en ces façons de faire et en ces meurtres, et qu'il ne les approuvoit guières, lorsqu'on luy amena cette pauvre femme accusée d'adultère pour jetter sa sentence de punition ; il lui dit, en escrivant en terre de son doigt : « Celuy de « vous autres qui sera le plus net et le plus simple, qu'il prenne la première « pierre et commence à la lapider ; » ce que nul n'osa faire, se sentans atteints par telle sage et douce repréhension.

Nostre créateur nous apprenoit à tous de n'estre si légers à condamner et faire mourir les personnes, mesmes sur ce subject, cognoissant les fragilitez de nostre nature et l'abus que plusieurs y commettent ; car tel fait mourir sa femme, qui est plus adultère qu'elle, et tels les font mourir bien souvent innocentes, se faschans d'elles pour en prendre d'autres nouvelles : et combien y en a-il ! Sainct Augustin dit que l'homme adultère est aussi punissable que la femme.

J'ay ouy parler d'un très-grand prince de par le monde, qui, soubçonnant sa femme faire l'amour avec un gallant cavallier, il le fit assassiner sortant le soir de son palais, et puis la dame; laquelle, un peu auparavant, à un tournoy qui se fit à la cour, et elle fixement arregardant son serviteur qui manioit bien son cheval, se mit à dire : « Mon Dieu ! qu'un tel pique bien ! — Ouy, mais il pique trop haut ; » ce qui l'estonna, et après fut empoisonnée par quelques parfums ou autrement par la bouche.

J'ay cogneu un seigneur de bonne maison qui fit mourir sa femme, qui estoit très-belle et de bonne part et de bon lieu, en l'empoisonnant par sa nature, sans s'en ressentir, tant subtile et bien faicte avoit esté icelle poison, pour espouser une grand'dame qui avoit espousé un prince ; dont en fut en peine, en prison et en danger sans ses amis : et le malheur voulut qu'il ne l'espousa pas, et en fut trompé et fort scandalisé, et mal veu des hommes et des dames.

J'ay veu de grands personnages blasmer grandement nos rois anciens, comme Louis Hutin et Charles le Bel, pour avoir faict mourir leurs femmes ; l'une, Marguerite, fille de Robert duc de Bourgogne ; et l'autre, Blanche, fille d'Othelin comte de Bourgogne ; leur mettans à sus leurs adultères ; et les firent mourir cruellement entre quatre murailles, au Chasteau-Gaillard ; et le comte de Foix en fit de mesmes à Jeanne d'Arthoys. Sur quoy il n'y avoit point tant de forfaicts et de crimes comme ilz le faisoient à croire ; mais messieurs se faschoyent de leurs femmes, et leur mettoient à sus ces belles besongnes, et en espousèrent d'autres.

Comme de frais, le roy Henry d'Angleterre fit mourir sa femme et la décapiter, Anne de Boulan, pour en espouser une autre, ainsi qu'il estoit fort sujet au sang et au change de nouvelles femmes. Ne vaudroit-il pas mieux qu'ils les répudiassent selon la parole de Dieu, que les faire ainsi cruellement mourir ? Mais il leur en faut de la viande fraische à ces messieurs, qui veulent tenir table à part sans y convier personne, ou avoir nouvelles et secondes femmes qui leur apportent des biens après qu'ilz ont mangé ceux de leurs premières, ou n'en ont eu assez pour les rassasier; ainsi que fit Baudouin, second roy de Jérusalem, qui, faisant croire à sa première femme qu'elle avait paillardé, la répudia pour prendre une fille du duc de Malyterne[1], parce qu'elle avoit un dot d'une grand'somme d'argent, dont il estoit fort nécessiteux. Cela se trouve en l'Histoire de la Terre Sainte. Il leur sied bien de cor-

---

1. Lisez *Melitene*; c'est comme les anciens appeloient cette ville, dont le nom moderne dans *Morers* est *Meletin*, en latin *Malatia*, dans l'Arménie, sur l'Euphrate.

riger la loy de Dieu et en faire une nouvelle, pour faire mourir ces pauvres femmes.

Le roy Louis le Jeune n'en fit pas de mesme à l'endroist de Léonor, duchesse d'Aquitaine, qui, soupçonnée d'adultère, possible à faux, en son voyage de Syrie, fut répudiée de luy seulement, sans vouloir user de la loy des autres, inventée et pratiquée plus par autorité que de droit et raison : dont sur ce il en acquist plus grande réputation que les autres rois, et tiltre de bon, et les autres de mauvais, cruels et tyrans; aussi que dans son âme il avoit quelques remords de conscience d'ailleurs; et c'est vivre en chrestien cela! Voire que les payens romains, la pluspart s'en sont acquittez de mesme plus chrestiennement que payennement, et principalement aucuns empereurs, desquels la plus grande part ont esté sujets à estre cocus, et leurs femmes très-lubriques et fort putains : et, tels cruels qu'ils ont esté, vous en lirez force qui se sont défaits de leurs femmes, plus par répudiations que par tueries de nous autres chrestiens.

Jules César ne fit autre mal à sa femme Pompeïa, sinon la répudier, laquelle avoit esté adultère de P. Claudius, beau jeune gentilhomme romain, de laquelle estant éperdûment amoureux, et elle de luy, espia l'occasion qu'un jour elle faisoit un sacrifice en sa maison où il n'y entroit que des dames : il s'habilla en garce, luy qui n'avoit encor point de barbe au menton, qui se meslant de chanter et de jouer des instrumens, et par ainsi passant par cette monstre, eut loisir de faire avec sa maistresse ce qu'il voulut; mais, estant cogneu, il fut chassé et accusé; et par moyen d'argent et de faveur il fut absous, et n'en fut autre chose. Cicéron y perdit son latin par une belle oraison qu'il fit contre luy. Il est vrai que César, voulant faire à croire au monde qui luy persuadoit sa femme innocente, il respondit qu'il ne vouloit pas que seulement son lict fust taché de ce crime, mais exempt de toute suspicion. Cela estoit bon pour en abbreuver ainsi le monde; mais, dans son âme, il sçavoit bien que vouloit dire cela : sa femme avoir esté ainsi trouvée avec son amant; si que, possible, luy avoit-elle donné cette assignation et cette commodité; car, en cela, quand la femme veut et désire, il ne faut point que l'amant se soucie d'excogiter des commoditez, car elle en trouvera plus en une heure que tous nous autres sçaurions faire en cent ans : ainsi que dit une dame de par le monde, que je sçay, qui dit à son amant : « Trouvez « moyen seulement de m'en faire venir l'envie, car, d'ailleurs, j'en trouveray « prou pour en venir là. »

César aussi sçavoit bien combien vaut l'aune de ces choses-là, car il estoit un fort grand ruffian, et l'appelloit-on le coq à toutes poules; et en fit force cocus en sa ville, tesmoing le sobriquet que luy donnoyent ses soldats à son

triumphe : *Romani, servate uxores ; mœchum adducimus calvum*, « Ro-
« mains, serrez bien vos femmes, car nous vous amenons ce grand paillard
« et adultère de César le chauve, qui vous les repassera toutes. »

Voilà donc comme César, par cette sage response qu'il fit ainsi de sa
femme, il s'exemta de porter le nom de cocu qu'il faisoit porter aux autres;
mais, dans son àme, il se sentoit bien touché.

Octavie César répudia aussi Sribonia pour l'amour de sa paillardise sans
autre chose, et ne luy fit autre mal, bien qu'elle eust raison de le faire cocu,
à cause d'une infinité de dames qu'il entretenoit; et devant leurs marys
publiquement les prenoit à table aux festins qu'il leur faisoit, et les emmenoit
en sa chambre, et, après en avoir fait, les renvoyoit, les cheveux défaits un
peu et destortillez, avec les oreilles rouges, grand signe qu'elles en venoyent!
lequel je n'avois ouy dire propre pour descouvrir que l'on en vient, ouy bien
le visage, mais non l'oreille. Aussi luy donna-on la réputation d'estre fort
paillard; mesmes Marc-Anthoine luy reprocha : mais il s'excusoit qu'il
n'entretenoit point tant les dames pour la paillardise, que pour descouvrir
plus facilement les secrets de leurs marys, desquels il se meffioit.

J'ay cogneu plusieurs grands et autres qui en ont fait de mesmes et en ont
recherché les dames pour ce mesme sujet, dont s'en sont bien trouvez; j'en
nommerois bien aucuns; ce qui est une bonne finesse; car il en sort double
plaisir. La conjuration de Catilina fut ainsi descouverte par une dame de
joye.

Ce mesme Octavie à sa fille Julia, femme d'Agrippa, pour avoir esté une
très-grande putain, et qui luy faisoit grande honte (car quelquesfois les filles
font à leurs pères plus de déshonneur que les femmes ne font à leurs marys),
fut une fois en délibération de la faire mourir; mais il ne la fit que bannir,
luy oster le vin et l'usage des beaux habillements, et d'user de pauvres, pour
très-grande punition, et la fréquentation des hommes : grande punition
pourtant pour les femmes de cette condition, de les priver de ces deux
derniers points.

César Caligula, qui estoit un fort cruel tyran, ayant eu opinion que sa
femme Livia Hostilia lui avoit dérobé quelques coups en robe, et donné à son
premier mary C. Piso, duquel il l'avoit ostée par force; et à luy, encore
vivant, luy faisoit quelque plaisir et gracieuseté de son gentil corps, cependant
qu'il estoit absent en quelque voyage, n'usa point en son endroit de sa cruauté
accoustumée, ains la bannit de soy seulement, au bout de deux ans qu'il l'eut
ostée à son mary Piso et espousée.

Il en fit de mesme à Tullia Paulina, qu'il avoit ostée à son mary
C. Memmius : il ne la fit que chasser, mais avec défense expresse de n'user

Qu'un jour elle faisoit un sacrifice en sa maison où il n'y entroit que des dames (page 15).

nullement de ce mestier doux, non pas seulement à son mary : rigueur cruelle pourtant de n'en donner à son mary !

J'ay ouy parler d'un grand prince chrestien qui fit cette deffense à une dame qu'il entretenoit, et à son mary de n'y toucher, tant il en estoit jaloux.

Claudius, fils de Drusus Germanicus, répudia tant seulement sa femme Plantia Herculalina pour avoir esté une signalée putain, et qui pis est, pour avoir entendu qu'elle avoit attenté sur sa vie ; et, tout cruel qu'il estoit, encor que ces deux raisons fussent assez bastantes pour la faire mourir, il se contenta du divorce.

D'avantage, combien de temps porta-il les fredaines et sales bourdeleries de Valleria Messalina, son autre femme, laquelle ne se contentoit pas de le faire avec l'un et l'autre dissolument et indiscrètement, mais faisoit profession d'aller aux bourdeaux s'en faire donner, comme la plus grande bagasse de la ville, jusques là, comme dit Juvénal, qu'ainsi que son mary estoit couché avec elle, se déroboit tout bellement d'auprès de luy le voyant bien endormy, et se déguisoit le mieux qu'elle pouvoit, et s'en alloit en plain bourdeau, et là s'en faisoit donner si très-tant, et jusques qu'elle en partoit plustost lasse que saoule et rassasiée. Et faisoit encor pis : pour mieux se satisfaire et avoir cette réputation et contentement en soy d'estre une grande putain et bagasse, se faisoit payer, et taxoit ses coups et ses chevauchées, comme un commissaire qui va par païs, jusques à la dernière maille.

J'ay ouy parler d'une dame de par le monde, d'assez chère estoffe, qui quelque temps fit cette vie, et alla ainsi aux bourdeaux déguisée, pour en essayer la vie et s'en faire donner ; si que le guet de la ville, en faisant la ronde, l'y surprit une nuict. Il y en a d'autres qui font ces coups, que l'on sçait bien.

Bocace, en son livre des *Illustres malheureux*, parle de cette Messaline gentiment, et la fait alléguant ses excuses en cela, d'autant qu'elle estoit du tout née à cela, si que le jour qu'elle nasquit ce fut en certains signes du ciel qui l'embrasèrent et elle et autres. Son mary le sçavoit, et l'endura longtemps jusques à ce qu'il sceut qu'elle s'estoit mariée sous bourre avec un Caius, Silius, l'un des beaux gentilshommes de Rome. Voyant que c'estoit une assignation sur sa vie, la fit mourir sur ce sujet, mais nullement pour sa paillardise, car il y estoit tout accoustumé à la voir, la sçavoir et l'endurer.

Qui a veu la statue de ladite Messaline trouvée ces jours passez en la ville de Bourdeaux, advouera qu'elle avoit bien la vraye mine de faire une telle vie. C'est une médaille antique, trouvée parmy aucunes ruines, qui est très-belle, et digne de la garder pour la voir et bien contempler. C'estoit une fort grande femme, de très-belle haute taille, les beaux traits de son visage, et sa coiffure tant gentille à l'antique romaine, et sa taille très-haute démonstrant bien qu'elle estoit ce qu'on a dit ; car, à ce que je tiens de plusieurs philosophes, médecins et physionomistes, les grandes femmes sont à cela volontiers inclinées, d'autant qu'elles sont hommasses ; et, estant ainsi, participent des chaleurs de l'homme et de la femme ; et, jointes ensemble en un seul corps et sujet, sont plus violentes et ont plus de force qu'une seule ; aussi qu'à un grand navire, dit-on, il faut une grande eau pour le soustenir. Davantage, à ce que disent les grands docteurs en l'art de Vénus, une grand'femme y est plus propre et plus gente qu'une petite.

Sur quoy il me souvient d'un très-grand prince que j'ay cogneu : voulant louer une femme de laquelle il avoit eu jouissance, il dit ces mots : « C'est « une très-belle putain, grande comme madame ma mère. » Dont ayant esté surpris sur la promptitude de sa parole, il dit qu'il ne vouloit pas dire qu'elle fust une grande putain comme madame sa mère, mais qu'elle fust de la taille et grande comme madame sa mère. Quelquesfois on dit des choses qu'on ne pense pas dire, quelquefois aussi sans y penser l'on dit bien la vérité.

Voilà donc comme il fait meilleur avec les grandes et hautes femmes, quand ce ne seroit que pour la belle grâce, la majesté qui est en elles ; car en ces choses, elle y est aussi requise et autant aimable qu'en d'autres actions et exercices ; ny plus ny moins que le manegge d'un beau et grand coursier du Règne est bien cent fois plus agréable et plaisant que d'un petit bidet, et donne bien plus de plaisir à son escuyer ; mais aussi il faut bien que cet escuyer soit bon et se tienne bien, et monstre bien plus de force et adresse. De mesme se faut-il porter à l'endroit des grandes et hautes femmes ; car, de cette taille, elles sont sujettes d'aller d'un air plus haut que les autres ; et bien souvent font perdre l'estrieu, voire l'arçon, si l'on n'a bonne tenue ; comme j'ay ouy conter à aucuns cavalcadours qui les ont montées ; et lesquelles font gloire et grand mocquerie quand elles les font sauter et tomber tout à plat, ainsi que j'en ay ouy parler d'une de cette ville, laquelle, la première fois que son serviteur coucha avec elle, luy dit franchement : « Embrassez-« moy bien, et me liez à vous de bras et de jambes le mieux que vous pourrez, « et tenez-vous bien hardiement, car je vays haut, et gardez bien de tomber. « Aussi, d'un costé, ne m'espargnez pas ; je suis assez forte et habile pour « soustenir vos coups, tant rudes soyent-ils ; et si vous m'espargnez je ne « vous espargneray point. C'est pourquoy à beau jeu beau retour. » Mais la femme le gaigna.

Voila donc comme il faut bien adviser à se gouverner avec telles femmes hardies, joyeuses, renforcées, charnues et proportionnées, et, bien que la chaleur surabondante en elles donne beaucoup de contentement, quelquefois aussi sont-elles trop pressantes pour estre si chaleureuses. Toutesfois, comme l'on dit : *De toutes tailles bons levriers*, aussi y a-il de petites femmes nabottes qui ont le geste, la grâce, la façon en ces choses un peu approchante des autres, ou les veulent imiter, et si sont aussi chaudes et aspres à la curée, voire plus (je m'en rapporte aux maistres en ces arts), ainsi qu'un petit cheval se remue aussi prestement qu'un grand ; et, comme disoit un honneste homme, que la femme ressembloit à plusieurs animaux, et principalement à un singe, quand dans le lict elle ne fait que se mouvoir et remuer.

J'ay fait cette digression en m'en souvenant ; il faut retourner à nostre premier texte.

Et ce cruel Néron ne fit aussi que répudier sa femme Octavia, fille de Claudius et Massalina, pour adultère et sa cruauté s'abstint jusques-là.

Domitian fit encore mieux, lequel répudia sa femme Domitia Longina parce qu'elle estoit si amoureuse d'un certain comédian et basteleur nommé Pâris, et ne faisoit tout le jour que paillarder avec luy, sans tenir compagnie à son mary ; mais, au bout de peu de temps, il la reprit encores et se repentit de sa séparation ; pensez que ce basteleur luy avoit appris des tours de souplesse et de maniement dont il croyoit qu'il se trouveroit bien.

Pertinax en fit de mesme à sa femme Flavia Sulpitiana ; non qu'il la répudiast ny qu'il la reprit, mais, la sachant faire l'amour à un chantre et joueur d'instruments, et s'adonner du tout à luy, n'en fit autre conte sinon la laisser faire, et luy faire l'amour de son costé à une Cornificia estant sa cousine germaine ; suivant en cela l'opinion d'Eliogabale, qui disoit qu'il n'y avoit rien au monde plus beau que la conversation de ses parents et parentes. Il y en a force qui ont fait tels eschanges que je sçay, se fondans sur ces opinions.

Ainsi l'empereur Severus non plus se soucia de l'honneur de sa femme, laquelle estoit putain publique, sans qu'il se souciast jamais de l'en corriger disant qu'elle se nommoit Jullia, et, pour ce, qu'il la falloit excuser, d'autant que toutes celles qui portoyent ce nom, de toute ancienneté estoyent sujettes d'estre très-grandes putains et faire leurs marys cocus : ainsi que je connais beaucoup de dames portans certains noms de nostre christianisme, que je ne veux dire, pour la révérence que je dois à nostre sainte religion, qui sont coustumièrement sujettes à estre puttes et à hausser le devant plus que d'autres portans autres noms, et n'en a-on veu guières qui s'en soient eschappées.

Or je n'aurois jamais faict si je voulois alléguer une infinité d'autres grandes dames et emperières romaines de jadis, à l'endroit desquelles leurs marys cocus, et très-cruels, n'ont usé de leurs cruautez, autoritez et privilèges, encor qu'elles fussent très-débordées ; et croy qu'il y en a eu peu de prudes de ce vieux temps, comme la description de leur vie le manifeste : mesmes, que l'on regarde bien leurs effigies et médailles antiques, on y verra tout à plain, dans leur beau visage, la mesme lubricité toute gravée et peinte. Et pourtant leurs marys cruels la leur pardonnoyent, et ne les faisoyent mourir, au moins aucuns. Et qu'il faille qu'eux payens, ne recognoissans Dieu, ayent esté si doux et benings à l'endroict de leurs femmes et du genre humain, et la pluspart de nos roys, princes, seigneurs et autres chrestiens, soyent si cruels envers elles par un tel forfait !

Encores faut-il louer ce brave Philippe Auguste, nostre roy de France, lequel, ayant répudié sa femme Angerberge, sœur de Canut, roy de Dannemarck, qui estoit sa seconde femme, sous prétexte qu'elle estoit sa cousine en troisiesme degré du costé de sa première femme Ysabel (autres disent qu'il la soupçonnoit de faire l'amour), néantmoins ce roy, forcé par censures ecclésiastiques, quoy qu'il fust remarié d'ailleurs, la reprit, et l'emmena derrière luy tout à cheval, sans le sceu de l'assemblée de Soissons faite pour cet effet, et trop séjournant pour en décider.

Aujourd'huy aucun de nos grands n'en font de mesme ; mais la moindre punition qu'ilz font à leurs femmes, c'est les mettre en chartre perpétuelle, au pain et à l'eau, et là les faire mourir, les empoisonnent, les tuent, soit de leur main ou de la justice. Et s'ilz ont tant envie de s'en défaire et espouser d'autres, comme cela advient souvent, que ne les répudient-ilz, et s'en séparent honnestement, sans autre mal, et demandent puissance au pape d'en espouser une autre, encore que ce qui est conjoint l'homme ne le doit séparer? Toutesfois, nous en avons eu des exemples de frais, et du roy Charles VIII et Louis XII, nos roys.

Sur quoy j'ay ouy discourir un grand théologien, et c'estoit sur le feu roy d'Espagne Philippe, qui avoit espousé sa niepce, mère du roy d'aujourd'huy, et ce par dispense, qui disoit : « Ou du tout il faut advouer le Pape pour lieu-
« tenant général de Dieu en terre, et absolu ou non : s'il l'est, comme nous
« autres catholiques le devons croire, il faut du tout confesser sa puissance
« bien absolue et infinie en terre, et sans borne, et qu'il peut nouer et
« dénouer comme il luy plaist, mais, si nous ne le tenons tel, je le quitte pour
« ceux qui sont en telle erreur, non pour les bons catholiques. Et par ainsi
« nostre Père Sainct peut remédier à ces dissolutions de mariage, et à de
« grands inconvéniens qui arrivent pour cela entre le mary et la femme,
« quand ils font tels mauvais ménages. »

Certainement les femmes sont fort blasmables de traitter ainsi leurs marys par leur foy violée, que Dieu leur a tant recommandée ; mais pourtant, de l'autre costé, il a bien défendu le meurtre, et luy est grandement odieux de quelque costé que ce soit : et jamais guières n'ay-je veu gens sanguinaires et meurtriers, mesmes de leurs femmes, qui n'en ayent payé le debte, et peu de gens aymans le sang ont bien finy ; car plusieurs femmes pécheresses ont obtenu et gaigné miséricorde de Dieu, comme la Madelaine.

Enfin, ces pauvres femmes sont créatures plus ressemblantes à la divinité que nous autres, à cause de leur beauté ; car, ce qui est beau est plus approchant de Dieu, qui est tout beau, que le laid qui appartient au diable.

Ce grand Alfonse, roy de Naples, disoit que la beauté estoit une vraye signifiance de bonnes et douces mœurs, ainsi comme est la belle fleur d'un bon et beau fruit ; comme de vray, en ma vie j'ay veu force belles femmes toutes bonnes ; et, bien qu'elles fissent l'amour, ne faisoyent point de mal, ny autre qu'à songer à ce plaisir, et y mettoyent tout leur soucy sans l'applicquer ailleurs.

D'autres aussi en ay-je veu très-mauvaises, pernicieuses, dangereuses, cruelles et fort malicieuses, nonobstant à songer à l'amour et au mal tout ensemble.

Sera-il doncques dit qu'estans ainsi sujetttes à l'humeur vollage et ombrageuse de leurs marys, qui méritent plus de punition cent fois envers Dieu, qu'elles soyent ainsi punies? Or de telles gens la complexion est autant fascheuse comme est la peine d'en escrire.

J'en parle maintenant encor d'un autre, qui estoit un seigneur de Dalmatie, lequel, ayant tué le paillard de sa femme, la contraignit de coucher ordinairement avec son tronc mort, charogneux et puant; de telle sorte que la pauvre femme fut suffoquée de la mauvaise senteur qu'elle endura par plusieurs jours.

Vous avez dans les *Cent nouvelles* de la reine de Navarre, la plus belle et triste histoire que l'on sçauroit voir pour ce sujet, de cette belle dame d'Allemagne que son mary contraignoit à boire ordinairement dans le test de la teste de son amy qu'il avoit tué; dont le seigneur Bernage, lors ambassadeur en ce pays pour le roy Charles huictiesme, en vit le pitoyable spectacle, et en fit l'accord.

La première fois que je fus jamais en Italie, passant par Venise, il me fut fait un compte pour vray, d'un certain chevallier albanois, lequel, ayant surpris sa femme en adultère, tua l'amoureux. Et de despit qu'il eut que sa femme ne s'estoit contentée de luy, car il estoit un gallant cavallier, et des propres pour Vénus, jusques à entrer en jouxte dix ou douze fois pour une nuict, pour punition, il fut curieux de rechercher partout une douzaine de bons compagnons, et forts ribauts, qui avoyent la réputation d'estre bien et grandement proportionnez de leurs membres, et fort adroits et chauds à l'exécution; et les prit, les gagea et loua pour argent; et les serra dans la chambre de sa femme, qui estoit très-belle, et la leur abandonna, les priant tous d'y faire bien leur devoir, avec double paye s'ilz s'en acquittoyent bien : et se mirent tous après elle, les uns après les autres, et la menèrent de telle façon qu'ils la rendirent morte avec un très-grand contentement du mary; à laquelle il luy reprocha, tendante à la mort, que puisqu'elle avoit tant aymé cette douce liqueur, qu'elle s'en saoullast; à mode que dit Sémiramis [1] à Cyrus, luy mettant sa teste dans un vase plein de sang. Voylà un terrible genre de mort!

Cette pauvre dame ne fut pas ainsi morte, si elle eust esté de la robuste complexion d'une garce qui fut au camp de César en la Gaule, sur laquelle on dit que deux légions passèrent par dessus en peu de temps; et au partir de là fit la gambade, ne s'en trouvant point mal.

J'ay ouy parler d'une femme françoise, de ville, et damoiselle, et belle : en nos guerres civiles ayant esté forcée, dans une ville prise d'assaut, par une infinité de soldats, et en estant eschappée, elle demanda à un beau Père si elle avoit péché grandement, après luy avoir conté son histoire; il luy dit que non, puisqu'elle avoit ainsi esté prise par force, et violée sans sa volonté,

[1] Ou plutôt *Thomyris*.

mais y répugnant du tout. Elle respondit : « Dieu donc soit loué, que je m'en suis une fois en « ma vie saoulée, sans pécher ni offenser Dieu ! »

Une dame de bonne part, au massacre de la Sainct-Barthélemy, ayant esté ainsy forcée, et son mary mort, elle demanda à un homme de sçavoir et de conscience, si elle avoit offensé Dieu, et si elle n'en seroit point punie de sa rigueur, et si elle n'avoit point faict tort aux mânes de son mary qui ne venoit que d'estre frais tué. Il luy respondit que, quand elle estoit en ceste besogne, que si elle y avoit pris plaisir, certainement elle avoit péché ; mais si elle y avoit eu du desgoust, c'estoit tout un. Voilà une bonne sentence !

J'ai bien cogneu une dame qui estoit différente de cette opinion, qui disoit : qu'il n'y avoit si grand plaisir en ceste affaire que quand elle estoit à demy forcée et abattue, et mesmes d'un grand ; d'autant que, tant plus on fait de la rebelle et de la refusante, d'autant plus on y prend d'ardeur et s'efforce-on : car, ayant une fois faussé sa brèche, il jouit de sa victoire plus furieusement et rudement, et d'autant plus on donne d'appétit à sa dame, qui contrefait pour tel plaisir la demi-morte et pasmée, comme il semble, mais c'est de l'extrême plaisir qu'elle y prend. Mesmes ce disoit ceste dame, que bien souvent elle donnoit de ces venues et altères à son mary, et faisoit de la farouche, de la bizarre et desdaigneuse, le mettant plus en rut : et, quand il venoit là, luy et elle s'en trouvoyt cent fois mieux : or, comme plusieurs ont escrit, une dame plaist plus qui fait un peu de la difficile et résiste, que quand elle se laisse sitost porter par terre. Aussi en guerre une victoire obtenue de force est plus signalée, plus ardente et plaisante, que par la gratuité, et en triomphe il mieux. Mais aussi ne faut que la dame fasse tant en cela de la revesche ny terrible, car on la tiendroit plustost pour une putain rusée qui voudroit faire de la prude ; dont bien souvent elle serait escandalisée ; ainsi que j'ay ouy dire à des plus savantes et plus habiles en ce fait, auxquelles je m'en rapporte, ne voulant estre si présumptueux de leur en donner des préceptes qu'elles sçavent mieux que moy.

Or j'ay veu plusieurs blasmer grandement aucuns de ces marys jaloux et meurtriers, d'une chose, que, si leurs femmes sont putains, eux-mesmes en sont cause. Car, comme dit sainct Augustin, c'est une grande folie à un mary de requérir chasteté à sa femme, luy estant plongé au bourbier de paillardise ; et en tel estat doit estre le mary qu'il veut trouver sa femme. Mesmes nous trouvons en nostre sainte Escriture qu'il n'est pas besoin que le mary et la femme s'entr'aymant si fort ; cela se veut entendre par des amours lascifs et paillards : d'autant que, mettant et occupant du tout leur cœur en des plaisirs lubriques, y songent si fort et s'y adonnent si très-tant, qu'ils en laissent l'amour qu'ils doivent à Dieu ; ainsi que moy-mesme j'ay veu beaucoup de femmes qui aymoient si très-tant leurs marys, et eux elles, et en brusloyent de telle ardeur, qu'elles et eux en oublioient du tout le service de Dieu ; si que, le temps qu'il y falloit mettre, le mettoyent et consommoyent après leurs paillardises.

De plus, ces marys, qui pis est, apprennent à leurs femmes, dans leur lict propre, mille lubricitez, mille paillardises, mille tours, contours, façons nouvelles, et leur practicquent ces figures énormes de l'Aretin ; de telle sorte que, pour un tison de feu qu'elles ont dans le corps, elles y en engendrent cent, et les rendent ainsi paillardes ; si bien qu'estans de telle façon dressées, elles ne se peuvent engarder qu'elles ne quittent leurs marys, et aillent trouver autres chevalliers. Et, sur ce, leurs marys en désespèrent, et punissent leurs pauvres femmes ; en quoy ilz ont grand tort : car puisqu'elles sentent leur cœur pour estre si bien dressées, elles veulent monstrer à d'autres ce qu'elles sçavent faire ; et leurs marys voudroient qu'elles cachassent leur saavoir : en quoy il n'y a apparence ny raison, non plus que si un bon écuyer avoit un cheval bien dressé, allant de tous ayrs, et qu'il ne voulust permettre qu'on le vist aller, ny qu'on montast dessus, mais qu'on le creust à sa simple parole, et qu'on l'acheptast ainsi.

J'ay ouy conter à un honneste gentilhomme de par le monde, lequel estant devenu fort amoureux d'une belle dame, il luy fut dit par un sien ami qu'il y perdroit son temps, car elle aimoit trop son mary ; il se va adviser une fois de faire un trou qui arregardoit droit dans leur lict ; si bien qu'estans couchez ensemble, il ne faillit de les espier par ce trou, d'où il vit les plus grandes lubricitez, paillardises, postures sales, monstrueuses et énormes, autant de la femme, voire plus que du mary, et avec des ardeurs très-extresmes ; si bien que le lendemain il vint à trouver son compagnon et luy raconter la belle vision qu'il avoit eue, et luy dit : « Cette femme est à moy, aussistôt que son « mary sera party pour tel voyage ; car elle ne pourra se tenir longuement « en sa chaleur que la nature et l'art luy ont donné, et faut qu'elle la passe ; « et par ainsi par ma persévérance je l'auray. »

Je cognois un autre honneste gentilhomme qui, estant bien amoureux d'une belle et honneste dame, sçachant qu'elle avoit un Aretin en figure dans son cabinet, que son mary sçavoit et l'avoit veu et permis, augura aussistôt par là qu'il l'atrapperoit ; et, sans perdre espérance, il la servit si bien et continua qu'enfin il l'emporta ; et cognut en elle qu'elle y avoit appris de bonnes leçons et pratiques, ou fust de son mary ou d'autres, niant pourtant que ny les uns ny les autres n'en avoyent point esté les premiers maistres, mais la dame nature, qui en estoit meilleure maistresse que tous les arts. Si est-ce que le livre et la pratique luy avoyent beaucoup servy en cela, comme elle lui confessa puis après.

Quand ce prince festinoit les dames et filles de la cour (page 26).

Il se lit d'une grande courtisanne et maquerelle insigne du temps de l'ancienne Rome, qui s'appeloit Elefantina, qui fit et composa de telles figures de l'Arétin, encore pires, auxquelles les dames grandes et princesses faisans estat de putanisme estudioyent comme un très-beau livre. Et celle bonne dame putain cyréniène, laquelle estoit surnommée « aux douze inventions, » parce qu'elle avoit trouvé douze manières pour rendre le plaisir plus voluptueux et lubrique!

Héliogabale gaigeoit et entretenoit, par grand argent et dons, ceux et celles qui luy inventoyent et produisoyent nouvelles et telles inventions pour mieux esveiller sa paillardise. J'en ai ouy parler d'autres pareils de par le monde.

Un de ces ans le pape Sixte [1] fit prendre à Rome un secrétaire qui avoit esté au cardinal d'Est, et s'appelloit Capella, pour beaucoup de forfaits, mais entre autres qu'il avoit composé un livre de ces belles figures, lesquelles estoyent représentées par un grand que je ne nommeray point pour l'amour de sa robe, et par une grande, l'une des belles dames de Rome, et tous représentez au vif et peints au naturel [2].

1. Sixte V.
2. Le cardinal de Lorraine, du Perron et autres, avoient été représentés de même avec Catherine de Médicis, Marie Stuart et la duchesse de Guise, dans deux tableaux dont il est parlé dans la

J'ai cogneu un prince de par le monde qui fit bien mieux, car il achepta d'un orfèvre une très-belle coupe d'argent doré, comme pour un chef-d'œuvre et grand spéciauté, la mieux élabourée, gravée et sigillée qu'il estoit possible de voir, où estoient taillées bien gentiment et subtillement au burin plusieurs figures de l'Arétin, de l'homme et de la femme, et ce au bas estage de la coupe et au-dessus et au haut plusieurs aussi de diverses manières de cohabitations de bestes, là où j'appris la première fois (car j'y veu souvent la dicte coupe et beu dedans, non sans rire) celle du lion et de la lionne, qui est tout contraire à celle des autres animaux, que n'avois jamais sceu, dont je m'en rapporte à ceux qui le sçavent sans que je le die. Cette coupe estoit l'honneur du buffet de ce prince; car, comme j'ay dit, elle estoit très-belle et riche d'art, et agréable à voir au dedans et au dehors.

Quand ce prince festinoit les dames et filles de la cour, comme souvent il les convioit, ses sommelliers ne failloyent jamais, par son commandement, de leur bailler à boire dedans; et celles qui ne l'avoyent jamais veue, ou en buvant ou après, les unes demeuroyent estonnées et ne sçavoyent que dire là-dessus; aucunes demeuroyent honteuses, et la couleur leur sautoit au visage; aucunes s'entre-disoyent entr'elles : « Qu'est-ce que cela qui est gravé là « dedans ? Je croy que ce sont des sallauderies. Je n'y boys plus. J'aurois « bien grand soif avant que j'y retournasse boire. » Mais il falloit qu'elles beussent là, ou bien qu'elles esclatassent de soif ; et, pour ce, aucunes fermoyent les yeux en buvant, les autres moins vergogneuses point. Qui en avoyent ouy parler du mestier, tant dames que filles, se mettoyent à rire sous bourre ; les autres en crevoient tout à trac.

Les unes disoyent, quand on leur demandoit [ce] qu'elles avoyent à rire et ce qu'elles avoyent veu : qu'elles n'avoyent rien veu que des peintures, et que pour cela elles n'y lairroyent à boire une autre fois. Les autres disoyent: « Quant à moy je n'y songe point à mal; la veue et la peinture ne souille « point l'âme. » Les unes disoyent : « Le bon vin est aussi bien léans qu'ail- « leurs. » Les autres affermoyent qu'il y faisoit aussi bon boire qu'en une autre coupe, et que la soif s'y passoit aussi bien. Aux unes on faisoit la guerre pourquoy elles ne fermoyent les yeux en buvant ; elles respondoyent qu'elles vouloyent voir ce qu'elles beuvoyent, craignant que ce ne fust du vin, mais quelque médecine ou poison. Aux autres on demandoit à quoy elles prenoyent plus de plaisir, ou à voir, ou à boire ; elles respondoyent : « A tout. » Les unes disoyent : « Voilà de belles crotesques ! » Les autres : « Voilà de plai-

Légende du cardinal de Lorraine, folio 24, et dans le *Réveille-matin des Français*, pages 11 et 123. Voyez ci-dessous, à la fin du VIIe livre, la description d'un pareil livre de figures, et les mauvais effets qu'il produisit.

« santes mommeries ! » les unes disoyent : « Voilà de beaux images ! » Les autres : « Voilà de beaux miroirs ! » Les unes disoyent : « L'orfèvre estoit « bien à loisir de s'amuser à faire ces fadèzes ! » Les autres disoyent : « Et « vous, monsieur, encor plus d'avoir achepté ce beau hanap. Aux unes on demandoit si elles sentoyent rien qui les picquast au mitant du corps pour cela ; elles respondoyent que nulle de ces drolleries y avoit eu pouvoir pour les picquer. Aux autres on demandoit si elles n'avoyent point senty le vin chaut, et qu'il les eust eschauffées, encor que ce fust en hyver, elles respondoyent qu'elles n'avoyent garde, car elles avoyent beu bien froid, qui les avoit bien rafraischies. Aux unes on demandoit quelles images de toutes celles elles voudroyent tenir en leur lict ; elles respondoient qu'elles ne se pouvoyent oster de là pour les y transporter.

Bref, cent mille brocards et sornetttes sur ce subject s'entredonnoient les gentilshommes et dames ainsi à table, comme j'ay veu, que c'estoit une très-plaisante gausserie, et chose à voir et ouïr ; mais surtout, à mon gré, le plus et le meilleur estoit à contempler ces filles innocentes, ou qui feignoyent l'estre, et autres dames nouvellement venues, à tenir leur mine froide, riante du bout du nez et des lèvres, ou à se contraindre et faire des hypocrites, comme plusieurs dames en faisoyent de mesme. Et notez que, quand elles eussent deu mourir de soif, les sommelliers n'eussent osé leur donner à boire en une autre coupe ny verre. Et, qui plus est, juroyent aucunes, pour faire bon minois, qu'elles ne tourneroyent jamais à ces festins ; mais elles ne laissoient pour cela à y tourner souvent, car ce prince estoit très-splendide et friand. D'autres disoyent, quand on les convioit : « J'iray, mais en protesta-« tion qu'on ne nous baillera point à boire dans la coupe ; » et quand elles y estoient, elles y beuvoient plus que jamais. Enfin elle s'y avezarent si bien qu'elles ne firent plus de scrupule d'y boire ; et si firent bien mieux aucunes, qu'elles se servirent de telles visions en temps et lieu ; et, qui plus est, aucunes s'en desbauchèrent pour en faire l'essay ; car toute personne d'esprit veut essayer tout. Voilà les effets de cette belle coupe si bien historiée. A quoy se faut imaginer les autres discours, les songes, les mines et les paroles que telles dames disoyent et faisoyent entre elles, à part ou en compagnie.

Je pense que telle coupe estoit bien différente à celle dont parle M. Ronsard en l'une de ses premières odes, desdiée au feu roy Henry qui commence ainsi :

> Comme un qui prend une couppe,
> Seul honneur de son trésor,
> Et de rang verse à la troupe
> Du vin qui rit dedans l'or.

Mais en ceste coupe le vin ne rioit pas aux personnes, mais les personnes au vin : car les unes beuvoyent en riant, et les autres beuvoyent en se ravissant; les unes se compissoyent en beuvant, et les autres beuvoyent en se compissant; je dis, d'autre chose que de pissat.

Bref, cette coupe faisoit de terribles effets, tant y estoyent pénétrantes ces images, visions et perspectives : dont je me souviens qu'une fois, en une galerie du comte de Chasteau-Vilain, dit le seigneur Adjacet, une trouppe de dames avec leurs serviteurs estant allé voir cette belle maison, leur veue s'addressa sur de beaux et rares tableaux qui estoyent en ladicte gallerie. A elles se présenta un tableau fort beau, où estoyent représentées force belles dames nues qui estoyent aux bains, qui s'entre-touchoient, se palpoyent, se manioyent, et frottoyent, s'entremesloyent, se tastonnoyent, et, qui plus est, se faisoyent le poil tant gentiment et si proprement en monstrant tout, qu'une froide recluse ou hermite s'en fust eschauffée et esmeue; et c'est pourquoy une dame grande, dont j'ay ouy parler et cogneue, se perdant en ce tableau, dit à son serviteur, en se tournant vers luy comme enragée de cette rage d'amour : « C'est trop demeuré icy : montons en carosse promptement, et « allons en mon logis, car je ne puis plus contenir cette ardeur; il la faut aller « esteindre : c'est trop bruslé. » Et ainsi partit, et alla avec son serviteur prendre de cette bonne eau qui est si douce sans sucre, et que son serviteur luy donna de sa petite burette.

Telles peintures et tableaux portent plus de nuisance à une âme fragile qu'on ne pense; comme en estoit un là à mesme, d'une Vénus toute nue, couchée et regardée de son fils Cupidon ; l'autre, d'un Mars couché avec sa Vénus; l'autre d'une Læda couchée avec son signe. Tant d'autres y a-il, et là et ailleurs, qui sont un peu plus modestement peints et voilez mieux que les figures de l'Aretin; mais quasy tout vient à un, et en approchent de nostre coupe dont je viens de parler, laquelle avoit quasi quelque simpatie par antinomie, de la couppe que trouva Renault de Montauban en ce chasteau dont parle l'Arioste, laquelle à plein descouvroit les pauvres cocus, et cette-cy les faisoit; mais l'une portoit un peu trop de scandale aux cocus et leurs femmes infidèles, et cette-cy point.

Aujourd'hui n'en est besoin de ces livres ny de ces peintures, car les marys leur en apprennent prou : et voilà que servent telles escholes de son marys!

J'ay cogneu un bon imprimeur vénétien à Paris, qui s'appelloit messer Bernardo, parent de ce grand Aldus Manutius de Venise[1], qui tenoit sa boutique en la rue de Sainct-Jacques, qui me dit et jura une fois qu'en moins d'un an il

---

1. Bernardin Turisan, qui avoit pour enseigne la devise des Manuces, ses parents.

avoit vendu plus de cinquante paires de livres de l'Aretin à force gens mariés et non mariés, et à des femmes, dont il m'en nomma trois de par le monde, grandes, que je ne nommeray point, et les leur bailla à elles-mesmes et très-bien reliez, sous serment presté qu'il n'en sonneroit mot, mais pourtant il me le dist; et me dist davantage qu'une autre dame luy en ayant demandé au bout de quelque temps, s'il en avoit point un pareil comme un qu'elle avoit veu entre les mains d'une de ces trois, il luy respondit : *Signora, si, e peggio*, et soudain argent en campagne, les acheptant tous au poids de l'or. Voilà une folle curiosité pour envoyer son mary faire un voyage à Cornette près de Civita-Vecchia.

Toutes ces formes et postures sont odieuses à Dieu, si bien que sainct Hiérosme dit : « Qui se monstre plustost desbordé amoureux de sa femme que « mary, est adultère et pèche. » Et parce qu'aucuns docteurs ecclésiastiques en ont parlé, je diray ce mot briefvement en mots latins, d'autant qu'eux-mesmes ne l'ont voulu dire en françois : *Tncessus*, disent-ils, *conjugum fit, quando uxor cognoscitur ante retro stando, sedendo in latere et mulier super virum;* comme un petit colibet que j'ay leu d'autresfois, qui dit :

> In prato viridi monialem ludere vidi
> Cum monacho leviter, ille sub, illa super.

D'autres disent quand ils s'accommodent autrement que la femme ne puisse concevoir. Toutesfois il y a aucunes femmes qui disent qu'elles conçoivent mieux par les postures monstrueuses et surnaturelles et estranges, que naturelles et communes, d'autant qu'elles y prennent plaisir davantage, et, comme dit le poëte, quand elles s'accommodent *more canino*, ce qui est odieux : toutefois les femmes grosses, au moins aucunes, en usent ainsi, de peur de se gaster par le devant.

D'autres docteurs disent que quelque forme que ce soit est bonne, mais que, *semen ejaculetur in matricem mulieris, et quomodocunque uxor cognoscatur, si vir ejaculetur semen in matricem, non est peccatum mortale.*

Vous trouverez ces disputes dans *Summa Benedicti*, qui est un cordelier docteur qui a très-bien escrit de tous les péchez, et monstré qu'il a beaucoup veu et leu[1]. Qui voudra lire ce passage y verra beaucoup d'abus que commet-

---

[1]. Ce livre intitulé *la Somme des péchés et les remèdes d'iceux*, imprimé à Lyon, chez Charles Pesnot, dès 1584, in-4°, et diverses autres fois depuis, est de la composition de Jean Benedicti, cordelier de Bretagne, qui ne l'a pas moins rempli d'ordures et de saletés, que le jésuite Sanchez en a rempli son traité *de matrimonio;* et ce qu'il y a de fort singulier, c'est qu'un ouvrage si impur n'en est pas moins dédié à la sainte Vierge. Comme on voit, Brantôme et ses semblables savoient très-bien en faire leur profit, et y découvrir de nouveaux ragoûts de lubricité.

tent les marys à l'endroict de leurs femmes. Aussi dit-il que, *quando mulier est ita pinguis ut non possit aliter coire* que par telles postures, *non est peccatum mortale, modo vir ejaculetur semen in vas naturale*. Dont disent aucuns qu'il vaudroit mieux que les marys s'abstinssent de leurs femmes quand elles sont pleines, comme font les animaux, que de souiller le mariage par de telles vilainies.

J'ai cogneu une fameuse courtisanne à Rome, dicte la Grecque, qu'un grand seigneur de France avoit là entretenue. Au bout de quelque temps, il luy prit envie de venir voir la France, par le moyen du seigneur Bonvisi, banquier de Lion, Lucquois très-riche, de laquelle il estoit amoureux; où estant, elle s'enquit fort de ce seigneur et de sa femme, et, entr'autres choses, si elle ne le faisoit point cocu, « d'autant, disoit-elle, que j'ay dressé son mary de si « bel air, et luy ay appris de si bonnes leçons, que les luy ayant montrées et « pratiquées avec sa femme, il n'est possible qu'elle ne les ait voulu monstrer « à d'autres ; car nostre mestier est si chaud, quand il est bien appris, qu'on « prend cent fois plus de plaisir de le monstrer et pratiquer avec plusieurs « qu'avec un. » Et disoit bien plus, que cette dame lui devoit faire un beau présent et condigne de sa peine et de son sallaire, parce que, quand son mary vint à son escholle premièrement, il n'y sçavoit rien, et estoit en cela le plus sot, neuf et apprentif qu'elle vist jamais ; mais elle l'avoit si bien dressé et façonné, que sa femme s'en devoit trouver cent fois mieux. Et de fait cette dame, la voulant voir, alla chez elle en habit dissimulé, dont la courtisanne s'en douta et lui tint tous les propos que je viens de dire, et pires encor et plus desbordez, car elle estoit courtizanne fort débordée. Et voilà comment les marys se forgent les couteaux pour se couper la gorge ; cela s'entend des cornes. Par ainsi, abusant du saint mariage, Dieu les punit ; et puis veulent avoir leurs revanches sur leurs femmes, en quoy ilz sont cent fois plus punissables. Aussi ne m'estonnè-je pas si ce saint docteur disoit que le maryage estoit quasi une vraye espèce d'adultère : cela vouloit-il entendre quand on en abusoit de cette sorte que je viens de dire.

Aussi a-on deffendu le mariage à nos prestres; car, venant, de coucher avec leurs femmes, et s'estre bien souillez avec elles, il n'y a point de propos de venir à un sacré autel. Car, ma foy, ainsy que j'ay ouy dire, aucuns bourdellent plus avec leurs femmes que non pas les ruffiens avec les putains des bourdeaux, qui, craignans prendre mal, ne s'acharnet et ne s'eschauffent avec elles comme les marys avec leurs femmes, qui sont nettes et ne peuvent donner mal, au moins aucunes et non pas toutes; car j'en ay bien cogneu qui leur en donnent, aussi bien que leurs marys à elles.

Les marys, abusants de leurs femmes, sont fort punissables, comme j'ay ouy dire à de grands docteurs : que les marys, ne se gouvernants avec leurs femmes modestement dans leur lict comme ils doivent, paillardent avec elles comme avec concubines, n'estant le mariage introduit que pour la nécessité et procréation, et non pour le plaisir désordonné et paillardise. Ce que très-bien, nous sceut représenter l'empereur Sejanus Commodus, dit autrement Anchus Verus [1], lorsqu'il dit à sa femme Domitia Calvilla, qui se plaignoit à luy de quoy il portoit à des putains et courtisanes et autres ce qu'à elle appartenoit en son lict, et lui ostoit ses menues et petites pratiques : « Supportez « ma femme, luy dit-il, qu'avec les autres je saoulle mes désirs, d'autant « que le nom de femme et de consorte est un nom de dignité et d'honneur, et « non de plaisir et paillardise. » Je n'ay point encore leu ny trouvé la response que luy fist là dessus madame sa femme l'impératrice; mais il ne faut douter que, ne se contentant de cette sentence dorée, elle ne luy respondist de bon cœur, et par la voix de la pluspart, voire de toutes les femmes mariées : « Fy de cet honneur et vive le plaisir ! « nous vivons mieux de l'un que de l'autre. »

Il ne faut non plus douter aussi que la pluspart de nos mariés aujourd'huy et de tout temps, qui ont de belles femmes, ne disent pas ainsi; car ilz ne se maryent et lient, ny ne prennent leurs femmes, sinon pour bien passer leur temps et bien paillarder en toutes façons, et leur enseigner des préceptes et pour le mouvement de leur corps et pour les débordées et lascives paroles de leurs bouches, afin que leur dormante Vénus en soit mieux esveillée et excitée; et, après les avoir bien ainsi instruites et débauchées, si elles vont ailleurs, ilz les punissent, les battent, les assomment et les font mourir.

Il y a aussi peu de raison en cela, comme si quelqu'un avoit débauché une pauvre fille d'entre les bras de sa mère, et luy eust faict perdre l'honneur et sa virginité, et puis, après en avoir fait sa volonté, la battre et la contraindre à vivre autrement, en toute chasteté : vrayment ! car il en est bien temps, et bien à propos ! Qui est celuy qui ne le condamne pour homme sans raison et digne d'être chastié ? L'on en deust dire de mesmes de plusieurs marys, lesquels, quand tout est dit, débauschent plus leurs femmes, et leur apprennent plus de préceptes pour tomber en paillardise, que ne font leurs propres amoureux : car ilz en ont plus de temps et loisir que leurs amans ; et venants à discontinuer leurs exercices, elles changent de main et de maistre, à mode d'un bon cavalcadour, qui prend plus de plaisir cent fois de monter à cheval qu'un qui n'y entend rien. « Et de malheur, ce disoit cette courti-« zanne, il n'y a nul mestier au monde qui soit plus coquin ny qui désire tant « de continue que celuy de Vénus. » En quoy ces marys doivent estre

---

1. Annius Verus : c'étoit le grand-père de cet empereur.

advertis de ne faire tels enseignemens à leurs femmes, car ils leur sont par trop préjudiciables; ou bien, s'ils voyent leurs femmes leur jouer un fauxbon, qu'ilz ne les punissent point, puisque sont esté eux qui leur en ont ouvert le chemin.

Si faut-il que je fasse cette digression d'une femme mariée, belle et honneste et d'estoffe, que je sçay, qui s'abandonna à un honneste gentilhomme, aussi plus par jalousie qu'elle portoit à une honneste dame que ce gentilhomme aimoit et entretenoit, que par amour. Parquoy, ainsi qu'il en jouissoit, la dame lui dit : « A cette heure, à mon grand contentement, trioms« phèje de vous et de l'amour que portez à une telle. » Le gentilhomme lui respondit : « Une personne abattue, subjuguée et foulée, ne sauroit bien triom« pher. » Elle prend pied à cette response, comme touchant à son honneur, et luy réplique aussitost : « Vous avez raison. » Et tout à coup s'advise de désarçonner subitement son homme, et se desrober de dessous luy; et changeant de forme, prestement et agilement monte sur luy et le met sous soy. Jamais jadis chevallier ou gendarme romain ne fut si prompt et adextre de monter et remonter sur ses chevaux désultoires, comme fut ce coup cette dame avec son homme; et le manie de mesmes en luy disant : « A st'heure « donc puis-je bien dire qu'à bon escient je triomphe de vous, puisque je vous « tiens abattu sous moi. » Voilà une dame d'une plaisante et paillarde ambition, et d'une façon estrange, comment elle la traitta!

J'ay ouy parler d'une fort belle et honneste dame de par le monde, sujette fort à l'amour et à la lubricité, qui pourtant fut si arrogante et si fière, et si brave de cœur, que, quand ce venoit là, ne vouloit jamais souffrir que son homme la montast et la mit sous soy et l'abattit, pensant faire un grand tort à la générosité de son cœur, et attribuant à une grande laschété d'estre ainsi subjuguée et soumise, en mode d'une triomphante conqueste ou esclavitude, mais vouloit tousjours garder le dessus et la prééminence. Et ce qui faisoit bon pour elle en cela, c'est que jamais ne voulut s'adonner à un plus grand que soy, de peur qu'usant de son autorité et puissance, luy pust donner la loy, et la pust tourner, virer et fouler, ainsi qu'il luy eust pleu; mais, en cela, choisissoit ses égaux et inférieurs, auxquels elle ordonnoit leur rang, leur assiete, leur ordre et forme de combat amoureux, ne plus ne moins qu'un sergent majour à ses gens le jour d'une bataille; et leur commandoit de ne l'outrepasser, sur peine de perdre leurs pratiques, aux uns son amour, et aux autres la vie; si que debout ou assis, ou couchez, jamais ne se purent prévaloir sur elle de la moindre humiliation, ny submission, ny inclination, qu'elle leur eust rendu et presté. Je m'en rapporte au dire et au songer de ceux et celles qui ont traitté telles amours, telles postures, assietes et formes.

Le malheur pour luy fut qu'il fut pris des Corsaires, et mené en Alger (page 36).

Cette dame pouvoit ordonner ainsi, sans qu'il y allast rien de son honneur prétendu, ny de son cœur généreux offensé; car, à ce que j'ay ouy dire à aucuns praticqs, il y avoit assez de moyens pour faire telles ordonnances et pratiques.

Voilà une terrible et plaisante humeur de femme, et bizarre scrupule de conscience généreuse. Si avoit-elle raison pourtant; car c'est une fascheuse souffrance que d'estre subjuguée, ployée, foullée, et mesmes, quand l'on pense quelquefois à part soy, et qu'on dit : « Un tel m'a mis sous luy et foulé », par manière de dire, sinon aux pieds, mais autrement : cela vaut autant à dire.

Cette dame aussi ne voulut jamais permettre que ses inférieurs la baisassent jamais à la bouche, « d'autant, disoit-elle, que le toucher et le tact de « bouche à bouche est le plus sensible et précieux de tous les autres tou- « chers, fust de la main et autres membres, » et pour ce, ne vouloit estre atteinte, ny sentir à la sienne une bouche salle, orde et nompareille à la sienne.

Or, sur cecy, c'est une autre question que j'ay veu traitter à aucuns : quel advantage de gloire a plus grand sur son compagnon, ou l'homme ou la femme, quand ils sont en ces escarmouches ou victoires vénériennes?

L'homme allègue pour soy la raison précédente : que la victoire est bien plus grande quand l'on tient sa douce ennemie abattue sous soy, et qu'il la subjugue, la supédite et la dompte à son aise et comme il luy plaist; car il n'y a si grande princesse ou dame, que, quand elle est là, fust-ce avec son inférieur ou inégal, qu'elle n'en souffre la loy et la domination qu'en a ordonné Vénus parmy ses statuts; et, pour ce, la gloire et l'honneur en demeure très-grande à l'homme.

La femme dit : « Ouy, je le confesse, que vous vous devez sentir glorieux
« quand vous me tenez sous vous et me suppéditez ; mais aussi, quand il me
« plaist, s'il ne tient qu'à tenir le dessus, je le tiens par gayeté et une gentille
« volonté qui m'en prend, et non pour une contrainte. D'avantage, quand ce
« dessus me déplaist, je me fais servir à vous comme d'un esclave ou forçat
« de gallère, ou, pour mieux dire, vous fais tirer au collier comme un vray
« cheval de charrette, et vous travaillant, peinant, suant, halletant, effor-
« çant à faire les courvées et efforts que je veux tirer de vous. Cependant,
« moy, je suis couchée à mon aise, je vois venir vos coups ; quelquefois j'en
« ris et en tire mon plaisir à vous voir en telles altères ; quelquefois aussi je
« vous plains, selon ce qui me plaist ou que j'en ay de volonté ou pitié ; et
« après en avoir en cela très-bien passé ma fantaisie, je laisse là mon gallant,
« las, recreu, débilité, énervé, qu'il n'en peut plus, et n'a besoing que d'un
« bon repos et de quelque bon repas, d'un coulis, d'un restaurent ou de
« quelque bon bouillon confortatif. Moy, pour telles courvées et tels efforts,
« je ne m'en sens nullement, sinon que très-bien servic à vos despens, mon-
« sieur le gallant, et n'ay autre mal sinon de souhaiter quelque autre qui
« m'en donnast autant, à peine de le faire rendre comme vous : et, par ainsi,
« ne me rendant jamais, mais faisant rendre mon doux ennemy, je rapporte la
« vraye victoire et la vraye gloire, qu'autant qu'en un duel celuy qui se rend
« est déshonoré, et non pas celuy qui combat jusques au dernier poinct de
« la mort. »

Ainsi que j'ay ouy conter d'une belle et honneste femme, qui, une fois, son mary l'ayant esveillée d'un profond sommeil et repos qu'elle prenoit, pour faire cela, après qu'il eut fait elle luy dit : « Vous avez fait et moy non. » Et, parce qu'elle estoit dessus luy, elle le lia si bien de bras, de mains, de pieds et de ses jambes entrelacées : « Je vous apprendray à ne m'esveiller une autre fois ; » et, le démenant secouant et remuant à toute outrance, son mary qui estoit dessous, qui ne s'en pouvait défaire, et qui suoit, ahonnoit et se lassoit, et crioyt mercy, elle le luy fit faire une autre fois en despit de luy, et le rendit si las, si aténué et flac, qu'il en devint hors d'aleine et luy jura un bon coup qu'une autrefois il la prendroit à son heure, humeur et apétit. Ce conte est meilleur à se l'imaginer et représenter qu'à l'escrire.

Voilà donc les raisons de la dame avec plusieurs autres qu'elle pût alléguer.

Encore l'homme réplique là-dessus : « Je n'ay point aucun vaisseau ni bas-« chot comme vous avez le vostre, dans lequel je jette un gassouil de pollu-« tion et d'ordure (si ordure se doibt appeller la semence humaine jettée par « mariage et paillardise), qui vous salit et vous y pisse comme dans un pot. — « Ouy, dit la dame; mais aussitost ce beau sperme, que vous autres dites « estre le sang le plus pur et net que vous avez, je le vous fais pisser incon-« tinent et jetter ou dans un pot ou bassin, ou en un retrait, et le mesler « avecques une autre ordure très-puante et salle et vilaine; car de cinq cens « coups que l'on nous touchera, de mille, deux mille, trois mille, voire d'une « infinité, voire de nul, nous n'engroissons que d'un coup, et la matrice ne « retient qu'une fois; car si le sperme y entre bien et y est bien retenu, celuy-« là est bien logé, mais les autres fort sallaudement nous les logeons comme « je viens de dire! Voilà pourquoy il ne faut se vanter de nous gazouiller de « vos ordures de sperme; car, outre celuy-là que nous concevons, nous le « jettons et rendons pour n'en faire plus de cas aussitost que nous l'avons « receu et qu'il ne nous donne plus de plaisir, et en sommes quittes en « disant : Monsieur le potagier, voilà vostre brouet que je vous rends, et le « vous claque là; il a perdu le bon goust que vous m'en avez donné premiè-« rement. Et notez que la moindre bagasse en peut dire autant à un grand « roi ou prince, s'il l'a repassée: qui est un grand mespris, d'autant que l'on « tient le sang royal pour le plus précieux qui soit point. Vrayment il est bien « gardé et logé bien précieusement plus que d'un autre! »

Voilà le dire des femmes; qui est un grand cas pourtant qu'un sang si précieux se polluc et se contamine ainsi si sallaudement et vilainement; ce qui estoit défendu en la loy de Moyse, de ne le nullement prostituer en terre; mais on fait bien pis quand on le mesle avecques de l'ordure très-orde et salle. Encor, si elles faisoyent comme un grand seigneur dont j'ay ouy parler, qui, en songeant la nuict, s'estant corrompu parmy ses linceuls, les fit enterrer, tant il estoit scrupuleux, disant que c'estoit un petit enfant provenu de là qui estoit mort, et que c'estoit dommage et une très-grande perte que ce sang n'eust esté mis dans la matrice de sa femme, dont possible l'enfant fut esté en vie.

Il se pouvoit bien tromper par là, d'autant que de mille habitations que le mary fait avec la femme l'année, possible, comme j'ay dit, n'en devient-elle grosse, non pas une fois en la vie, voire jamais, pour aucunes femmes qui sont brehaignes et stériles, et ne conçoivent jamais; d'où est venu l'erreur d'aucuns mescréans, que le mariage n'avoit esté institué tant pour la procréation que pour le plaisir ; ce qui est mal creu et mal parlé, car, encor qu'une femme n'engroisse toutes les fois qu'on l'entreprend, c'est pour quelque volonté de Dieu à nous occulte, et qu'il en veut punir et mary et femme, d'autant que la plus grande bénédiction que Dieu nous puisse envoyer en mariage, c'est une bonne lignée, et non par concubinage ; dont il y a plusieurs femmes qui prennent un grand plaisir d'en avoir de leurs amans, et d'autres non ; lesquelles ne veulent permettre qu'on leur lasche rien dedans, tant pour ne supposer des enfans à leurs marys qui ne sont à eux, que pour leur sembler ne faire tort et ne les faire cocus si la rosée ne leur est entrée dedans, ny plus ni moins qu'un estomach débile et mauvais ne peut être offensé de sa personne pour prendre de mauvais et indigestifs morceaux, pour les mettre dans la bouche, les mascher et puis les cracher en terre.

Aussi, par le mot de cocu, porté par les oyseaux d'avril, qui sont ainsi appelez pour aller pondre au nid des autres, les hommes s'appellent cocus par antinomie [1], quand les autres viennent pondre dans leur nid, qui est dans le cas de leurs femmes, qui est autant à dire leur jetter leur semence et leur faire des enfants.

Voilà comme plusieurs femmes ne pensent faire faute à leurs marys pour mettre dedans et s'esbaudir leur saoul, mais qu'elles ne reçoivent point de leur semence ; ainsi sont-elles conscientieuses de bonne façon : comme d'une grande dont j'ay ouy parler, qui disoit à son serviteur : « Esbattez-vous tant « que vous voudrez, et donnez-moy du plaisir ; mais, sur vostre vie, donnez- « vous garde de ne m'arrouser rien là dedans, non d'une seule goutte, autre- « ment il vous y va de la vie. » Si bien qu'il falloit bien que l'autre fust sage, et qu'il espiast le temps du mascaret [2] quand il devoit venir.

J'ay ouy faire un pareil conpte au chevallier de Sanzay de Bretagne, un très-honneste et brave gentilhomme, lequel, si la mort n'eust entrepris sur son jeune aage, fust esté un grand homme de mer, comme il avoit un très-bon commencement : aussi en portoit-il les marques et enseignes, car il avoit eu un bras emporté d'un coup de canon en un combat qu'il fit sur mer. Le malheur pour luy fut qu'il fut pris des corsaires, et mené en Alger. Son maistre, qui le tenoit esclave, estoit le grand prestre de la mosquée de là, qui avoit une très-belle femme qui vint à s'amouracher si fort dudict Sanzay, qu'elle luy commanda de venir en amoureux plaisir avec elle, et qu'elle luy feroit très-bon traittement, meilleur qu'à aucun de ses autres esclaves ; mais surtout elle luy commanda très-expressément, et sur la vie, ou une prison très-rigoureuse, de ne lancer en son corps une seule goutte de sa semence, d'autant, disoit-elle, qu'elle ne vouloit nullement estre polluée et contaminée du sang chrestien,

[1] Antonomasie.
[2] Voyez Ménage, *Dict. étym.*, au mot MASCARET.

dont elle penseroit offenser grandement et sa loy et son grand prophète Mahommet; et de plus luy commanda qu'encor qu'elle fust en ses chauds plaisirs, quand bien elle luy commanderoit cent fois d'hazarder le paquet tout à trac, qu'il n'en fist rien, d'autant que ce seroit le grand plaisir duquel elle estoit ravie qui le luy feroit dire, et non pas la volonté de l'âme.

Ledict Sanzay, pour avoir bon traittement et plus grande liberté, encor qu'il fust chrestien, ferma les yeux pour ce coup à sa loy; car un pauvre esclave rudement traitté et misérablement enchaisné peut s'oublier bien quelques fois. Il obéit à la dame, et fut si sage et si abstraint à son commandement qu'il commanda fort bien à son plaisir; et moulloit au moulin de sa dame tousjours très-bien, sans y faire couller d'eau; car, quand l'escluse de l'eau vouloit se rompre et se déborder, aussitost il la retiroit, la resserroit et la faisoit escouler où il pouvoit; dont cette femme l'en ayma davantage, pour estre si abstraint à son estroit commandement, encor qu'elle lui criast : « Laschez, je vous en donne toute permission ! » mais il ne voulut onc, car il craignoit d'estre battu à la turque, comme il voyait ses autres compagnons devant soy.

Voilà une terrible humeur de femme; et pour ce il semble qu'elle faisoit beaucoup, et pour son âme qui estoit turque, et pour l'autre qui estoit chrestien, puisqu'il ne se deschargeoit nullement avec elle : si me jura-il qu'en sa vie il ne fut en telle peine.

Il m'en fit un autre compte, le plus plaisant qu'il est possible, d'un traict qu'elle luy fit; mais d'autant qu'il est trop sallaud, je m'en tairay, de peur d'offenser les oreilles chastes.

Du depuis ledict Chanzay fut racheppté par les siens, qui sont gens d'honneur et de bonne maison en Bretagne, et qui appartiennent à beaucoup de grands, comme à M. le connestable qui aimoit fort son frère aisné, et qui luy aida beaucoup à cette délivrance, laquelle ayant eue, il vint à la cour, et nous en conta fort à M. d'Estrozze et à moy de plusieurs choses, et entre autres il nous fit ces comptes.

Que dirons-nous maintenant d'aucuns marys qui ne se contentent de se donner du contentement et du plaisir paillard de leurs femmes, mais en donnent de l'appétit, soit à leurs compagnons et amys, soit à d'autres? Ainsi que j'en ay cogneu plusieurs qui leur louent leurs femmes, leur disent leurs beautez, leur figurent leurs membres et partyes du corps, leur représentent leurs plaisirs qu'ils ont avec elles, et leurs follâtreries dont elles usent envers eux, les leur font baiser, toucher, taster, voire voir nues.

Que méritent-ils ceux-là? sinon qu'on les face cocus bien à point, ainsi que fit Gigès, par le moyen de sa bague, au roy Candaule, roy des Lydiens, lequel sot qu'il estoit, luy ayant loué la rare beauté de sa femme, comme si le silence luy faisoit tort et dommage, et puis la luy ayant monstrée toute nue, en devint si amoureux qu'il en jouit à son gré, et le fit mourir, et s'impatronisa de son royaume. On dit que la femme en fut si désespérée pour avoir esté représentée ainsi, qu'elle força Gigès à ce mauvais tour, en luy disant : « Ou « celuy qui t'a pressé et conseillé de telle chose, faut qu'il meure de ta main, « ou toy, qui m'as regardée toute nue, que tu meures de la main d'un autre. » Certes, ce roy estoit bien de loisir de donner ainsi l'appétit d'une viande nouvelle, si belle et bonne, qu'il devoit tenir si chère.

Louis, duc d'Orléans, tué à la porte Barbette[1], à Paris, fit bien au contraire (grand débauscheur des dames de la cour, et tousjours des plus grandes); car, ayant avec luy couché une fort belle et grande dame, ainsi que son mary vint en sa chambre pour luy donner le bonjour, il alla couvrir la teste de sa dame, femme de l'autre, du linceul, et luy descouvrit tout le corps, luy faisant voir tout nud et toucher à son bel aise, avec défense expresse sur la vie de n'oster le linge du visage, ny la descouvrir aucunement, à quoy il n'osa contrevenir, luy demandant par plusieurs fois ce qui luy sembloit de ce beau corps tout nud : l'autre en demeura tout esperdu et grandement satisfait. Le duc luy bailla congé de sortir de la chambre, ce qu'il fit sans avoir jamais pû cognoistre que ce fust sa femme.

S'il l'eust bien veue et recogneue toute nue, comme plusieurs que j'ay veu, il l'eust cogneue à plusieurs sis, possible ; dont il fait bon les visiter quelquesfois par le corps.

Elle, après son mary party, fut interrogée de M. d'Orléans si elle avoit eu l'allarme et peur. Je vous laisse à penser ce qu'elle en dist et la peine et l'altère en laquelle elle fut l'espace d'un quart d'heure ; car il ne falloit qu'une petite indiscrétion, ou la moindre désobéissance que son mary eust commis pour lever le linceul ; il est vray, ce dist M. d'Orléans, mais qui l'eust tué aussitost pour l'empescher du mal qu'il eust faict à la femme.

Et le bon fut de ce mary, qu'estant la nuict d'amprès couché avec sa femme, il luy dit que M. d'Orléans luy avoit fait voir la plus belle femme nue qu'il vit jamais, mais, quant au visage, qu'il n'en sçavoit que rapporter, d'autant qu'il luy avoit interdit. Je vous laisse à penser ce qu'en pouvoit dire sa femme dans sa pensée. Et de cette dame tant grande et de M. d'Orléans, on dit que sortit ce brave et vaillant bastard d'Orléans, le soustien de la France et le fléau de l'Angleterre, et duquel est venu ceste noble et généreuse race des comtes de Dunois.

---

1 Baudet ou Barbette, comme dit Mézeray.

Or, pour retourner encor à nos marys prodigues de la veuë de leurs femmes nues, j'en sçay un qui, pour un matin, un sien compaignon l'estant allé voir dans sa chambre ainsi qu'il s'habilloit, luy monstra sa femme toute nue, estendue tout de son long toute endormie, et s'estant elle-mesme osté ses linceuls de dessus elle, d'autant qu'il faisait grand chaud, luy tira le rideau à demy, sy bien que le soleil levant donnant dessus elle, il eut le loisir de la bien contempler à son aise, où il ne vid rien que tout beau en perfection ; et y put paistre ses yeux, non tant qu'il eust voulu, mais tant qu'il put ; et puis le mary et luy s'en allèrent chez le roy.

Le lendemain, le gentilhomme qui estoit fort serviteur de ceste dame honneste, luy raconta ceste vision, et mesme luy figura beaucoup de choses qu'il avoit remarquées en ces beaux membres, jusques aux plus cachez ; et si le mary le luy confirma, et que cestoit lui-mesme qui en avait tiré le rideau. La dame, de despit qu'elle conceut contre son mary, se laissa aller et s'octroya à son amy par ce seul sujet ; ce que tout son service n'avoit sceu gaigner.

J'ai cogneu un très-grand seigneur qui, un matin, voulant aller à la chasse, et ses gentilshommes l'estant venu trouver à son lever, ainsi qu'on le chaussoit, et avoit sa femme couchée près de luy et qui luy tenoit son cas en pleine main, il leva si promptement la couverture qu'elle n'eut loisir de lever la main où elle estoit posée, que l'on l'y vit à l'aise et la moitié de son corps ; et en se riant, il dit à ces messieurs qui estoyent présents : « Et bien, mes« sieurs, ne vous ai-je pas faict voir choses et autres de ma femme ? » Laquelle fut si dépite de ce trait, qu'elle luy en voulut un mal extresme, et mesme pour la surprise de ceste main ; et, possible, depuis elle le lui rendit bien.

J'en sçay un autre grand seigneur, lequel, connoissant qu'un sien amy et parent estoit amoureux de sa femme, fust ou pour luy en faire venir l'envie davantage, ou du dépit et désespoir qu'il pouvoit concevoir de quoy il avoit eu une si belle femme et luy n'en tastoit point, la luy montra un matin, l'estant allé voir, dans le lict tous deux couchez ensemble, à demye nue : et si fit bien pis, car il lui fit cela devant luy-mesme, et la mit en besogne comme si elle eust esté à part ; encor prioit-il cet amy de bien voir le tout, et qu'il faisoit tout cela à sa bonne grace. Je vous laisse à penser si la dame, par une telle privauté de son mary, n'avoit pas occasion de faire à son amy l'autre toute entière, et à bon escient, et s'il n'estoit pas bien employé qu'il en portast les cornes.

J'ay ouy parler d'un autre, et grand seigneur, qui le faisoit ainsi à sa femme devant un grand prince, son maistre, mais c'estoit par sa prière et commandement, qui se délectoit à tel plaisir. Ne sont-ils pas donc ceux-là coulpables, puisqu'ayant esté leurs propres maquereaux, en veulent estre les bourreaux?

Il ne faut jamais monstrer sa femme nue, ny ses terres, pays et places, comme je tiens d'un grand capitaine, à propos de feu M. de Savoye, qui desconseilla et dissuada nostre roy Henri dernier, quand, à son retour de Poulogne, il passa par la Lombardie, de n'aller ny entrer dans la ville de Milan, luy alléguant que le roy d'Espagne en pourroit prendre quelque ombre : mais ce ne fut pas cela : il craignoit que le roy y estant, et la visitant bien à point, et contemplant sa beauté, richesse et grandeur, qu'il ne fust tenté d'une extresme envie de la ravoir et reconquérir par bon et juste droict comme avoyent fait ses prédécesseurs. Et voylà la vraye cause, comme dit un grand prince qui le tenoit du feu roy, qui cognoissoit ceste encloueure. Mais, pour complaire à M. de Savoye, et ne rien altérer du costé du roy d'Espagne, il prit son chemin à costé, bien qu'il eust toutes les envies du monde d'y aller, à ce qu'il me fit cet honneur, quand il fut de retour à Lyon, de me le dire : en quoy ne faut douter que M. de Savoye ne fust plus Espagnol que François.

J'estime les marys aussi condamnables, lesquels, après avoir receu la vie par la faveur de leurs femmes, en demeurent tellement ingrats, que, pour le soupçon qu'ils ont de leurs amours avec d'autres, les traittent très-rudement, jusques à attenter sur leurs vies. J'ay ouy parler d'un seigneur sur la vie duquel aucuns conjurateurs ayant conjuré et conspiré, sa femme, par supplication, les en détourna, et le garantit d'estre massacré ; dont depuis elle en a esté très-mal recogneue, et traittée très-rigoureusement.

J'ay veu aussi un gentilhomme, lequel ayant esté accusé et mis en justice pour avoir faict très-mal son devoir à secourir son général en une battaille, si bien qu'il le laissa tuer sans aucune assistance ny secours, estant près d'estre sentencié et d'estre condamné d'avoir la teste tranchée, nonobstant vingt mille escus qu'il présenta pour avoir la vie sauve, sa femme, ayant parlé à un grand seigneur de par le monde, et couché avec luy par la permission et supplication dudict mary, ce que l'argent n'avoit pu faire, sa beauté et son corps l'exécuta ; et luy sauva la vie et la liberté. Du despuis il la traitta si mal que rien plus. Certes, tels marys, cruels et enragez, sont très-misérables.

D'autres en ay-je cogneu qui n'ont pas fait de mesme, car ilz ont bien sceu recognoistre le bien d'où il venoit, et honoroyent ce bon trou toute leur vie, qui les avoit sauvez de mort.

Il y a encor une autre sorte de cocus, qui ne se sont contentez d'avoir esté ombrageux en leur vie, mais allans mourir et sur le poinct du trespas, le sont

En la baisant, il luy tronçonna tout le nez avec belles dents.

encores ; comme j'en ay cogneu un qui avoit une fort belle et honneste femme, mais pourtant qui ne s'estoit point tousjours estudiée à luy seul, ainsi qu'il vouloit mourir, il luy disoit : « Ah ! ma mye, je m'en vais mourir ! Et plust à « Dieu que vous me tinssiez compagnie, et que vous et moy allassions « ensemble en l'autre monde ! Ma mort ne m'en seroit si odieuse, et la « prendrois plus en gré. » Mais la femme, qui estoit encor très-belle et jeune de trente-sept ans, ne le voulut point suivre ny croire pour ce coup là, et ne voulut faire la sotte, comme nous lisons de Evadné, fille de Mars et de Thébé, femme de Capanée, laquelle l'ayma si ardemment, que, luy estant mort, aussitost que son corps fut jetté dans le feu, elle s'y jetta après toute vive, et se brusla et se consuma avec luy par une grande constance et force, et ainsi l'accompaigna à sa mort.

Alceste fit bien mieux, car, ayant sceu par l'oracle que son mary Admette, roi de Thessalie, devoit mourir bientost si sa vie n'estoit racheptée par la mort de quelque autre de ses amis, elle soudain se précipita à la mort et ainsy sauva son mary.

Il n'y a plus meshuy de ces femmes si charitables, qui veulent aller de leur gré dans la fosse avant leurs marys, ny les suivre. Non, il ne s'en trouve plus : les mères en sont mortes, comme disent les maquignons de Paris des chevaux, quand on n'en trouve plus de bons.

Et voylà pourquoy j'estimois ce mary, que je viens d'alléguer, malhabile de tenir ces propos à sa femme, si fascheux pour la convier à la mort, comme si ce fust esté quelque beau festin pour l'y convier. C'estoit une belle jalousie qui luy faisoit parler ainsy, qu'il concevoit en soy du déplaisir qu'il pouvoit avoir aux enfers là-bas, quand il verroit sa femme, qu'il avoit bien dressée, entre les bras d'un sien amoureux ou de quelque autre mary nouveau.

Quelle forme de jalousie voilà, qu'il fallust que son mary en fust saisy alors et qu'à tous les coups il luy disoit que s'il en reschappoit, il n'endureroit plus d'elle ce qu'il avoit enduré ! et, tant qu'il a vescu, il n'en avoit point esté atteint, et luy laissoit faire à son bon plaisir.

Ce brave Tancrède n'en fit pas de mesme, luy qui d'autrefois se fit jadis tant signaler en la guerre sainte. Estant sur le point de la mort, et sa femme près de luy dolente, avec le comte de Tripoly, il les pria tous deux après sa mort de s'espouser l'un l'autre, et le commanda à sa femme ; ce qu'ils firent.

Pensez qu'il en avait veu quelques approches d'amour en son vivant; car elle pouvoit estre aussi bonne vesse que sa mère, la comtesse d'Angou, laquelle, après que le comte de Bretagne l'eût entretenue longuement, elle vint trouver le roy de France Philippes, qui la mena de mesmes, et lui fit cette fille bastarde qui s'appela Cicile, et puis la donna en mariage à ce valeureux Tancrède, qui certes, par ses beaux exploicts, ne méritoit d'estre cocu.

Un Albanois, ayant esté condamné de-là les monts d'estre pendu pour quelque forfait, estant au service du roy de France, ainsi qu'on le vouloit mener au supplice, il demanda à voir sa femme et luy dire adieu, qui estoit une très-belle femme et très-agréable. Ainsi donc qu'il luy disoit adieu, en la baisant il luy tronçonna tout le nez avec belles dents et le luy arracha de son beau visage. En quoy la justice l'ayant interrogé pourquoy il avoit fait cette villainie à sa femme, il respondit qu'il l'avoit fait de belle jalousie, « d'autant,
« ce disoit-il, qu'elle est très-belle ; et pour ce après ma mort je sais qu'elle
« sera aussitost recherchée et aussitost abandonnée à un autre de mes com-
« paignons, car je la cognois fort paillarde, et qu'elle m'oublieroit incontinent.
« Je veux donc qu'après ma mort elle ait de moy souvenance, qu'elle pleure
« et qu'elle soit affligée ; si elle ne l'est par ma mort, au moins qu'elle le soit
« pour estre défigurée, et qu'aucun de mes compagnons n'en aye le plaisir
« que j'ai eu avec elle. » Voilà un terrible jaloux !

J'en ay ouy parler d'autres qui, se sentans vieux, caducs, blessez, atténuez et proches de la mort, de beau dépit et de jalousie secrettement ont advancé les jours à leurs moitiez, même quand elles ont esté belles.

Or, sur ces bizarres humeurs de ces marys tyrans et cruels, qui font mourir ainsi leurs femmes, j'ay ouy faire une dispute, sçavoir-mon : s'il est permis aux femmes, quand elles s'apperçoivent ou se doutent de la cruauté et massacre que leurs marys veulent exercer envers elle, de gaigner le devant et de jouer à la prime, et, pour se sauver, les faire jouer les premiers, et les envoyer devant faire les logis en l'autre monde.

J'ay ouy maintenir qu'ouy, et qu'elles le peuvent faire, non selon Dieu, car tout meurtre est défendu, ainsi que j'ai dict, mais, selon le monde, prou : et se fondent sur ce mot, qu'il vaut mieux prévenir que d'être prévenu : car enfin chacun doit être curieux de sa vie : et puisque Dieu nous l'a donnée, la faut garder jusques à ce qu'il nous appelle par nostre mort. Autrement, sçachant bien leur mort, et s'y aller précipiter, et ne la fuir quand elles peuvent, c'est se tuer soy-même, chose que Dieu abhorre fort; parquoy c'est le meilleur moyen de les envoyer en ambassade devant, et en parer le coup, ainsi que fit Blanche d'Auverbruckt à son mary le sieur de Flavy, capitaine de Compiègne et gouverneur, qui trahit et fut cause de la perte et de la mort de la Pucelle d'Orléans. Et cette dame Blanche ayant sceu que son mary la vouloit faire noyer, le prévint, et, avec l'aide de son barbier, l'estouffa et l'estrangla, dont le roy Charles septiesme luy en donna aussitost sa grace ; à quoy aussi ayda bien la trahison du mary pour l'obtenir, possible, plus que toute autre chose. Cela se trouve aux *Annales de France*, et principalement celles de *Guyenne*.

De mesme en fit une madame de la Borne, du règne du roy François premier, qui accusa et defféra son mary à la justice, de quelques follies faites et crimes, possible énormes, qu'il avoit fait avec elle et autres, le fit constituer prisonnier, sollicita contre luy, et luy fit trancher la teste. J'ay ouy faire ce compte à ma grand'mère, qui la disoit de bonne maison et belle femme. Celle-là gaigna bien le devant.

La reine Jeanne de Naples première en fit de mesme à l'endroict de l'infant de Majorque, son tiers mary, à qui elle fit trancher la teste pour la raison que j'ay dit en son Discours ; mais il pouvoit bien estre qu'elle se crignoit de luy et le vouloit dépescher le premier : à quoy elle avoit raison, et toutes ses semblables, de faire de mesme quand elles se doubtent de leurs gallants:

J'ay ouy parler de beaucoup de dames qui bravement se sont échappées par ceste façon ; et mesmes j'en ay cogneu une, laquelle, ayant esté trouvée avec son amy par son mary, il n'en dit rien ny à l'un ny à l'autre, mais s'en alla courroucé, et la laissa là-dedans avec son amy, fort panthoise et désolée et en altération. Mais la dame fut résolue jusques là de dire : « Il ne m'a rien « dict n'y faict pour ce coup, je crains qu'il me la garde bonne et sous mine ; « mais, si j'estois asseurée qu'il me deust faire mourir, j'adviserois à lui faire « sentir la mort le premier. » La fortune fut si bonne pour elle au bout de quelque temps, qu'il mourut de soy-mesme; dont bien luy en prit, car oncques puis il ne luy avoit pas fait bonne chère, quelque recherche qu'elle luy fît.

Il y a encores une autre dispute et question sur ces fous enragez et marys, dangereux cocus, à sçavoir sur lesquels des deux ilz se doivent prendre et vanger, ou sur leurs femmes, ou sur leurs amants.

Il y en a qui ont dit seulement sur la femme, se fondant sur ce proverbe italien qui dit que *morta la bestia, morta la rabbia o veneno* [1]; pensans, ce leur semble, estre bien allégé de leur mal quand ilz ont tué celle qui fait la douleur, ny plus ny moins que font ceux qui sont mordus ou piquez de l'escorpion : le plus souverain remède qu'ils ont, c'est de le prendre, tuer ou l'escarbouiller, et l'appliquer sur la morsure ou playe qu'il a faite; et disent volontiers et coustumièrement que ce sont les femmes qui sont plus punissables. J'entends de grandes dames et de haute guise, et non des petites, communes et de basse marche; car ce sont elles, par leurs beaux attraits, privautez, commandemens et paroles, qui attaquent les escarmouches, et que les hommes ne les font que soustenir ; et que plus sont punissables ceux qui demandent et lèvent la guerre, que ceux qui la défendent ; et que bien souvent les hommes ne se jettent en tels lieux périlleux et hauts, sans l'appel des dames, qui leur signifient en plusieurs façons leurs amours : ainsi qu'on voit qu'en une grande bonne et forte ville de frontière, il est fort malaisé d'y faire entreprise ny surprise, s'il n'y a quelque intelligence sourde parmy aucuns de ceux du dedans, ou qui ne vous y poussent, attirent, ou leur tiennent la main.

Or, puisque les femmes sont un peu plus fragiles que les hommes, il leur faut pardonner, et croire que, quand elles se sont mises une fois à aymer et mettre l'amour dans l'âme, qu'elles l'exécutent à quelque prix que ce soit, ne se contentans, non pas toutes, de le couver là-dedans, et se consumer peu à peu, et en devenir seiches et allanguies, et pour ce en effacer leur beauté, qui est cause qu'elles désirent en guérir et en tirer du plaisir, et ne mourir du mal de la furette [2], comme on dit.

Certes, j'ay cogneu plusieurs belles dames de ce naturel, lesquelles les premières ont plustost recherché leur androgine que les hommes, et sur divers sujets ; les unes pour les voir beaux, braves, vaillants et agréables; les autres pour en escroquer quelque somme de *dinari;* d'autres pour en tirer des perles, des pierreries, des robes de toille d'or et d'argent, ainsy que j'en ai veu qu'elles en faisoient autant de difficulté d'en tirer comme un

---

1 C'est-à-dire, *morte la bête, morte la rage ou le venin.*
2 Dans ce proverbe, la furette est prise pour l'hermine, qui, dit-on, aime mieux se laisser prendre que de se salir.

marchand de sa denrée (aussi dit-on que femme qui prend se vend); d'autres pour avoir de la faveur de la cour; autres des gens de justice, comme plusieurs belles que j'ay cogneu qui, n'ayans pas bon droit, le faisoyent bien venir par leur cas et par leurs beautez; et d'autres pour en tirer la suave substance de leur corps.

J'ay veu plusieurs femmes si amoureuses de leurs amants, que quasi elles les suivoyent ou couroient à force, et dont le monde en portoit la honte pour elles.

J'ay cogneu une fort belle dame si amoureuse d'un seigneur de par le monde, qu'au lieu que les serviteurs ordinairement portent les couleurs de leurs dames, celle-cy au contraire les portoit de son serviteur. J'en nommerois bien les couleurs, mais elles feroyent une trop grande descouverte.

J'en ay cogneu une autre, de laquelle le mary ayant fait un affront à son serviteur en un tournoy qui fut fait à la cour, cependant qu'il estoit en la salle du bal et en faisoit son triomphe, elle s'habilla de despit, en homme, et alla trouver son amant, et luy porter par un momon son cas, tant elle en estoit si amoureuse qu'elle en mouroit.

J'ay cogneu un honneste gentilhomme, et des moins déchirez de la cour, lequel ayant envie un jour de servir une fort belle et honneste dame s'il en fut onc, parce qu'elle luy en donnoit beaucoup de sujets de son costé, et de l'autre, il faisoit du retenu pour beaucoup de raisons et respects, cette dame pourtant y ayant mis son amour, et à quelque hasard que ce fust elle en avoit jeté le dé, ce disoit-elle, elle ne cessa jamais de l'attirer tout à soy par les plus belles paroles de l'amour qu'elle peut dire ; dont entr'autres étoit celle-ci : « Permettez au moins que je vous ayme si vous ne me voulez aymer, « et n'arregardez à mes mérites, mais à mes affections et passions, » encor certes qu'elle emportast le gentilhomme au poids en perfections. Là-dessus qu'eust pû faire le gentilhomme? sinon aimer, puisqu'elle l'aimoit, et la servir, puis demander le sallaire et récompense de son service, qu'il eut, comme la raison veut que quiconque sert faut qu'on le paye.

J'alléguerois une infinité de telles dames plutost recherchantes que recherchées. Voilà donc pourquoy elles ont plus de coulpe que leurs amans ; car si elles ont une fois entrepris leur homme, elles ne cessent jamais qu'elles n'en viennent au bout et ne l'attirent par leurs regards attirans, par leurs beautez, par leurs gentilles graces qu'elles s'estudient à façonner en cent mille façons, par leurs fards subtillement applicquez sur leur visage si elles ne l'ont beau, par leurs beaux attiffets, leurs riches et gentilles coiffures et tant bien accomodées, et leurs pompeuses et superbes robes, et surtout par leurs **paroles** friandes et à demy lascives, et puis par leurs gentils et follastres **gestes** et privautez, et par présens et dons. Et, voilà comment ilz sont pris; et estans ainsi pris, il faut qu'ils les prennent : et par ainsi dit-on que leurs marys se doivent vanger sur elles.

D'autres disent qu'il se faut prendre qui peut sur les hommes, ny plus ny moins que sur ceux qui assiégent une ville ; car ce sont eux qui premiers font faire les chamades, les somment, qui premiers recognoissent, premiers font les approches, premiers dressent gabionnades et cavalliers et font les tranchées, premiers font les batteries, ou premiers vont à l'assaut, premiers parlementent : ainsi dit-on des amants. Car comme les plus hardis, vaillants et résolus assaillent le fort de pudicité des dames, lesquelles, après toutes les formes d'assaillemens observées par grandes importunitez, sont contraintes de faire le signal et recevoir leurs doux ennemis dans leurs forteresses. En quoy me semble qu'elles ne sont si coulpables qu'on diroit bien; car se défaire d'un importun est bien malaisé sans y laisser du sien; aussi que j'en ay veu plusieurs qui, par longs services et persévérances, ont jouy de leurs maitresses, qui dez le commencement ne leur eussent donné, pour manière de dire, leur cul à baiser ; les contraignant jusques-là, au moins aucunes, que la larme à l'œil leur donnoyent de cela, n'y plus ni moins comme l'on donne à Paris bien souvent l'aumosne aux gueux de l'hostière, plus par leur importunité que de dévotion ny pour l'amour de Dieu : ainsi font plusieurs femmes, plustost pour estre trop importunées que pour estre amoureuses, et mesmes à l'endroit d'aucuns grands, lesquels elles craignent et n'osent leur refuser à cause de leur autorité, de peur de leur desplaire et en recevoir puis après de l'escandale, ou un affront signalé, ou plus grand desc̃riement de leur honneur, comme j'en ay veu arriver de grands inconvéniens sur ces sujets.

Voilà pourquoi les mauvais marys, qui se plaisent tant au sang et au meurtre et mauvais traittemens de leurs femmes, n'y doivent être si prompts, mais premièrement faire une enqueste sourde de toutes choses, encor que telle connoissance leur soit fort fascheuse et fort sujette à s'en gratter la teste qui leur en démange, et mesmes qu'aucuns, misérables qu'ilz sont, leur en donnent toutes les occasions du monde.

Ainsi que j'ay cogneu un grand prince estranger qui avoit espousé une belle et honneste femme; il en quitta l'entretien pour le mettre à une autre femme qu'on tenoit pour courtisane de réputation, d'autres que c'estoit une dame d'honneur qu'il avoit débauchée: et ne se contentant de cela, quand il la faisoit coucher avec luy, c'estoit en une chambre basse par dessous celle de sa femme et dessous son lict ; et lorsqu'il vouloit monter sur sa maistresse, ne se contentant du tort qu'il luy faisoit, mais, par une risée et moquerie, avec une demye pique, il frappoit deux ou trois coups sur le plancher, et s'escrioit à sa femme : « Brindes, ma femme ! » Ce desdain et mespris dura quelques jours et fascha fort à sa femme, qui de désespoir et de vengeance, s'accosta d'un fort honneste gentilhomme à qui elle dit un jour privément : « Un tel, je veux que vous jouissiez de moy, autrement je sçay un moyen pour « vous ruiner. » L'autre, bien content d'une si belle adventure, ne la refusa pas. Parquoy, ainsi que son mary avoit s'amie, entre les bras, et elle aussi son amy, ainsi qu'il luy crioit : « Brindes ! » Elle luy respondoit de mesmes : « Et moi à vous » ; ou bien : « Je m'en vois vous pleiger. » Ces brindes et ces paroles et responses, de telle façon et mode qu'ils s'accommodoient en leurs montures, durèrent assez longtemps, jusques à ce que ce prince fin et douteux, se douta de quelque chose ; et y faisant faire le guet, trouva que sa femme le faisoit gentiment cocu, et faisoit brindes aussi bien que luy par revange et vengeance. Ce qu'ayant bien au vray cogneu, tourna et changea sa commédie en tragédie ; et l'ayant pour la dernière fois conviée à son brindes et elle luy ayant rendu sa réponse et son change, monta soudain en haut, et ouvrant et faussant la porte, entre dedans et luy remonstre son tort ; et elle de son costé luy dit : « Je sçay bien que je suis morte : tue-moy hardiment, « je ne crains point la mort ; et la prens en gré, puisque je me suis vengée « de toy, et que je t'ay fait cocu et bec cornu, toy m'en ayant donné occasion « sans laquelle je ne me fusse jamais forfaitte ; car je t'avois voué toute fidé- « lité, et je ne l'eusse jamais violée pour tous les beaux sujets du monde : « tu n'estois pas digne d'une si honneste femme que moy. Or, tue-moi donc « à st'heure, et, si tu as quelque pitié en ta main, pardonne, je te prie, à ce « pauvre gentilhomme, qui de soy n'en peut mais, car je l'ay appelé et pressé « à mon ayde pour ma vengeance. » Le prince, par trop cruel, sans aucun respect les tue tous deux. Qu'eust fait là-dessus cette pauvre princesse sur ces indignitez et mespris de mary, sinon, à la désespérade pour le monde faire ce qu'elle fit ? D'aucuns l'excuseront, d'autres l'accuseront ; il y a beaucoup de pièces et raisons à rapporter là-dessus.

Dans les *Cent Nouvelles* de la reine de Navarre y a celle et très-belle de la reine de Naples, quasi pareille à celle-cy, qui de mesmes se vengea du roy son mary ; mais la fin n'en fut si tragique.

Or, laissons-là ces diables et fols enragez cocus, et n'en parlons plus, car ils sont odieux et mal plaisants, d'autant que je n'aurois jamais fait si je les voulois tous descrire, aussi que le sujet n'en est beau ny plaisant. Parlons un peu des gentils cocus, et qui sont bons compagnons, de douce humeur, d'agréable fréquentation et de sainte patience, débonnaires, traittables, fermans les yeux et bons hommemas.

Or de ces cocus il y en a qui le sont en herbe, il y en a qui le sçavent avant se marier, c'est-à-dire que leurs dames veufves et damoiselles, ont fait le sault ; et d'autres n'en sçavent rien, mais les espousent sur leur foy, et de leurs pères et mères, et de leurs parents et amis.

J'en ai cogneu plusieurs qui ont espousé beaucoup de femmes et de filles qu'ils sçavoyent bien avoir esté repassées en la monstre d'aucuns rois, princes, seigneurs, gentilshommes et plusieurs autres: et pourtant, ravis de leurs amours, de leurs biens, de leurs joyaux, de leur argent qu'elles avoyent gaigné au mestier amoureux, n'ont fait aucun scrupule de les épouser. Je ne parleray point à st'heure que des filles.

J'ay ouy parler d'une fille d'un très-grand et souverain, laquelle, estant amoureuse d'un gentilhomme, se laissant aller à luy de telle façon qu'ayant recueilly les premiers fruits de son amour, en fut si friande qu'elle le tint un mois entier dans son cabinet, le nourrissant de restaurens, de bouillons friands, de viandes délicates et rescaldatives, pour l'allambiquer mieux et en tirer sa substance; et ayant fait sous luy son premier apprentissage, continua ses leçons sous luy tant qu'il vesquit, et sous d'autres: et puis elle se maria en l'âge de quarante-cinq ans à un seigneur [1], qui n'y trouva rien à dire, encor bien aise pour le beau mariage qu'elle lui porte.

Boccace, dit un proverbe qui couroit de son temps, que *bouche baisée* (d'autres disent *fille f.*) *ne perd jamais sa fortune, mais bien la renouvelle ainsi que fait la lune*. Et ce proverbe allègue-il sur un conte qu'il fait de cette fille si belle du sultan d'Egypte, laquelle passa et repassa par les piques de neuf divers amoureux, les uns après les autres, pour le moins plus de trois mille fois. Enfin elle fut rendue au roy de Garbe toute vierge, cela s'entend prétendue, aussi bien que quand elle lui fut du commencement compromise, et n'y trouva rien à dire, encor bien aise : le contenu est très-beau.

J'ay ouy dire à un grand qu'entre aucuns grands, non pas tous volontiers, on n'arregarde à ces filles là, bien que trois ou quatre les ayent passé par les mains et par les piques avant leur estre marys; et disoit cela sur un propos d'un seigneur qui estoit grandement amoureux d'une grand'dame, et un peu plus qualifiée que luy, et elle l'aimoit aussi; mais il survint empeschement qu'ils ne s'espousèrent comme ilz pensoyent l'un et l'autre; sur quoi ce gentilhomme grand, que je viens de dire, demanda aussitôt : « A-il monté au moins « sur la petite beste? » Et ainsi qu'il luy fut respondu que non, à son advis, encor qu'on le tint : « Tant pis, répliqua-il, « car au moins et l'un et l'autre « eussent eu ce contentement, et n'en fust esté autre chose. » Car parmy les grands on n'arregarde à ces règles et scrupules de pucellage, d'autant que

---

1. Brantôme veut peut-être parler ici de Marguerite de France, sœur de Henri II, qui avait cet âge-là lorsqu'elle épousa le duc de Savoie.

Tue-moy hardiment; je ne crains point la mort (page 47).

pour ces grandes alliances il faut que tout passe. Encores trop heureux sont-ils les bons marys et gentils cocus en herbe.

Lorsque le roy Charles fit le tour de son royaume, il fut laissé en une bonne ville que je nommerois bien, une fille dont venoit accoucher une fille de très-bonne maison; si fut donnée en garde à une pauvre femme de ville pour la nourrir et avoir soin d'elle, et luy fit avancé deux cens escus pour la nourriture. La pauvre femme la nourrit et la gouverna si bien, que dans quinze ans elle devint très-belle et s'abandonna; car sa mère onques puis n'en fit cas, qui dans quatre mois se maria avec un très-grand. Ah! que j'en ay cogneu de tel et de telles où l'on n'y a advisé en rien!

J'ouys une fois, estant en Espagne, conter qu'un grand seigneur d'Andalousie ayant marié une sienne sœur avec un autre fort grand seigneur aussi, au bout de trois jours que le mariage fut consommé il luy dit : *Senor hermano, agora que soys cazado con my hermana, y l'haveys bien godida solo, yo el hago saher que siendo hija, tal y tal gozaron d'ella. De lo pasado no tenya cuydado, que poca cosa es. Del futuro guartate, que mas y mucho a vos toca*[1]. Comme voulant dire que ce qui est fait est fait, il n'en faut plus

[1] C'est-à-dire : « Monsieur mon frère, présentement que vous êtes marié avec ma sœur et que vous en joüissez seul, il faut que vous sachiez qu'étant fille, tel et tel en ont joui. Ne vous inquiétez point du passé, parce que c'est peu de chose ; mais gardez-vous de l'avenir, parce qu'il vous touche de bien plus près. »

parler, mais qu'il se faut garder de l'advenir, car il touche plus l'honneur que le passé.

Il y en a qui sont de cet humeur, ne pensans estre si bien cocus par herbe comme par la gerbe, en quoy il y a de l'apparence.

J'ay ouy aussi parler d'un grand seigneur estranger, lequel ayant une fille des plus belles du monde, et estant recherchée en mariage d'un autre grand seigneur qui la méritoit bien, luy fut accordée par le père; mais avant qu'il la laissàt jamais sortir de la maison, il en voulut taster, disant qu'il ne vouloit laisser si aisément une si belle monture qu'il avoit si curieusement élevée, que premièrement il n'eust monté dessus et sceu ce qu'elle sçauroit faire à l'advenir. Je ne sçay s'il est vray, mais je l'ay ouy dire, et que non seulement luy en fit la preuve, mais bien un autre beau et brave gentilhomme; et pourtant le mary par après n'y trouva rien amer, sinon que tout sucre. Il eust esté bien dégousté s'il eust faict autrement, car elle estoit des belles du monde.

J'ay ouy parler de mesme de force autres pères, et surtout d'un très-grand, à l'endroit de leurs filles, n'en faisant non plus de conscience que le cocq de la fable d'Esope, qui, ayant esté rencontré par le renard et menacé qu'il le vouloit faire mourir, dont sur ce le cocq, rapportant tous les biens qu'il faisoit au monde, et surtout de la belle et bonne poulaille qui sortoit de luy : « Ha ! dit le renard, c'est là où je vous veux, monsieur le gallant ; car vous « estes si paillard que vous ne faites difficulté de monter sur vos filles comme « sur d'autres poulles ; » et pour ce le fit mourir. Voilà un grand justicier et politiq.

Je vous laisse donc à penser que peuvent faire aucunes filles avec leurs amants, car il n'y eut jamais fille sans avoir ou désirer un amy, et qu'il y en a que les pères, frères, cousins et parents ont fait de mesme.

De nos temps, Ferdinand, roy de Naples, cogneut ainsi par mariage, sa tante, fille du roy de Castille, en l'aage de treize à quatorze ans, mais ce fut par dispense du pape. On faisoit lors difficulté si elle se devoit ou pouvoit donner. Cela ressen pourtant son empereur Caligula, qui débaucha et repassa toutes ses sœurs les unes après les autres, pardessus lesquelles et sur toutes il aima extremement la plus jeune, nommée Drusille, qu'estant petit garçon il avoit dépucellée ; et puis estant mariée avec un Lucius Cassius Longinus, homme consulaire, il la luy enleva et l'entretint publiquement, comme si ce fust esté sa femme légitime; tellement qu'estant une fois tombé malade, il la fit héritière de tous ses biens, voire de l'empire. Mais elle vint à mourir, qu'il regretta si très-tant, qu'il en fit crier les vacations de la justice et cessation de tous autres œuvres, pour induire le peuple d'en faire avec luy un dueil public; et en porta longtemps longs cheveux et longue barbe; et quand il haranguoit le sénat, le peuple et ses gens de guerre, ne juroit jamais que par le nom de Drusille.

Pour quant à ses autres sœurs, après qu'il en fut saoul, il les postitua et abandonna à de grands pages qu'il avoit nourris et cogneus fort vilainement : encor s'il ne leur eust faict aucun mal, passe, puisqu'elles l'avoyent accoustumé et que c'estoit un mal plaisant, ainsi que je l'ay veu appeler tel à aucunes filles estant dévirginées et à aucunes femmes prises à force; mais il leur fit mille indignitez : il les envoya en exil, il leur osta toutes leurs bagues et joyaux pour en faire de l'argent, ayant brouillé et défendu fort mal à propos tout le grand que Tybère luy avoit laissé; encor les pauvrettes, estant après sa mort retournées d'exil, voyant le corps de leur frère mal et fort pauvrement enterré sous quelques mottes, elles le firent désenterrer, le brusler et enterrer le plus honnestement qu'elles purent : bonté certes grande de sœurs à un frère si ingrat et dénaturé !

L'Italien, pour excuser l'amour illicite de ses proches, dit que, *quando messer Bernardo, il buciacchi sta in colera et in sua rabbia, non ricere legge, et non perdona a nissuna dama.*

Nous avons force exemples des anciens qui ont fait de mesme. Mais pour revenir à nostre discours, j'ay ouy conter d'un, qui ayant marié une belle et honneste damoiselle à un sien amy, et se vantant qu'il luy avoit donné une belle et honneste monture, saine, nette, sans surost et sans mallandre, comme il dist, et d'autant plus luy estoit obligé, il luy fut respondu par un de la compagnie, qui dit à part à un de ses compagnons : « Tout cela est bon et « vray, si elle ne fust esté montée et chevauchée si jeune et trop tost; « dont pour cela elle est un peu foulée sur le devant. »

Mais aussi je voudrois bien sçavoir à ces messieurs de maris, que si telles montures bien souvent n'avoient un si, ou à dire quelque chose en elles, ou quelque deffectuosité ou deffaut ou tare, s'ils en auroyent si bon marché, et si elles ne leur cousteroyent davantage ? Ou bien, si ce n'estoit pas eux, on en accommoderoit bien d'autres qui le méritent mieux qu'eux, comme ces maquignons qui se défont de leurs chevaux tarez, ainsi qu'ils peuvent; mais ceux qui en sçavent les sys, ne s'en pouvant défaire autrement, les donnent à ces messieurs qui n'en sçavent rien; d'autant (ainsi que j'ay ouy dire à plusieurs pères) que c'est une fort belle défaite que d'une fille tarée, ou qui le commence à l'estre, ou a envie en apparence de l'estre.

Que je connois des filles de par le monde qui n'ont pas porté leur pucelage au lict hyménéan, mais pourtant qui sont bien instruites de leurs mères, ou autres de leurs parentes et amyes, très-sçavantes maquerelles, de faire bonne mine à ce premier assaut; et s'aydent de divers moyens et inventions avec des subtilitez, pour le faire trouver bien à leurs marys et leur monstrer que jamais il n'y avoit esté fait brèche. La plus grand'part s'aydent à faire une grande résistance et deffense à cette pointe d'assaut, et à faire des opiniastres jusques à l'extrémité : dont il y a aucuns marys qui en sont très-contents, et croyent fermement qu'ils en ont eu l'honneur et fait la première pointe, comme braves et déterminez soldats; et en font leur contes l'endemain matin qu'ils sont crestez comme petits cocqs ou joletz qui ont mangé force millet le soir, à leurs compagnons et amis, et mesmes, possible, à ceux qui ont les premiers entré en la forteresse sans leur sceu, qui en rient à part eux leur saoul et avec les femmes leurs maistresses, qui se vantent d'avoir bien joué leur jeu et leur avoir donné belle.

Il y a pourtant aucuns marys ombrageux qui prennent mauvais augure de ces résistances, et ne se contentent point de les voir si rebelles; comme un que je sçay, qui, demandant à sa femme pourquoy elle faisoit ainsi de la farouche et de la difficultueuse, et si elle le desdaignoit jusques-là, elle, luy pensant faire son excuse et ne donner la faute à aucun desdain, luy dit qu'elle avoit peur qu'il luy fît mal. Il luy répondit : « Vous l'avez donc éprouvé, « car nul mal ne se peut connoistre sans l'avoir enduré? » Mais elle, subtile, le niant, réplicqua qu'elle l'avoit ainsi ouy dire à aucunes de ses compagnes qui avoit esté mariées, et l'en avoyent ainsi advisée. « Voilà de beaux advis et « entretiens, » dit-il.

Il y a un autre remède dont ces femmes s'advisent, qui est de monstrer le lendemain de leurs nopces leur linge teint de gouttes de sang qu'espandant ces pauvres filles à la charge dur de leur despucellement, ainsi que l'on fait en Espagne, qui en monstrent publiquement par la fenestre ledict linge, en criant tout haut : « *Virgen la tenemos*. Nous la tenons pour vierge. »

Certes, encor ay-je ouy dire, dans Viterbe cette coustume s'y observe tout de mesme. Et d'autant que celles qui ont passé premièrement par les piques ne peuvent faire cette monstre que par leur propre sang, elles se sont advisées, ainsi que j'ay ouy dire, et que plusieurs courtisannes jeunes à Rome me l'ont asseuré elles-mesmes, pour mieux vendre leur virginité, de teindre ledict linge de gouttes de sang de pigeon, qui est le plus propre de tous : et le lendemain le mary le voit, qui en reçoit un extresme contentement, et croit fermement que ce soit du sang virginal de sa femme; et lui semble bien que c'est un galant, mais il est bien trompé.

Sur quoy je feray ce plaisant conte d'un gentilhomme, lequel ayant eu l'esguillette nouée la première nuict de ses nopces, et la mariée, qui n'estoit pas de ces pucelles très-belles et de bonne part, se doutant bien qu'il deust faire rage, ne faillit, par l'advis de ses bonnes compagnes, matrosnes, parentes et bonnes amies, d'avoir le petit linge teint : mais le malheur fut tel pour elle, que le mary fut tellement noué, qu'il ne put rien faire, encor qu'il ne tint pas à elle à luy en faire la monstre la plus belle et se parer au montoir le mieux qu'elle pouvait, et au coucher beau jeu, sans faire de la farouche ny nullement de la diablesse, ainsi que les spectateurs, cachez à la mode accoustumée, rapportoient, afin de cacher mieux son pucellage dérobé d'ailleurs; mais il n'y eut rien d'exécuté.

Le soir, à la mode accoustumée, le resveillon ayant esté porté, il y eut un quidam qui s'advisa, en faisant la guerre aux nopces, comme on fait communément, de dérober le linge, qu'on trouva joliment teint de sang; lequel fut monstré soudain, et crié haut en l'assistance qu'elle n'estoit plus vierge, et que c'estoit ce coup que sa membrane virginale avoit esté forcée et rompue : le mary qui estoit assuré qu'il n'avoit rien faict, mais pourtant qu'il faisoit du galland et vaillant champion, demeura fort étonné et ne sceut ce que vouloit dire ce linge teint, sinon qu'après avoir songé assez se douta de quelque fourbe et astuce putanesques, mais pourtant n'en sonna jamais mot.

La mariée et ses confidentes furent aussi bien faschée et estonnées de quoy le mary avoit fait faux feu, et que leur affaire ne s'en portoit pas mieux. De rien pourtant n'en fut fait aucun semblant jusques au bout de huict jours, que le mary vint à avoir l'esguillette dénouée, et fit rage et feu, dont d'aise ne se souvenant de rien, alla publier à toute la compagnie que c'estoit à bon escient qu'il avoit fait preuve de sa vaillance et faict sa femme vraye femme et bien damée; et confessa que jusques alors il avoit esté saisi de toute impuissance : de quoy l'assistance sur ce sujet en fit divers discours, et jeta diverses sentences sur la mariée qu'on pensoit estre femme par son linge teinturé; et s'escandalisa ainsi d'elle-mesme, non qu'elle en fust bien cause proprement, mais son mary, qui par sa débolesse, flaquesse et mollitude, se gasta luy-mesme.

Il y a aucuns marys qui cognoissent aussi à leur première nuict le pucellage de leurs femmes, s'ils l'ont conquis ouy ou non par la trace qu'ilz y trouvent; comme un que je connois, lequel ayant espousé une femme en secondes nopces, et luy ayant faict acroire que son premier mary n'y avoit jamais touché par son impuissance, et quelle estoit vierge et pucelle aussi bien qu'auparavant d'estre mariée, néantmoins il la trouva si vaste et si copieuse en amplitude, qu'il se mit à dire : « Hé comment! estes-vous cette pucelle de Marolle, si serrée et si « estroite qu'on me disoit? Hé! vous en avez un grand empand; et le chemin « y est tellement grand et battu que je n'ay garde de m'esgarer. » Si fallut-il qu'il passast par là et le beust doux comme laict : car si son premier mary n'y avoit point touché, comme il estoit vray, il y en avoit bien eu d'autres.

Que dirons-nous d'aucunes mères, qui voyant l'impuissance de leurs gendres, ou qui ont l'esguillette nouée ou autre deffectuosité, sont les maquerelles de leurs filles ; et que, pour gaigner leur douaire, s'en font donner à d'autres, et bien souvent engroisser, afin d'avoir les enfants héritiers après la mort du père ?

J'en cognois une qui conseilla bien cela à sa fille, et de fait n'y espargna rien, mais le malheur pour elle fut que jamais n'en put avoir. Aussi je coignois un qui, ne pouvant rien faire à sa femme, attiltra un grand laquais qu'il avoit, beau fils, pour coucher et dépuceler sa femme en dormant, et sauver son honneur par-là : mais elle s'en apperceut et le laquais n'y fit rien, qui fut cause qu'ils plaidèrent longtemps : finalement ilz se démarièrent.

Le roy Henry de Castille en fit de mesmes, lequel, ainsi que raconte Baptista Fulguosius[1], voyant qu'il ne pouvoit faire d'enfans à sa femme, il s'ayda d'un beau et jeune gentilhomme de sa cour pour luy en faire, ce qu'il fit ; dont pour la peine il luy fit de grands biens, et l'advança en des honneurs, grandeurs et dignitez : ne faut douter si la femme ne l'en ayma et s'en trouva bien. Voylà un bon cocu.

Pour ces esguillettes nouées, en fut dernièrement un procès en la cour du parlement de Paris, entre le sieur de Bray, thrésorier, et sa femme, à qui il ne pouvoit rien faire, ayant eu l'esguillette nouée ou autre défaut dont la femme, bien marrie, l'en appella en jugement. Il fut ordonné par la cour qu'ils seroyent visitez eux deux par grands médecins experts. Le mary choisit les siens, et la femme les siens : dont en fut fait un fort plaisant sonnet à la cour, qu'une grand'dame me fist elle-même, et me le donna, ainsi que je disnois avec elle. On disoit qu'une dame l'avoit fait, d'autres un homme. Le sonnet est tel :

SONNET

Entre les médecins renommés à Paris
En sçavoir, en espreuve, en science, en doctrine,
Pour juger l'imparfaict de la coupe androgine,
Par de Bray et sa femme ont esté sept choisis.

De Bray a eu pour luy les trois de moindre prix,
Le Court, l'Endormy, Piètre : et sa femme plus fine,
Les quatre plus experts en l'art de médecine,
Le Grand, le Gros, Duret et Vigoureux a pris.

On peut par là juger qui des deux gaignera,
Et si le Grand du Court victorieux sera,
Vigoureux d'Endormy, le Gros, Duret de Piètre.

---

[1] Baptista Fulgosius, dont les *Factorum et Dictorum memorabilium lib. IX* ont été imprimés diverses fois. Ce fait particulier se trouve dans le chapitre 3 du IX° livre.

> Et de Bray n'ayant point ces deux de son costé,
> Estant tant imparfait que mary le peut estre,
> A faute de bon droict en sera débouté.

J'ay ouy parler d'un autre mary, lequel la première nuict, tenant embrassée sa nouvelle espouse, elle se ravit en telle joye et plaisir, que, s'oubliant en elle-mesme, ne se put engarder de faire un petit mobile tordion de remuement non accoustumé de faire aux nouvelles mariées; il ne dit autre chose sinon : « Ha! j'en ay! » et continua sa route. Et voylà nos cocus en herbe, dont j'en sçay une milliasse de contes, mais je n'auroi s jamais fait. Et le pis que je vois en eux, c'est quand ilz espousent la vache et le veau, comme on dit, et qu'ils les prennent toutes grosses. Comme un que je sçay, qui, s'étant marié avec une fort belle et honneste damoiselle, par la faveur et volonté de leur prince et seigneur, qui aymoit fort ce gentilhomme et la luy avoit fait espouser, au bout de huict jours elle vint à estre cogneue grosse, aussi le publia pour mieux couvrir son jeu. Le prince, qui s'estoit tousjours bien douté de quelques amours entre elle et un autre, luy dit : « Une telle, j'ay bien mis « dans mes tablettes le jour et l'heure de vos nopces ; quand on les affrontera « à celuy et celle de vostre accouchement, vous aurez de la honte. » Mais elle, pour ce dire, n'en fit que rougir un peu ; et n'en fut autre chose, sinon qu'elle tenoit tousjours mine de *dona da ben*.

Or il y a d'aucunes filles qui craignent si fort leur père et mère, qu'on leur arracheroit plustost la vie du corps que le boucon puceau, les craignant cent fois plus que leurs marys.

J'ay ouy parler d'une fort belle et honneste damoiselle, laquelle, estant fort pourchassée du plaisir d'amour de son serviteur, elle luy répondit : « Atten« dez un peu que je sois mariée, et vous verrez comme, sous cette courtine de « mariage qui cache tout, et ventre enflé et descouvert, nous y ferons à bon « escient. »

Une autre, estant fort recherchée d'un grand, elle lui dit : « Sollicitez un « peu nostre prince qu'il me marie bientost avec celuy qui me pourchasse, et « me face vistement payer mon mariage qu'il m'a promis : le lendemain de « mes nopces, si nous ne nous rencontrons, marché nul. »

Je sçay une dame qui, n'ayant esté recherchée d'amours que quatre jours avant ses nopces par un gentilhomme, parent de son mary, dans six après il en jouit ; pour le moins il s'en vanta. Et estoit aisé de le croire ; car, ils se monstroyent telle privauté qu'on eust dit que toute leur vie ils avoyent esté nourris ensemble ; mesmes il en dist des signes et marques qu'elle portoit sur son corps, et aussi qu'ils continuèrent leur jeu long-temps après. Le gentilhomme disoit que la privauté qui leur donna occasion de venir-là, ce fut que, pour porter une mascarade, s'entre-changèrent leurs habillemens; car il prit celuy de sa maistresse, et elle celuy de son amy, dont le mary n'en fit que rire, et aucuns prindrent sujet d'y redire et penser mal.

Il fut fait une chanson à la cour d'un mary qui fut marié le mardy et fut cocu le jeudy : c'est bien avancer le temps.

Que dirons-nous d'une fille ayant esté sollicitée longuement d'un gentilhomme de bonne maison et riche, mais pourtant nigaud et non digne d'elle? Et par l'advis de ses parens, pressée de l'espouser, elle fit response qu'elle aimoit mieux mourir que de l'espouser, et qu'il se déportast de son amour, qu'on ne luy en parlast plus ny à ses parents : car, s'ils la forçoyent de l'espouser, elle le feroit plustot cocu. Mais pourtant fallut qu'elle passast par-là, car la sentence luy fut donnée ainsi par ceux et celles des plus grands qui avoient sur elle puissance, et mesmes de ses parents.

La vigille des nopces, ainsi que son mary la voyoit triste et pensive, luy demanda ce qu'elle avoit; elle luy respondit toute en colère : « Vous ne « m'avez voulu jamais croire à vous oster de me poursuivre; vous sçavez ce « que je vous ay toujours dit, que, si je venois par malheur à estre vostre « femme, que je vous ferois cocu : et je vous jure que je le feray et vous tien- « dray parole. » Elle n'en faisoit point la petite bouche devant aucunes de ses compagnes et aucuns de ses serviteurs. Asseurez-vous que despuis elle n'y a pas failly; et luy monstra qu'elle estoit bien gentille femme, car elle tint bien sa parole.

Je vous laisse à penser si elle en devoit avoir blasme, puisqu'un averty en vaut deux, et qu'elle l'advisoit de l'inconvénient où il tomberoit. Et pourquoy ne s'en donnoit-il garde? Mais pour cela il ne s'en soucia pas beaucoup.

Ces filles qui s'abandonnent ainsi sitost après estre mariées, font comme dit l'Italien : *Che la vacca, ché é stata molto tempo ligata corre più che quella che havuto sempre piena libertà*[1] : ainsi que fit la première femme de Baudouin, roi de Jérusalem, que j'ay dit cy-devant, laquelle ayant esté mise en religion de force par son mary, après avoir rompu le cloistre et en estre sortie, et tirant vers Constantinople, mena telle paillardise qu'elle en donnoit à tous passants, allans et venans, tant gens d'armes que pellerins vers Jérusalem, sans esgard de sa royale condition; mais le grand 'jeusne qu'elle en avoit fait durant sa prison en estoit cause.

J'en nommerois bien d'autres. Or, voylà donc de bonnes gens de cocus ceux-là, comme sont aussi ceux-là qui [le] permettent à leurs femmes, quand

---

[1] C'est-à-dire : « Que la vache qui a longtemps été attachée court plus que celle qui a toujours « eu pleine liberté.

Estant desjà sur l'eschafault sa grâce survint (page 58).

elles sont belles et recherchées de leur beauté, et les abandonnent, pour s'en ressortir et tirer de la faveur, du bien et des moyens. Il s'en void fort de ceux-là aux cours des grands roys et princes, lesquels s'en trouvent très-bien; car de pauvres qu'ilz auront esté, ou pour engagemens de leurs biens, ou pour procès, ou bien pour voyages de guerre sont au tapis, les voylà remontez et aggrandis en grandes charges par le trou de leurs femmes, où ilz n'y trouvent nulle diminution, mais plustost augmentation; fors en une belle dame que j'ay ouy dire, dont elle en avoit perdu la moitié par accident, qu'on disoit que son mary luy avoit donné la vérole ou quelques chancres qui la luy avoient mangée. Certes les faveurs et bienfaits des grands esbranlent fort un cœur chaste, et engendrent bien des cocus. J'ay ouy dire et raconter d'un prince estranger [1], lequel, ayant esté fait général de son prince souverain et maistre en une grande expédition d'un voyage de guerre qu'il luy avoit commandé, et ayant laissé en la cour de son maistre sa femme l'une des belles de la chrestienté, se mit à luy faire si bien l'amour, qu'il l'esbransla, la terrassa et l'abatit si beau qu'il l'engroissa.

Le mary, tournant au bout de treize ou quatorze mois, la trouve en tel estat, bien marry et fasché contr'elle, ne faut point demander comment. Ce fut à elle,

---

[1] François de Lorraine, duc de Guise, tué par Poltrot. Voy. Rem. sur le mot ADULTÉRIN, page 547 du *Cath. d'Esp.*, édit. de 1699.

qui estoit fort habile, à faire ses excuses, et à un sien beau-frère. Enfin elles furent telles qu'elle luy dit : « Monsieur, l'évènement de vostre voyage en est
« cause, qui a esté si mal receu de vostre maistre (car il n'y fit pas bien certes
« ses affaires), et en vostre absence l'on vous a tant presté de charitez
« pour n'y avoir point fait ses besognes, que, sans que vostre seigneur se mit
« à m'aymer, vous estiez perdu et pour ne pas vous laisser perdre, je me
« suis perdu. Il y va autant et plus de mon honneur que du vostre; pour
« vostre avancement je ne me suis espargnée la plus précieuse chose de moy :
« jugez donc si j'ay tant failly comme vous diriez bien : car, autrement vostre
« vie, vostre honneur et faveur y fut esté en bransle. Vous estes mieux que
« jamais : la chose n'est si divulguée que la tache vous en demeure trop
« apparente. Sur cela, excusez-moi et me pardonnez. »

Le beau-frère, qui sçavoit dire des mieux, et qui, possible, avoit part à la groisse, y en adjouta autres belles parolles et preignantes ; si bien que tout servit. Et par ainsi l'accord fut fait ; et furent ensemble mieux que devant, vivans en toute franchise et bonne amitié, dont pourtant le prince leur maistre, qui avoit fait la débauche et le débat, ne l'estima jamais plus (ainsi que j'ay ouy dire) comme il en avoit fait, pour en avoir tenu si peu de compte à l'endroit de sa femme et pour l'avoir beu si doux, tellement qu'il ne l'estima depuis de si grand cœur comme il l'avoit tenu auparavant, encores que, dans son âme, il estoit bien aise que la pauvre dame ne pastit point pour luy avoir fait plaisir. J'ay veu aucuns et aucunes excuser cette dame, et trouvez qu'elle avoit bien fait de se perdre pour sauver son mary et le remettre en faveur.

O ! qu'il y a de pareils exemples à celluy-cy, et encores à un d'une grande dame qui sauva la vie à son mary qui avoit esté jugé à mort en pleine cour, ayant esté convaincu de grandes concussions et malles versations en son gouvernement et en sa charge, dont le mary l'en ayma après toute sa vie.

J'ay ouy parler d'un grand seigneur aussi, qui, ayant esté jugé d'avoir la teste tranchée, si qu'estant desjà sur l'eschaffault sa grâce survint, que sa fille, qui estoit des plus belles, avoit obtenue ; et, descendant de l'eschaffault, il ne dit autre chose sinon : « Dieu sauve le bon c... de ma fille, qui m'a si
« bien sauvé ! »

Saint Augustin est en doute si un citoyen chrestien d'Antioche pécha quand, pour se délivrer d'une grosse somme d'argent pour laquelle il estoit estroitement prisonnier, permit à sa femme de coucher avec un gentilhomme fort riche, qui luy promit de l'acquitter de son debte.

Si saint Augustin est de cette opinion, que peut-il donc permettre à plusieurs femmes, veufves et filles, qui, pour rachepter leurs pères, parens et maris voire mesmes, abandonnent leur gentil corps sur forces inconvénients qui leur surviennent, comme de prison, d'esclavitude, de la vie, des assauts et prise de ville, bref une infinité d'autres, jusques-à gaigner quelquefois des capitaines et soldats, pour les faire bien combattre et tenir leurs partys, ou pour soustenir un long siège et reprendre une place (j'en conterois cent sujets), pour ne craindre, pour eux, à prostituer leur chasteté ; et quel mal en peut-il arriver ny escandale pour cela ? mais un grand bien.

Qui dira donc le contraire, qu'il ne face bon estre quelquesfois cocu, puisque l'on en tire telles commoditez du salut de vies et de rembarquement de faveurs, grandeurs et dignitez et biens ? Que j'en cognois beaucoup, et en ay ouy parler de plusieurs qui se sont bien avancez par la beauté et par le devant de leurs femmes !

Je ne veux offenser personne, mais j'oserois bien dire que je tiens d'aucuns et d'aucunes que les dames leur ont bien servy, et que certes les valeurs d'aucuns ne les ont tant fait valoir qu'elles.

Je connois une grande et habile dame, qui fit bailler l'Ordre à son mary ; et l'eut luy seul avec les deux plus grands princes de la chrestienté. Elle luy disoit souvent, et devant tout le monde (car elle estoit de plaisante compagnie et rencontroit très-bien) : « Ha ! mon amy, que tu eusses couru longtemps « fauvette avant que tu eusses eu ce diable que tu portes au col. »

J'ay ouy parler d'un grand, du temps du roi François, lequel ayant receu l'Ordre, et s'en voulant prévaloir un jour devant feu M. de la Chastigneraye mon oncle, et lui dit : « Ha ! que vous voudriez avoir cet ordre pendu au col « aussi bien comme moy ! » Mon oncle, qui estoit prompt, haut à la main, et scalabreux s'il en fut onc, luy respondit : « J'aymerois mieux estre mort que « de l'avoir par le moyen du trou que vous l'avez eu. » L'autre ne luy dit rien, car il sçavoit bien à qui il avoit à faire.

J'ay ouy conter d'un grand seigneur, à qui sa femme ayant sollicité et porté en sa maison la patente d'une des grandes charges du païs où il estoit, que son prince luy avoit octroyé par la faveur de sa femme, il ne la voulut accepter nullement, d'autant qu'il avoit sceu que sa femme avoit demeuré trois mois avec le prince fort favorisée, et non sans soupçons. Il monstra bien par là sa générosité qu'il avoit toute sa vie manifestée : toutesfois il l'accepta, après avoir fait chose que je ne veux dire.

Et voilà comme les dames ont bien fait autant ou plus de chevalliers que les batailles, que je ne nommerois, les cognoissant aussi bien qu'un autre, n'estoit que je ne veux médire, ny faire escandale : et si elles leur ont donné des honneurs, elles leur donnent bien des richesses.

J'en connois un qui estoit pauvre haire lorsqu'il amena sa femme à la cour, qui estoit très-belle : et, en moins de deux ans, ils se remirent et devindrent fort riches.

Encor faut-il estimer ces dames qui eslèvent ainsi leurs marys en biens, et ne les rendent coquins et cocus tout ensemble : ainsi que l'on dit de Marguerite de Namur, laquelle fut si sotte de s'engager et de donner tout ce qu'elle pouvoit, à Loys duc d'Orléans, luy qui estoit si grand et si puissant seigneur et frère du roy, et tirer de son mary tout ce qu'elle pouvoit, si bien qu'il en devint pauvre et fut contraint de vendre sa comté de Bloys audit M. d'Orléans ; lequel, pensez qu'il la luy paya de l'argent et de la substance mesme que sa sotte femme luy avoit donné. Sotte bien estoit-elle, puisqu'elle donnoit à plus grand que soy. Et pensez qu'après il se mocqua et de l'une et de l'autre ; car il estoit bien homme pour le faire, tant il estoit vollage et peu constant en amours.

Je cognois une grand' dame, laquelle estant venue fort amoureuse d'un gentilhomme de la cour, et luy par conséquent jouissant d'elle, ne luy pouvant donner d'argent d'autant que son mary luy tenoit son trésor caché comme un prestre, luy donna la plus grande partie de ses pierreries, qui montoyent à plus de trente mille escus : si bien qu'à la cour on disoit qu'il pouvoit bien bastir, puisqu'il avoit force pierres amassées et accumulées ; et puis après, estant venue et eschue à elle une grande succession, et ayant mis la main sur quelques vingt mille escus, elle ne les garda guières que son gallant n'en eust sa bonne part. Et disoit-on que si cette succession ne luy fust eschue, ne sçachant que luy pouvoir plus donner, luy eust donné jusques à sa robe et chemise. En quoy tels escrocqueurs et escornifleurs sont grandement à blasmer d'aller ainsi allambiquer et tirer toute la substance de ces pauvres diablesses martellées et encapriciées ; car la bourse estant si souvent revisitée, ne peut demeurer toujours en son enfleure ny en son estre, comme la bourse de devant, qui est toujours en son mesme estat, et preste à y pescher qui veut, sans y trouver à dire les prisonniers qui y sont entrés et sortis. Ce bon gentilhomme, que je dis si bien empierré, vint quelques temps après à mourir; et toutes ses hardes, à la mode de Paris, vindrent à estre criées et vendues à l'encan, qui furent appréciées à cela et recogneues pour les avoir vues à la dame, par plusieurs personnes, non sans grand' honte de la dame.

Il y eut un grand prince qui, aymant une fort honneste dame, fit achepter une douzaine de boutons de diamants très-brillants et proprement mis en œuvre, avec leurs lettres égyptiennes et hiéroglyfiques, qui contenoient leur sens caché, dont il en fit un présent à sadite maistresse, qui, après les avoir regardés fixement, luy dit qu'il n'en estoit meshuy plus besoin à elle de lettres hiéroglyfiques, puisque les escritures estoyent déjà accomplies entre eux deux, ainsi qu'elles avoyent esté entre le gentilhomme et cette dame de cy-dessus.

J'ay cogneu une dame qui disoit souvent à son mary, qu'elle le rendroit plustost coquin que cocu : mais ces deux mots tenans de l'équivoque, un peu de l'un de l'autre assemblèrent en elle et son mary ces deux belles qualitez.

J'ay bien cogneu pourtant beaucoup et une infinité de dames qui n'ont pas ainsi fait ; car elles ont plus tenu serrée la bourse de leurs escus que de leur gentil corps : car, encor qu'elles fussent très-grandes dames, elles ne vouloyent donner que quelques bagues, quelques faveurs, et quelques autres petites gentillesses, manchons ou escharpes, pour porter pour l'amour d'elles et les faire valoir.

J'en ay cogneu une grande qui a esté fort copieuse et libérale en cela, car la moindre de ses escharpes et faveurs qu'elle donnoit à ses serviteurs estoit de cinq cens escus, de mille et de trois mille, où il y avoit plus de broderies, plus de perles, plus d'enrichissements, de chiffres, de lettres hiéroglifiques et belles inventions, que rien au monde n'estoit plus beau. Elle avoit raison, afin que ses présents, après les avoir faits, ne fussent cachez dans des coffres ny dans des bourses, comme ceux de plusieurs autres dames, mais qu'ils parussent devant tout le monde, et que son amy les fit valoir en les contemplant sur sa belle commémoration, et que tels présents en argent sentoyent plustost leurs femmes communes qui donnent à leurs ruffians, que non pas leurs grandes et honnestes dames. Quelquefois aussi elle donnoit bien quelques belles bagues de riches pierreries : car ces faveurs et escharpes ne se portent pas communément, sinon en un beau et bon affaire : au lieu que la bague au doigt tient bien mieux et plus ordinairement compagnie à celuy qui la porte.

Certes un gentil cavallier et de noble cœur doit estre de cette généreuse complexion, de plustot bien servir sa dame pour les beautez qui la font reluire que pour tout l'or et l'argent qui reluisent en elle.

Quant à moy, je me puis vanter d'avoir servy en ma vie d'honnestes dames, et non des moindres ; mais si j'eusse voulu prendre d'elles ce qu'elles m'ont présenté et en arracher ce que j'eusse pu, je serois riche aujourd'huy, ou en bien ou en argent, ou en meubles, de plus de trente mille escus que je ne suis, mais je me suis toujours contenté de faire paroistre mes affections plus par ma générosité que par mon avarice.

Certainement il est bien raison que, puisque l'homme donne du sien dans la bourse du devant de la femme, que la femme de mesme donne du sien aussi dans celle de l'homme ; mais il faut en cela peser tout ; car tout ainsi que l'homme ne peut tant jetter et donner du sien dans la bourse de la femme comme elle voudroit, il faut aussi que l'homme soit si discret de ne tirer de la bourse de la femme tant comme il voudroit ; et faut que la loy en soit esgale et mesurée en cela.

J'ay bien veu aussi beaucoup de gentilshommes perdre l'amour de leurs maistresses par l'importunité de leurs demandes et avarices, et que les voyans si grands demandeurs et si importuns d'en vouloir avoir, s'en desfaisoyent gentiment et les plantoyent-là, ainsi qu'il estoit très-bien employé.

Voilà pourquoy tout noble amoureux doit plustost estre tenté de convoitise charnelle que pécuniaire ; car quand la dame seroit par trop libérale de son bien, le mary, le trouvant se diminuer, en est plus marry cent fois que de dix mille libéralitez qu'elle feroit de son corps.

Or, il y a des cocus qui se font par vengeance : cela s'entend, que plusieurs qui haïssent quelques seigneurs ou gentilshommes ou autres, desquels en ont receu quelques desplaisirs et affronts, se vangent d'eux en faisant l'amour à leurs femmes, et les corrompent en les rendans gallants cocus.

J'ai cogneu un grand prince, lequel, ayant receu quelques traits de rébellion par un sien sujet grand seigneur et ne se pouvant vanger de luy, d'autant qu'il le fuyoit tant qu'il pouvoit, de sorte qu'il ne le pouvoit aucunement atraper, sa femme estant un jour venue à sa cour pour solliciter l'accord et les affaires de son mary, le prince luy donna une assignation pour en conférer un jour dans un jardin et une chambre là auprès ; mais ce fut pour luy parler d'amours, desquelles il jouit fort facilement sur l'heure, sans grande résistance, car elle estoit de fort bonne composition ; et ne se contenta de la repasser, mais à d'autres la prostitua, jusqu'aux valets de chambre. Et par ainsi disoit le prince qu'il se sentoit bien vangé de son sujet, pour luy avoir ainsy repassé sa femme et couronné sa teste d'une belle couronne de cornes, puisqu'il vouloit faire du petit roy et du souverain ; au lieu qu'il vouloit porter couronne de fleurs de lys[1], il luy en falloit bailler une belle de cornes.

Ce mesme prince en fit de mesme par la suation de sa mère, qui jouit d'une fille et princesse, sçachant qu'elle devoit épouser un prince qui luy avoit fait desplaisir et troublé l'estat de son frère bien fort, la dépucella et en jouit bravement, et puis dans deux mois fut livrée audict prince pour pucelle prétendue et pour femme, dont la vengeance en fut fort douce, en attendant une autre plus rude, qui vint puis après[2].

J'ay cogneu un fort honneste gentilhomme qui, servant une belle dame et de bon lieu, luy demandant la récompense de ses services et amours, elle luy

1 Cela pourroit bien regarder Henri de Lorraine, duc de Guise, tué à Blois.
2. Ceci pourroit encore mieux regarder Marguerite de Valois, le roi de Navarre, duc d'Anjou et la Saint-Barthélemy.

respon dit franchement : qu'elle ne luy en donneroit pas pour un double, d'autant qu'elle estoit très-asseurée qu'il ne l'aimoit tant pour cela, et ne luy portait point tant d'affection pour sa beauté, comme il disoit, sinon qu'en jouissant d'elle il se vouloit vanger de son mary qui luy avoit fait quelque desplaisir, et pour ce il en vouloit avoir ce contentement dans son âme, et s'en prévaloir puis après ; mais le gentilhomme, luy asseurant du contraire, continua à la servir plus de deux ans si fidèlement et de si ardent amour, qu'elle en prit cognoissance ample et si certaine, qu'elle luy octroya ce qu'elle luy avoit tousjours refusé, l'asseurant que si, du commencement de leurs amours, elle n'eust eu opinion de quelque vengeance projettée en luy par ce moyen, elle l'eust rendu aussi bien content comme elle fit à la fin : car son naturel estoit de l'aymer et favoriser. Voyez comme cette dame se sceut sagement commander, que l'amour ne la transporta point à faire ce qu'elle désiroit le plus, sans quelle vouloit qu'on l'aymast pour ses mérites, et non pour le seul sujet de vindicte.

Feu M. de Gua, un des gallants et parfaits gentilshommes du monde en tout, me convia à la cour un jour d'aller disner avec luy. Il avoit assemblé une douzaine des plus sçavants de la cour, entr'autres M. l'évêque de Dol, de la maison d'Espinay en Bretaigne, MM. de Ronsard, de Baïf, Des Portes, d'Aubigny (ces deux sont encor en vie, qui m'en pourroyent démentir), et d'autres desquels ne me souvient : et n'y avoit homme d'épée que M. du Gua et moy. En devisant, durant le disner, de l'amour, et des commoditez et incommoditez, plaisirs et desplaisirs, du bien et du mal qu'il apportoit en sa jouissance, après que chacun eut dit son opinion et de l'un et de l'autre, il conclut que le souverain bien de cette jouissance gisoit en cette vengeance, et pria un chacun de tous ces grands personnages d'en faire un quatrain *impromptu* ; ce qu'ils firent. Je les voudrois avoir pour les insérer icy, sur lesquels M. de Dol, qui disoit et escrivoit d'or, emporta le prix.

Et certes, M. de Gua avoit occasion de tenir cette proposition contre deux grands seigneurs que je sçay, leur faisant porter les cornes pour la hayne qu'ils lui portoyent ; car leurs femmes étaient très-belles : mais en cela il en tiroit double plaisirs : la vengeance et le contentement. J'ay cogneu force genz qui se sont revangez et délectez en cela, et si ont eu cette opinion.

J'ay cogneu aussi de belles et honnestes dames, disant et affermant que, quand leurs marys les avoyent maltraitées et rudoyées, et tansées ou censurées, ou battues ou fait autres mauvais tours et outrages, leur plus grande délectation estoit de les faire cornards, et, en les faisant, songer en eux, les brocarder, se mocquer et rire d'eux avec leurs amys, jusques-là de dire qu'elles en entroyent davantage en appétit et certain ravissement de plaisir qui ne se pouvoit dire.

J'ay ouy parler d'une belle et honneste femme, à laquelle estant demanut si elle n'avoit jamais fait son mary cocu, elle respondit : « Et pourquoy « l'aurois-je fait, puisqu'il ne m'a jamais battue ni menacée ? » Comme voulant dire que, s'il eust fait l'un des deux, son champion de devant en eust tost fait la vengeance.

Et quant à la mocquerie, j'ay cogneu une fort honneste et belle dame, laquelle estant en ces doux adultères de plaisir, et en ces doux bains de délices et d'aise avec son amy, il luy advint qu'ayant un pendant d'oreille d'une corne d'abondance qui n'estoit que de verre noir, comme on les portoit alors, il vint, par force de se remuer et entrelasser et follastrer, à se rompre. Elle dit à son amy soudain : « Voyez comme nature est très-bien prévoyante : car pour une « corne que j'ai rompue, j'en fais icy une douzaine d'autres à mon pauvre « cornard de mary, pour s'en parer un jour d'une bonne feste, s'il veut. »

Une autre, ayant laissé son mary couché et endormy dans le lict, vint voir son amy avant de se coucher ; et ainsi qu'il luy eust demandé où estoit son mary, elle luy respondit : « Il garde le lict et le nid du cocu, de peur qu'un « autre n'y vienne pondre ; mais ce n'est pas à son lict, ny à ses linceux ny à « son nid que vous en voulez, c'est à moy qui vous suis venue voir ; et l'ay « laissé là en sentinelle, encor qu'il soit bien endormy. »

A propos de sentinelle, j'ay ouy faire un conte d'un gentilhomme de valeur, que j'ay cogneue, lequel un jour venant en question avec une fort honneste dame que j'ay aussi cogneu, il lui demanda, par manière d'injure, si elle avoit jamais fait de voyage à Sainct-Mathurin[1]. « Ouy, dit-elle, mais je ne pus « jamais entrer dans l'église, car elle estoit si plaine et si bien gardée de cocus, « qu'ilz ne me laissèrent jamais entrer ; et vous, qui estiez des principaux, « vous étiez au clocher pour faire la sentinelle et advertir les autres. »

J'en conterois mille autres risées, mais je n'aurois jamais fait : si espéré-je d'en dire pourtant en quelque coin de ce livre.

Il y a des cocus qui sont débonnaires, qui d'eux-mêmes se convient à cette feste de cocuage ; comme j'en ay cogneu aucuns qui disoyent à leurs femmes : « Un tel est amoureux de vous, je le cognois bien, il vous vient souvent « visiter, mais c'est pour l'amour de vous, ma mie. Faites-luy bonne chère ; « il nous peut faire beaucoup de plaisir ; son accointance nous peut beaucoup « servir. »

D'autres disent à aucuns : « Ma femme est amoureuse de vous, elle vous

---

1. C'est-à-dire, fait folie de son corps, comme on parle, parce qu'on va en pèlerinage à l'Eglise de ce saint pour être guéri de la folie.

On advisa de faire mourir ce gladiateur et luy faire boire son sang. (Page 66.)

« ayme; venez la voir, vous lui ferez plaisir; vous causerez et deviserez
« ensemble, et passerez le temps. » Ainsi convient-ils les gens à leurs despens;
comme fit l'empereur Adrian, lequel, estant un jour en Angleterre (ce dit sa
vie) menant la guerre, eut plusieurs advis comme sa femme, l'impératrice
Sabine, faisoit l'amour à toutes restes à Rome avec force galants gentilshommes romains. De cas de fortune, elle ayant escrit une lettre de Rome en
hors à un gentilhomme romain qui estoit avec l'empereur en Angleterre, se com-
plaignant qu'il l'avoit oubliée et qu'il ne faisoit plus conte d'elle, et qu'il n'estoit
pas possible qu'il n'eust quelques amourettes par delà, et que quelque mignonne
affetée ne l'eust espris dans les lacs de sa beauté, cette lettre d'adventure
tomba entre les mains d'Adrian; et comme ce gentilhomme, quelques jours
après, demanda congé à l'empereur sous couleur de vouloir aller jusques à
Rome promptement pour les affaires de sa maison, Adrian luy dit en se
jouant : « Eh! jeune homme, allez-y hardiment, car l'impératrice ma femme
« vous y attend en bonne dévotion. » Quoy voyant le Romain, et que
l'empereur avoit descouvert le secret et luy en pourroit faire mauvais tour,
sans dire adieu ny gare, partit la nuict après et s'enfuit en Irlande.

Il ne devoit pas avoir grand peur pour cela; comme l'empereur disoit luy-
même souvent, estant abreuvé à toute heure des amours de sa femme :
« Certainement, si je n'estois empereur, je me serois bientost défait de ma

« femme ; mais je ne veux monstrer mauvais exemple. » Comme voulant dire que n'importe aux grands qu'ils soyent là logez, aussi qu'ils ne se divulguent. Quelle sentence pourtant pour les grands, laquelle aucuns d'eux ont pratiquée, mais non pour ces raisons ! Voilà comme ce bon empereur assistoit joliment à se faire cocu.

Le bon Marc Aurelle, ayant sa femme Faustine, une bonne vesse, et luy estant conseillé de la chasser, il respondit : « Si nous la quittons, il faut aussi « quitter son douaire, qui est l'empire ». Et qui ne voudroit estre cocu de mesme pour un tel morceau, voire moindre ?

Son fils Antonius Verus dit Comodus, encor qu'il devint fort cruel, en dit de mesmes à ceux qui lui conseilloyent de faire mourir ladite Faustine sa mère, qui fut tant amoureuse et chaude après un gladiateur, qu'on ne la put jamais guérir de ce chaud mal, jusques à ce qu'on advisa de faire mourir ce maraut gladiateur et luy faire boire son sang.

Force marys ont faict et font de mesmes que ce bon Marc Aurèlle, qui craignent de faire mourir leurs femmes putains, de peur d'en perdre les grands biens qui en procèdent, et aiment mieux estre riches cocus à si bon marché qu'estre coquins.

Mon Dieu ! que j'ai cogneu plusieurs cocus qui ne cessoyent jamais de convier leurs parens, leurs amys, leurs compagnons, de venir voir leurs femmes, jusques à leur faire festins pour mieux les y attirer, et y estans, les laisser seuls avec elles dans leurs chambres, leurs cabinets, et puis s'en aller et leur dire : « Je vous laisse ma femme en garde. »

J'en ay cogneu un de par le monde, que vous eussiez dit que toute sa félicité et contentement gisoit à estre cocu ; et s'estudioit d'en trouver les occasions, et surtout n'oublioit ce premier mot : « Ma femme est amoureuse « de vous ; l'aymez-vous autant qu'elle vous ayme ? » Et quand il voyoit sa femme avec son serviteur, bien souvent il emmenoit la compagnie hors de la chambre pour s'aller promener, les laissant tous deux ensemble, leur donnant beau loisir de traitter leurs amours. Et si par cas il avoit à faire à tourner prestement en la chambre, dès le bas du degré il crioit haut, il demandoit quelqu'un, il crachoit, ou il toussoit, afin qu'il ne trouvast les amants sur le fait ; car volontiers, encore qu'on le sçache et qu'on s'en doute, ces veues et surprises ne sont guières agréables ny aux uns ny aux autres.

Aussi ce seigneur faisant un jour bastir un beau logis, et le maistre masson luy ayant demandé s'il ne le vouloit pas illustrer de corniches, il respondit : « Je ne sçay que c'est que corniches ; demandez-le à ma femme, qui le « sçait et qui sçait l'art de géométrie ; et ce qu'elle dira, faittes-le. » Bien fit pis un que je sçay, qui, vendant un jour une de ses terres à un autre pour cinquante mille escus, il en prit quarante-cinq mille en or et argent, et pour les cinq restans, il prit une corne de licorne. Grande risée pour ceux qui le sceurent : « Comme, disoyent-ils, s'il n'avoit assez de cornes chez soy, sans y adjouster celle-là. »

J'ay cogneu un très-grand seigneur, brave et vaillant, lequel vint à dire à un honneste gentilhomme qu'il estoit fort son serviteur, en riant pourtant : « Monsieur un tel, je ne sçay ce que vous avez fait à ma femme, mais elle est « si amoureuse de vous que jour et nuict elle ne me fait que parler de vous, « et sans cesse me dit vos louanges. Pour toute response je luy dis que je vous « cognois plus tot qu'elle, et sçay vos valeurs et vos mérites qui sont « grands. » Qui fut estonné ? Ce fut ce gentilhomme ; car il ne venait que de mener cette dame sous le bras à vespres, où la reyne alloit. Toutesfois ce gentilhomme s'asseura tout à coup et luy dit : « Monsieur, je suis très-humble « serviteur de madame vostre femme, et fort redevable de la bonne opinion « qu'elle a de moy, et l'honnore beaucoup ; mais je ne luy fais pas l'amour, « disoit-il en bouffonnant ; mais je luy fais bien la cour par votre bon advis que « vous me donnastes dernièrement, d'autant qu'elle peut beaucoup à l'endroit « de ma maistresse, que je puis espouser par son moyen, et par ainsi j'espère « qu'elle m'y sera aydante. »

Ce prince n'en fit plus autre semblant, sinon que rire et admonester le gentilhomme de courtiser sa femme plus que jamais : ce qu'il fit, estant bien aise, sous ce prétexte, de servir une si belle dame et princesse, laquelle luy faisoit bien oublier son autre maistresse qu'il vouloit espouser, et ne s'en soucier guères, sinon que ce masque bouchoit et déguisoit tout. Si ne put-il faire tant qu'il n'entrast un jour en jalousie, que voyant ce gentilhomme dans la chambre de la reine porter au bras un ruban incarnadin d'Espagne, qu'on avoit apporté par belle nouveauté à la cour, et l'ayant tasté et manié en causant avec luy, alla trouver sa femme qui estoit près du lict de la reine, qui en avoit un tout pareil, lequel il mania et toucha tout de mesme, et trouva qu'il estoit tout semblable et de la mesme pièce que l'autre : si n'en sonna-il pourtant jamais mot et n'en fut autre chose. Et de telles amours il en faut couvrir si bien les feux par telles cendres de discrétions et de bons advis qu'elles ne se puissent descouvrir ; car bien souvent l'escandale ainsi descouvert dépite plus les marys contre leurs femmes, que quand tout se fait à cachettes, pratiquant en cela le proverbe ; *Si non caste, tamen caute*[1].

Que j'ay veu en mon temps de grands escandales et de grands inconvénients pour les indiscrétions et des dames et de leurs serviteurs ! Que leurs

---

1. C'est-à-dire, sinon chastement, du moins finement.

marys s'en soucioyent aussi peu que rien, mais qu'ils fissent bien leurs faits *sotto coperte* [1], comme on dit, et ne fust point divulgué.

J'en ay cogneu une qui tout à trac faisait parestre ses amours et ses faveurs, qu'elle départoit comme si elle n'eust eu de mary et ne fust esté sous aucune puissance, n'en voulant rien croire l'advis de ses serviteurs et amys qui luy en remonstroyent les inconvénients : aussi, bien mal luy en a-il pris.

Cette dame n'a jamais fait ce que plusieurs autres dames ont fait ; car elles ont gentiment traitté l'amour et se sont donnés du bons temps sans en avoir donné grand'connoissance au monde, sinon par quelques soupçons légers, qui n'eussent jamais pu monstrer la vérité aux plus clairvoyans ; car elles accostoyent leurs serviteurs devant le monde si dextrement, et les entretenoyent si excortemenut [2], que ny leurs marys, ni les espions, de leur vie, n'y eussent sceu que mordre. Et quand ils alloyent en quelque voyage, 'ou qu'ils vinssent à mourir, elles couvroyent et cachoient leurs douleurs si sagement, qu'on n'y connoissoit rien.

J'ay cogneu une dame belle et honneste, laquelle, le jour qu'un grand seigneur son serviteur mourut, elle parut en la chambre de la reine avec son visage aussi gay et riant que le jour paravant. D'aucuns l'en estimoyent de cette discrétion, et qu'elle le faisoit de peur de desplaire et irriter le roy, qui n'aymoit pas le trespassé. D'aucuns le blasmoyent, attribuans ce geste plustost à manquement d'amour, comme l'on disoit qu'elle n'en estoit guères bien garnie, ainsi que toutes belles qui se meslent de cette vie.

J'ay cogneu deux belles et honnestes dames, lesquelles, ayant perdu leurs serviteurs en une fortune de guerre, firent de tels regrets et lamentations, et monstrèrent leur dueil par leurs habits bruns, plus d'eau-bénistiers, d'aspergez d'or engravez, plus de testes de mort, et de toutes sortes de trophées de la mort en leurs affiquets, joyaux et bracelets qu'elles portoyent ; qui les escandalisèrent fort, et cela leur nuict grandement ; mais leurs marys ne s'en soucioyent autrement.

Voilà en quoy ces dames se transportent en la publication de leurs amours, lesquelles pourtant on doit louer et priser en leur constance, mais non en leur discrétion : car pour cela il leur en fait très-mal. Et si telles dames sont blasmables en cela, il y en a beaucoup de leurs serviteurs qui en méritent bien la réprimende aussi bien qu'elles ; car ils contrefont des transis comme une chèvre qui est en gésine, et des langoureux ; ils jettent leurs yeux sur elles et les envoyent en ambassade ; ils font des gestes passionnez, des souspirs

---

1. C'est-à-dire, sous les couvertes, ou en cachette.
2. Accortement.

devant le monde ; ils se parent des couleurs de leurs dames si apparemment ;
bref, ils se laissent aller à tant de sottes indiscrétions, que les aveugles s'en
appercevroyent ; les uns aussi bien pour le faux que pour le vray, afin de donner à entendre à toute une cour qu'ils sont amoureux en bon lieu, et qu'ils ont
bonne fortune. Et Dieu sçait ! possible, on ne leur en donneroit pas l'aumosne
pour un liard, quand bien on en devroit perdre les œuvres de charité.

Je cognois un gentilhomme et seigneur, lequel, voulant abrever le monde
qu'il estoit venu amoureux d'une belle et honneste dame que je sçay, fit un
jour tenir son petit mulet avec deux de ses laquais et pages au devant de sa
porte. Par cas, M. d'Estrozze et moy passâmes par là et vismes ce mystère
de ce mulet, ses pages et laquais. Il leur demanda soudain où estoit leur
maistre ; ils firent response qu'il estoit dans le logis de cette dame ; à quoy
M. d'Estrozze se mit à rire, et me dire que, sur sa vie, il gaigeroit qu'il n'y
estoit point. Et soudain posa son page en sentinelle pour voir si ce faux
amant sortiroit ; et de là nous en allasmes soudain en la chambre de la reine,
où nous le trouvasmes, et non sans rire luy et moy. Et sur le soir nous le
vinsmes accoster, et, en feignant de luy faire la guerre, nous luy demandasmes où il estoit à telle heure après midy et qu'il ne s'en sçauroit laver, car
car nous avions veu le mulet et ses pages devant la porte de cette dame. Luy,
faisant la mine d'estre fasché que nous avions veu cela, et de quoy nous luy
en faisions la guerre de faire l'amour en ce bon lieu, il nous confessa
vraymant qu'il y estoit ; mais il nous pria de n'en sonner mot, autrement que
nous le mettrions en peine, et cette pauvre dame qui en seroit escandalisée et
mal venue de son mary ; ce que nous luy promismes (riant tousjours à pleine
gorge et nous moquant de luy, encor qu'il fust assez grand seigneur et
qualifié), de n'en parler jamais et que cela ne sortiroit de nostre bouche. Si
est-ce qu'au bout de quelques jours qu'il continuoit ces coups faux avec
son mulet trop souvent, nous luy descouvrismes la fourbe et luy en fismes la
guerre à bon escient et en bonne compagnie ; dont de honte s'en désista, car
la dame le sceut par nostre moyen, qui fit guetter un jour le mulet et les
pages, les faisant chasser de devant sa porte comme gueux de l'hostière. Et
si fismes bien mieux, car nous le dismes à son mary et luy en fismes le conte
si plaisamment, qu'il le trouva si bon qu'il en rit luy-mesmes à son aise ; et
dist qu'il n'avoit pas peur que cet homme le fist jamais cocu ; et que s'il ne
trouvoit ledict mulet et ses pages bien logez à la porte, qu'il la leur feroit
ouvrir et entrer dedans, pour les mettre mieux à couvert et à leur aise, et se
garder du chaud, ou du froid, ou de la pluye. D'autres pourtant le faisoyent
bien cocu. Et voilà comme ce bon seigneur, aux despens de cette honneste
dame, se vouloit prévaloir sans avoir respect d'aucun scandale.

J'ay cogneu un gentilhomme qui escandalisa par ses façons de faire une fort belle et honneste dame, de laquelle en estant devenu amoureux quelque temps, et la pressant d'en obtenir ce bon petit morceau gardé pour la bouche du mary, elle luy refusa tout à plat; et après plusieurs refus, il luy dit comme désespéré : « Et bien ! vous ne le voulez pas, et je vous jure que je vous rui- « neray de l'honneur. » Et pour ce faire, s'advisa de faire tant d'allées et venues à cachettes, mais pourtant non si secrètes qu'il ne se monstrast à plusieurs yeux exprès, et donnast moyen de s'en appercevoir de nuict et de jour, à la maison où elle se tenoit: braver et se vanter sous main de ses bonnes fausses fortunes, et devant le monde rechercher la dame avec plus de privauté qu'il n'avoit occasion de le faire, et parmy ses compagnons faire du gallant plus pour le faux que pour le vray; si bien qu'estant venu un soir fort tard en la chambre de cette dame tout bousché de son manteau, et se cachant de la maison, après avoir joué plusieurs de ces tours, fut soubçonné par le maistre d'hostel de la maison, qui fit faire le guet : et ne l'ayant pu trouver, le mary pourtant battit sa femme et luy donna quelques soufflets ; mais poussé après du maistre d'hostel, qui luy dit que ce n'estoit assez, la tua et la dagua, et en eut du roy fort aisément sa grâce. Ce fut grand dommage de cette dame, car elle estoit très-belle. Despuis, ce gentilhomme qui en avoit esté cause ne le porta guières loin, et fut tué en une rencontre de guerre, par permission de Dieu, pour avoir si injustement osté l'honneur à cette honneste dame et la vie.

Pour dire la vérité sur cette exemple et sur une infinité d'autres que j'ay veu, il y a aucunes dames qui ont grand tort d'elles-mesmes, et qui sont les vrayes causes de leurs escandales et deshonneur ; car elles-mesmes vont attaquer les escarmouches, et attirent les galants à elle ; et du commencement leur font les plus belles caresses du monde, des privautez, des familiaritez, leur donnent par leurs doux attraits et belles parolles des espérances ; mais quand il faut venir à ce point, elles le desnient tout à plat ; de sorte que les honnestes hommes qui s'estoient proposez forces choses plaisantes de leur corps, se désespèrent et se dépitent en prenant un congé rude d'elles, les vont déshonorant et les publient pour les plus grandes vesses du monde ; et en content cent fois plus qu'il n'y en a.

Donc voilà pourquoy il ne faut jamais qu'une dame honneste se mesle d'attirer à soy un gallant gentilhomme, et se laisse servir à luy, si elle ne le contente pas à la fin selon ses mérites et ses services. Il faut qu'elle se propose cela, si elle ne veut estre perdue, mesme si elle a à faire à un honneste et gallant homme : autrement, dez le commencement, s'il la vient accoster, et qu'elle voye que ce soit pour ce point tant désiré à qui il addresse ses vœux, et qu'elle n'aye point d'envie de luy en donner, il faut qu'elle luy donne son congé dez l'entrée du logis; car, pour en parler franchement, toutes dames qui se laissent aimer et servir s'obligent tellement, qu'elles ne se peuvent desdire du combat; il faut qu'elles y viennent tost ou tard, quoy qu'il tarde.

Mais il y a des dames qui se plaisent à se faire servir pour rien, sinon pour leurs beaux yeux; et disent qu'elles désirent estre servies, que c'est leur félicité, mais non de venir là; et disent qu'elles prennent plaisir à désirer et non à exécuter. J'en ay veu aucunes qui me l'ont dit : toutesfois il ne faut pourtant qu'elles le prennent là, car si elles se mettent une fois à désirer, sans point de doute il faut qu'elles viennent à l'exécution; car ainsi la loy d'amour le veut, et que toute dame qui désire, ou souhaitte, ou songe de vouloir désirer à soy un homme, cela est fait. Si l'homme le connoist et qu'il poursuive fermement celle qui l'attaque, il en aura ou pied ou aisle, ou plume ou poil, comme on dit.

Voilà donc comme les pauvres marys se font cocus par telles opinions de dames qui veulent désirer et non pas exécuter; mais, sans y penser, elles se font brusler à la chandelle, ou bien au feu qu'elles ont basty d'elles-mesmes, ainsi que font ces pauvres simplettes bergères, lesquelles, pour se chauffer parmy les champs en gardant leurs moutons et brebis, allument un petit feu, sans songer à aucun mal ou inconvénient; mais elles ne se donnent de garde que ce petit feu s'en vient quelques fois à allumer un si grand, qu'il brusle tout un païs de landes et de taillis.

Il faudroit que telles dames prissent l'exemple, pour les faire sages, de la comtesse d'Escaldasor, demeurant à Pavie, à laquelle M. de Lescu, qui depuis fut appelé le mareschal de Foix, estudiant à Pavie (et pour lors le nommoit-on le protenotaire de Foix, d'autant qu'il estoit dédié à l'Église; mais depuis il quitta la robbe longue pour prendre les armes), faisant l'amour à cette belle dame, d'autant que pour lors elle emportoit le prix de la beauté sur les belles de Lombardie, et s'en voyant pressée, et ne le voulant rudement mécontenter, ny donner son congé, car il estoit proche parent de ce grand Gaston de Foix, M. de Nemours, sous le grand renom duquel alors toute l'Italie trembloit, et un jour d'une grand'magnificence et de feste qui se faisoit à Pavie, où toutes les grandes dames, et mesmes les plus belles de la ville et d'alentour, se trouvèrent ensemble et les honnestes gentilshommes, cette comtesse parut belle entre toutes les autres, pompeusement habillée d'une robbe de satin bleu céleste, toute couverte et semée, autant pleine que vuide, de flambeaux et papillons volletans à l'entour et s'y bruslans, le tout en broderie d'or et d'argent, ainsi que de tout temps les bons brodeurs de Milan ont sceu bien faire pardessus les autres; si bien qu'elle emporta l'estime d'estre le mieux en point de toute la troupe et compagnie.

M. le protenotaire de Foix, la menant dancer, fut curieux de luy demander la signification des devises de sa robbe, se doutant bien qu'il y avoit là dessous quelque sens caché qui ne luy plaisoit pas. Elle luy respondit : « Mon-
« sieur, j'ay fait faire ma robbe de la façon que les gens-d'armes et cavalliers
« font à leurs chevaux rioteux et vitieux, qui ruent et qui tirent du pied; ils
« leur mettent sur leur croupe une grosse sonnette d'argent, afin que, par ce
« signal, leurs compagnons, quand ils sont en compagnie et en foule, soyent
« advertis de se donner garde de ce meschant cheval qui rue, de peur qu'il
« ne les frappe. Pareillement, par les papillons volletans et se brulans dans
« ces flambeaux, j'advertis les honnestes hommes qui me font ce bien de
« m'aymer et admirer ma beauté, de n'en approcher trop près, ny en désirer
« d'avantage autre chose que la veue; car ils n'y gagneront rien, non plus
« que les papillons, sinon désirer et brusler, et n'en avoir rien plus. » Cette histoire est escrite dans les *Devises* de Paolo Jovio. Par ainsi, cette dame advertissoit son serviteur de prendre garde à soy de bonne heure. Je ne sçay s'il s'en approcha de plus près, ou comme il en fit; mais pourtant, luy, ayant esté blessé à mort à la bataille de Pavie, il fut très-bien receu et traitté d'elle. Au bout de trois jours il y mourut, avec le grand regret de la dame, ainsi que j'ay ouy conter à M. de Montluc, une fois que nous estions dans la tranchée à la Rochelle, de nuict, qu'il estoit en ses causeries, et que je luy fis le conte de cette devise, qui m'asseura avoir veu cette comtesse très-belle, et qui aimoit fort ledit mareschal, et fut bien honnorablement traitté d'elle : du reste, il n'en sçavoit rien si d'autres fois ils avoyent passé plus outre. Cet exemple devroit suffire pour plusieurs et aucunes dames que j'ay allégué.

Or, il y a des cocus qui sont si bons qu'ils font prescher et admonester leurs femmes par gens de bien et religieux, sur leur conversion et corrections; lesquelles, par larmes feintes et paroles dissimulées, font de grands vœux; promettans monts et merveilles de repentance, et de n'y retourner jamais plus; mais leur serment ne dure guières, car les vœux et larmes de telles dames valent autant que juremens et reniemens d'amoureux, comme j'en ay veu, et cogneu une dame à laquelle un grand prince, son souverain, fit cette escorne d'introduire et apposter un cordellier d'aller trouver son mary qui estoit en une province pour son service, comme de soy-mesme et venant de la cour, l'advertir des amours folles de sa femme et du mauvais bruit qui couroit du tort qu'elle luy faisoit; et que, pour son devoir de son estat et vacation, il l'en advertissoit de bonne heure, afin qu'il mît ordre à cette âme pécheresse. Le mary fut bien esbahy d'une telle ambassade et doux office de

Elle emporta l'estime d'estre le mieux en point de toute la troupe.

charité : il n'en fit autre semblant pourtant, sinon de l'en remercier et luy donner espérance d'y pourvoir; mais il n'en traitta point plus mal sa femme à son retour : car qu'y eust-il gaigné? Quand une femme une fois s'est mise à ce train, elle ne s'en détraque, non plus qu'un cheval de poste qui a accoustumé si fort le gallop qu'il ne le sçauroit changer en autre train d'aller.

Hé! combien s'est-il veu d'honnestes dames qui, ayant esté surprises sur ce fait, tancées, battues, persuadées et remonstrées, tant par force que par douceur, de n'y tourner jamais plus, elles promettent, jurent et protestent de se faire chastes, que puis après pratiquent ce proverbe, *passato il pericolo, gabbato il santo* [1], et retournent encor plus que jamais en l'amoureuse guerre ; voire qu'il s'en est veu plusieurs d'elles, se sentant dans l'âme quelque ver rongeant, qui d'elles-mêmes faisoyent des vœux bien saints et fort solennels, mais ne les gardoyent guières, et se repentoyent d'estre repenties, ainsi que dit M. du Bellay des courtisanes repenties [2]. Et telles femmes afferment qu'il

---

1. C'est-à-dire : Le péril passé, l'on se moque du saint.
2. Joachim du Bellay, dans sa *Contre-Repentie*, f. 444, A. de ses OEuvres, 1576.

> Mère d'amour, suivant mes premiers vœux,
> Dessous tes loix remettre je me veux,
> Dont je voudrois n'estre jamais sortie ;
> Et me repens de m'estre repentie.

est bien mal aisé de se défaire pour tout jamais d'une si douce habitude et coustume, puisqu'elles sont si peu en leur courte demeure qu'elles font en ce monde.

Je m'en rapporterois volontiers à aucunes belles filles, jeunes repenties, qui se sont voilées et recluses, si on leur demandoit et en foy et en conscience ce qu'elles en respondroyent, et comme elles désireroyent bien souvent leurs hautes murailles abattues pour s'en sortir aussitost.

Voilà pourquoy ne faut point que les marys pensent autrement réduire leurs femmes, après qu'elles ont fait la première fausse pointe de leur honneur, sinon de leur lascher la bride, et leur recommander seulement la discrétion et tout guarement d'escandale; car on a beau porter tous les remèdes d'amour qu'Ovide a jamais appris, et une infinité qui se sont encore inventez sublins, ny mesmes les autentiques de maistre François Rabelais, qu'il apprit au vénérable Panurge, n'y serviront jamais rien; ou bien, pour le meilleur, pratiquer un refrain d'une vieille chanson qui fut faite du temps du roy François Ier, qui dit :

> Qui voudroit garder qu'une femme
> N'aille du tout à l'abandon
> Il faudroit la fermer dans une pipe
> Et en jouir par le bondon.

Du temps du roy Henry, il y eut un certain quincailleur qui apporta une douzaine de certains engins à la foire de Sainct-Germain pour brider le cas des femmes [1], qui estoyent faits de fer et ceinturoyent comme une ceinture, et venoyent à prendre par le bas et se fermer en clef; si subtilement faits, qu'il n'estoit pas possible que la femme, en estant bridée une fois, s'en pust jamais prévaloir pour ce doux plaisir, n'ayant que quelques petits trous menus pour servir à pisser.

On dit qu'il y eut quelque cinq ou six maris jaloux fascheux, qui en acheptèrent et en bridèrent leurs femmes de telle façon qu'elles purent bien dire : « Adieu, bon temps. » Si en y eut-il une qui s'advisa de s'accoster d'un serrurier fort subtil en son art, à qui ayant monstré ledit engin, et le sien et tout, son mary estant allé dehors aux champs, il y appliequa si bien son esprit qu'il y forgea une fausse clef, que la dame l'ouvroit et le fermoit à toute heure et quand elle vouloit. Le mary n'y trouva jamais rien à dire. Elle se donna son saoul de ce bon plaisir, en dépit du fat jaloux cocu de mary, pensant vivre tousjours en franchise de cocuage. Mais ce meschand serrurier qui fit la fausse clef, gasta tout; et si fit mieux, à ce qu'on dit, car ce fut le premier

---

1. Ces sortes de cadenas étoient déjà en usage à Venise.

qui en tasta et le fit cornard : aussi ni avoit-il danger, car Vénus, qui fut la plus belle femme et putain du monde, avoit Vulcain, forgeron et serrurier, pour mary, lequel estoit un fort vilain, salle, boiteux et très-laid.

On dit bien plus : qu'il y eut beaucoup de gallants honnestes gentilshommes de la cour qui menacèrent de telle façon le quincaillier que, s'il se mesloit jamais de porter telles ravauderies, qu'on le tueroit, et qu'il n'y retournast plus et jettast tous les autres qui estoyent restez dans le retrait; ce qu'il fit; et depuis onc n'en fut parlé. Dont il fut bien sage, car c'estoit assez pour faire perdre la moitié du monde, à faute de ne le peupler, par tels brindements, serrures et fermoirs de nature, abominables et détestables ennemis de la multiplication humaine.

Il y en a qui baillent leurs femmes à garder à des eunuques, que l'empereur Alexandre Severus rejetta fort, avec rude commandement de ne pratiquer jamais les dames romaines; mais ilz y sont esté attrapés; non qu'ils engendrassent et les femmes conceussent d'eux, mais en recevoyent quelques sentimens et superficies de plaisirs légers, quasi approchans du grand parfait : dont aucuns ne s'en soucient point disans que leur principal marrisson de l'adultère de leurs femmes ne procédoit pas de ce qu'elles s'en faisoyent donner, mais qu'il leur faschoit grandement de nourrir et élever et tenir pour enfans ceux qu'ils n'avoyent pas faits. Car sans cela ce fust esté le moindre de leurs soucis, ainsi que j'en ay cogneu aucuns et plusieurs, lesquels, quand ilz trouvoyent bons et faciles ceux qui les avoyent faits à leurs femmes, à donner un bon revenu, à les entretenir, ne s'en donnoyent aucunement soucy, ainsi qu'ils conseillent à leurs femmes de leur demander, et les prier de quelque pension pour nourrir et entretenir le petit qu'elles ont eu d'eux. Comme j'ay ouy conter d'une grand'dame, laquelle eut Villeconnin, enfant du roy François Ier. Elle le pria de luy donner ou assigner quelque peu de bien, avant qu'il mourust, pour l'enfant qu'il luy avoit fait; ce qu'il fit. Et luy assigna deux cens mille escus en banque, qui luy profitèrent et coururent tousjours d'interests, et de change en change; de telle sorte qu'estant venu grand, il despensoit si magnifiquement et paroissoit en si belle despense et en jeux à la cour, qu'un chascun s'en estonnoit; et présumoit-on qu'il jouissoit de quelque dame qu'on n'eusse point pensé; et ne croyoit-on sa mère nullement : mais d'autant qu'il ne bougeoit d'avec elle, un chacun jugeoit que la grande despense qu'il faisoit procédoit de la jouissance d'elle; et pourtant c'estoit le contraire, car elle estoit sa mère; et peu de gens le sçavoyent, encore qu'on ne sceust bien sa lignée ni procréation, si ce n'est qu'il vint à mourir en Constantinople, et son aubène, comme bastard, fut donné au maréchal de Retz, qui estoit fin et sublin à descouvrir tel pot aux roses, mesmes pour son profit, qu'il eust pris sur la glace, et vérifia la bastardise qui avoit esté si longtemps cachée ; et emporta le don d'aubène pardessus M. de Teligny, qui avoit esté constitué héritier dudict Villeconnin.

D'autres disoyent pourtant que cette dame avoit eu cest enfant d'autres que du roy, et qu'elle l'avoit ainsi enrichy du sien propre ; mais M. de Retz esplucha et chercha tant parmy les banques, qu'il y trouva l'argent et les obligations du roy François : les uns disoyent pourtant d'un autre prince non si grand que le roy, ou d'un autre moindre ; mais, pour couvrir et cacher tout et nourrir l'enfant, il n'estoit pas mauvais de supposer tout à la Majesté, comme cela se void en d'autres.

Je croy qu'il y a plusieurs femmes parmy le monde, et mesmes en France, que si elles pensoyent produire des enfants à tel prix, que les roys et les grands aisément monteroyent sur leurs ventres ; mais bien souvent ilz y montent et n'en ont de grandes lippées ; dont en ce elles sont bien trompées, car à tels grands volontiers ne s'addonnent-elles, sinon pour avoir le *galardon*[1], comme dit l'Espaignol.

Il y a une fort belle question sur ces enfants putatifs et incertains ; à sçavoir s'ilz doivent succéder aux biens paternels et maternels, et que c'est un grand péché aux femmes de les y faire succéder ; dont aucuns docteurs ont dit que la femme le doit révéler au mary, et en dire la vérité. Ainsi le réfère le Docteur Subtil. Mais cette opinion n'est pas bonne, disent autres, parce que la femme se diffameroit soy-mesmes en le révélant, et pour autant elle n'y est tenue : car la bonne renommée est plus grand bien que les biens temporels, dit Salomon.

Il vaut donc mieux que les biens soyent occupez par l'enfant, que la bonne renommée se perde ; car, comme dit un proverbe : *mieux vaut bonne renommée que ceinture dorée*. De là les théologiens tirent une maxime qui dit : que quand deux préceptes et commandemens nous obligent, le moindre doit céder au plus grand. Or est-il que le commandement de garder sa bonne renommée est plus grand que celuy qui concède de rendre le bien d'autruy ; il faut donc qu'il soit préféré à celuy-là.

De plus, si la femme révèle cela à son mary, elle se met en danger d'estre tuée du mary mesme, ce qui est fort défendu de se pourchasser la mort ; non pas mesmes est permis à une femme de se tuer de peur d'estre violée ou après l'avoir esté ; autrement elle pécheroit mortellement. Si bien qu'il vaut mieux permettre d'estre viollée, si on n'y peut, en fuyant ou criant, remédier que se tuer soy-mesme, car le violement du corps n'est point un péché, sinon du consentement de l'esprit. C'est la response que fit sainte Luce au tyran qui la

---

1. *Guerdon, galardon, qui dardonne, premio, ricompensa*, dit le *Franciosini*.

menaçoit de la faire mener au bourdeau. « Si vous me faittes, dit-elle, for-
« cer, ma chasteté recevra double couronne. »

Pour ceste raison, Lucresse est taxée d'aucuns. Il est vray que sainte
Sabine et sainte Sophoniene, avec d'autres pucelles chrestiennes, lesquelles
se sont privées de vie afin de ne tomber entre les mains des barbares, sont
excusées de nos pères et docteurs, disant qu'elles ont fait cela pour certain
mouvement du Sainct-Esprit; par lequel Sainct-Esprit, après la prise de Cypre,
une damoiselle cypriotte nouvellement chrestienne, se voyant emmener esclave
avec plusieurs autres pareilles dames, pour estre la proye des Turcs, mit le
feu secrètement dans les poudres de la gallère; si bien qu'en un moment tout
fut embrazé et consumé avec elle, disant : « Jà à Dieu ne plaise que nos corps
« soyent pollus et cogneus par ces vilains Turcs et Sarrasins ! » Et Dieu sçait,
possible qu'il avoit esté déjà pollu, et en voulut ainsi faire la pénitence ; si
ce n'est que son maistre ne l'avoit voulue toucher, afin d'en tirer plus d'argent
la vendant vierge, comme l'on est friand de taster en ces païs, voire en tous
autres, un morceau intact.

Or, pour retourner encore à la garde noble de ces pauvres femmes, comme
j'ai dit, les eunuques ne laissent à commettre adultères avec elles, et faire
leur marys cocus, réservé la procréation à part.

J'ai cogneu deux femmes en France qui se mirent à aymer deux chastrez
gentilshommes afin de n'engroisser point ; et pourtant en avoyent plaisir, et
si ne s'escandalisoyent. Mais il y a eu des marys si jaloux en Turquie et en
Barbarie, lesquels s'estans apperceus de cette fraude, ilz se sont advisez de
faire chastrer tout à trac leurs pauvres esclaves, et le leur couper tout net.
Dont, à ce que disent et escrivent ceux qui ont pratiqué la Turquie, il n'en
reschappe deux de douze auxquels ils exercent cette cruauté, qu'ils ne meurent; et ceux qui en eschappent, ils les ayment et adorent comme vrays, seurs
et chastes gardiens de la chasteté de leurs femmes, et garantisseurs de leur
honneur.

Nous autres chrestiens n'usons point de ces villaines rigueurs et par trop
horribles; mais au lieu de ces chastrez, nous leur donnons des vieillards
sexagénaires, comme l'on fait en Espagne, et mesmes à la cour des reines de
là, lesquels j'ay veu gardiens des filles de leur cour et de leur suite. Et Dieu
sçait! il y a des vieillards cent fois plus dangereux à perdre filles et femmes
que les jeunes, et cent fois plus chaleureux, plus inventifs et industrieux à
les gaigner et corrompre.

Je croy que telles gardes, pour estre chenus et à la teste et au menton, ne
sont pas plus seures que les jeunes, ny les vieilles femmes non plus; ainsi
comme une vieille gouvernante espagnole conduisant ses filles, et passant

par une grande salle et voyant des membres naturels peints à l'advantage et fort gros et démesurez, contre la muraille, se prit à dire : *Mira que tan bravos no los pintan estos hombres como quien no los conociese.* Et ses filles se tournèrent vers elle, et y prindrent advis, fors une que j'ai cogneu qui contrefaisant de la simple, demanda à une de ses compaygnes quelz oiseaux estoyent ceux-là ; car il n'y en avoit aucuns peints avec des aisles. Elle luy respondit que c'estoyent oiseaux de Barbarie, plus beaux en leur naturel qu'en peinture. Et Dieu sçait si elle n'en avoit veu jamais ; mais il falloit qu'elle en fist la mine.

Beaucoup de marys se trompent bien souvent en ces gardes ; car il leur semble que, pourvu que leurs femmes soyent entre les mains des vieilles, que les unes et les autres appellent leurs mères pour tiltre d'honneur, qu'elles sont très-bien gardées sur le devant ; et de celles il n'y en a point de plus aisées à suborner et gaigner qu'elles ; car de leur nature, estant avaricieuses comme elles sont, en prennent de toutes mains pour vendre leurs prisonnières.

D'autres ne peuvent veiller tousjours ces jeunes femmes, qui sont tousjours en bonne cervelle, et mesmes quand elles sont en amours, que la pluspart du temps elles dorment en un coin de cheminée, qu'en leur présence les cocus se forgent, sans qu'elles y prennent garde n'y n'en sçachent rien.

J'ai cogneu une dame qui le fit une fois devant sa gouvernante, si subtilement qu'elle ne s'en apperceut jamais. Une autre en fit de mesme devant son mary, quasi visiblement, ainsi qu'il jouoit à la prime.

D'autres vieilles ont mauvaises jambes, qui ne peuvent pas suivre au grand trot leurs dames, qu'avant qu'elles arrivent au bout d'une allée ou d'un bois ou d'un cabinet, leurs dames ont dérobbé leur coup en robbe, sans qu'elles s'en soient apperceues, n'y ayant rien veu, débiles de jambes et basses de la vue. D'autres vieilles et gouvernantes y a-il qui, ayant pratiqué le mestier, ont pitié de voir jusner les jeunes et leur sont si débonnaires, que d'elles-mesmes elles leur en ouvrent le chemin, et les en persuadent de l'ensuivre, et leur assistent de leur pouvoir. Aussi l'Aretin disoit que le plus grand plaisir d'une dame qui a passé par là, et tout son plus grand contentement, est d'y faire passer une autre de mesmes.

Voilà pourquoy, quand on se veut bien ayder d'un bon ministre pour l'amour, on prend et s'adresse-on plustost à une vieille maquerelle qu'à une jeune femme. Aussi tiens-je d'un fort gallant homme, qu'il ne prenoit nul plaisir, et le défendoit à sa femme expressément, de ne hanter jamais compagnies de vieilles, pour estre trop dangereuses, mais avec des jeunes tant qu'elle voudroit ; et en alléguoit beaucoup de bonnes raisons que je laisse aux mieux discourans discourir.

Et c'est pourquoy un seigneur de par le monde, que je sçay, confia sa femme, de laquelle il estoit jaloux, à une sienne cousine, fille pourtant, pour lui servir de surveillante, ce qu'elle fit très-bien, encor que de son costé elle retint moitié du naturel du chien de l'ortollan, d'autant qu'il ne mange jamais des choux du jardin de son maistre, et si n'en veut laisser manger aux autres ; mais celle-cy en mangeoit, et n'en vouloit point faire manger à sa cousine : si est-ce que l'autre pourtant luy déroboit tousjours quelque coup en cotte, dont elle ne s'en appercevoit, quelque fine qu'elle fust, ou feignoit ne s'en appercevoir.

J'alléguerois une infinité de remèdes dont usent les pauvres jaloux cocus pour brider, sarrer, gesner, et tenir de court leurs femmes qu'elles ne facent le saut ; mais ils ont beau pratiquer tous ces vieux moyens qu'ilz ont ouy dire, et d'en excogiter de nouveaux, car ilz y perdent leur escrime : car quand une fois les femmes ont mis ce ver coquin amoureux dans leurs testes, les envoyent à toute heure chez Guillot le Songeur[1], ainsi que j'espère d'en discourir en un chapitre, que j'ay à demi faict, des ruses et astuces des femmes sur ce point, que je confère avec les stratagesmes et astuces militaires des hommes de guerre[2]. Et le plus beau remède, seure et douce garde, que le mary jaloux peut donner à sa femme, c'est de la laisser aller en son plein pouvoir, ainsi que j'ay ouy dire à un gallant homme marié, estant le naturel de la femme que, tant plus on luy défend une chose, tant plus elle désire le faire, et surtout en amours, où l'appétit s'eschauffe plus en le défendant qu'au laisser courre.

Voicy une autre sorte de cocus, dont pourtant il y a question : à sçavoir-mon, si l'un a jouy d'une femme à plein plaisir durant la vie de son mary cocu, et que le mary vienne à décéder, et que ce serviteur après vienne à espouser cette femme veufve si l'ayant espousée en secondes nopces, il doit porter le nom et titre de cocu, ainsi que j'ay cogneu et ouy parler de plusieurs, et des grands.

Il y en a qui disent qu'il ne peut estre cocu, puisque c'est luy-mesme qui en a fait la fonction, et qu'il n'y aye aucun qui l'aye fait cocu que luy-mesme, et que ses cornes sont faites de soy-mesme. Toutesfois, il y a bien des armuriers qui font des espées desquels ils sont tués ou s'entre-tuent eux-mêmes.

Il y en a d'autre qui disent l'estre réellement cocu et de fait, en herbe pourtant. Ilz en allèguent force raisons ; mais, d'autant que le procez en est indécis,

---

1. On a appelé Guillot le Songeur tout homme songeard, du chevalier Jullian le Pensif, l'un des personnages de l'*Amadis*.
2. On n'a point ce discours ou chapitre.

je le laisse à vuider à la première audience qu'on voudra donner pour cette cause.

Si diray-je encor cettui-cy d'une bien grande, mariée, laquelle s'est compromise en mariage à celuy qui l'entretient encor, il y a quatorze ans, et depuis ce temps a toujours attendu et souhaité que son mary mourust. Au diable s'il a jamais pu mourir encore à son souhait! si bien qu'elle pouvoit bien dire : « Maudit soit le mary et le compagnon, qui a plus vescu que je ne voulois! » De maladies et indispositions de son corps il en eu a prou, mais de mort point. Si bien que le roy Henri dernier, ayant donné la survivance de l'estat beau et grand qu'avoit ledict mary cocu, à un fort honneste et brave gentilhomme, disoit souvent : « Il y a deux personnes en ma cour auxquels moult tarde « qu'un tel ne meure bientost, à l'une pour avoir son estat, et à l'autre pour « espouser son amoureux; mais l'un et l'autre sont esté trompez jusques « icy. »

Voilà comme Dieu est sage et provident, de n'envoyer point ce que l'on souhaite de mauvais : toutesfois l'on m'a dit que depuis peu sont en mauvais ménage, et ont bruslé leur promesse de mariage de futur, et rompu le contract par grand dépit de la femme et joye du maryé prétendu, d'autant qu'il se vouloit pourvoir ailleurs et ne vouloit plus tant attendre la mort de l'autre mary, qui, se mocquant des gens, donnoit assez souvent des allarmes qu'il s'en alloit mourir; mais enfin il a survescu le mary prétendu. Punition de Dieu, certes, car il s'ouït jamais guières parler d'un mariage ainsi fait; qui est un grand cas, et énorme, de faire et accorder un second mariage, estant le premier encore en son entier.

J'aymeroys autant d'une, qui est grande, mais non tant que l'autre que viens de dire, laquelle estant pourchassée d'un gentilhomme par mariage, elle l'espousa, non pour l'amour qu'elle lui portoit, mais parce qu'elle le voyait maladif, atténué et allanguy, et mal disposé ordinairement, et que les médecins luy disoyent qu'il ne vivroit pas un an, et mesmes après avoir cogneu cette belle femme par plusieurs fois dans son lict : et, pour ce, elle en espéroit bientost la mort, et s'accommoderoit tous après sa mort de ses biens et moyens, beaux meubles et grands advantages qu'il luy donnoit par mariage; car il estoit très-riche et bien aisé gentilhomme. Elle fut bien trompée, car il vit encores gaillard, et mieux disposé cent fois qu'avant qu'il l'épousast; depuis elle est morte. On dit que ledict gentilhomme contrefaisoit ainsi du maladif et marmiteux, afin que, connoissant cette femme très-avare, fust esmeue à l'espouser sous l'espérance d'avoir tels grands biens; mais Dieu là dessus disposa tout au contraire, et fit brouster la chèvre là où elle estoit attachée, en dépit d'elle.

Je luy montray de beaux escus françois.

Que dirons-nous d'aucuns qui espousent des putains et courtisannes qui ont esté très-fameuses, comme l'on fait assez coustumièrement en France, mais surtout en Espagne et en Italie, lesquels se persuadent de gaigner les œuvres de miséricorde, *por librar una anima cristiana del infierno*[1], comme ils disent, et la mettre en la sainte voye.

Certainement, j'ay veu aucuns tenir cette opinion et maxime, que : s'ilz les espousoyent pour ce saint et bon sujet, qu'ilz ne doivent tenir rang de cocus; car ce qui se fait pour l'honneur de Dieu ne doit estre converty en opprobre : moyennant aussi que leurs femmes, estant remises en la bonne voye, ne s'en ostent et retournent à l'autre, comme j'en aye veu aucunes en ces deux pays, qui ne se rendoient plus pécheresses après estre mariées, d'autres qui ne s'en pouvoyent corriger, mais retournoyent broncher dans la première fosse.

La première fois que je fus en Italie, je devins amoureux d'une fort belle courtizane à Rome, qui s'appelloit Faustine. Et d'autant que je n'avois pas grand argent, et qu'elle estoit en trop haut prix, de dix ou douze escus pour nuict, fallut que je me contentasse de la parole et du regard. Au bout de quelque temps, j'y retourne pour la seconde fois; et mieux garny d'argent, je l'allai voir à son logis par le moyen d'une seconde, et la trouvé mariée avec

---

1. C'est-à-dire : pour délivrer une âme chrétienne de l'enfer.

un homme de justice, en son mesme logis, qui me recueillit de bon amour; et me contant la bonne fortune de son maryage, et me rejettant bien loin ses folies du temps passé, auxquelles elle avoit dit adieu pour jamais. Je luy montray de beaux escus françois, mourant pour l'amour d'elle plus que jamais. Elle en fut tentée et m'accorda ce que voulus, me disant qu'en mariage faisant elle avoit arresté et concerté avec son mary sa liberté entière, mais sans escandale pourtant ny déguisement, moyennant une grande somme, afin que tous deux se pussent entretenir en grandeur; et qu'elle estoit pour les grandes sommes, et s'y laissoit aller volontiers, mais non point pour les petites. Celuy-là estoit bien cocu en herbe et gerbe.

J'ay ouy parler d'une dame de parmy le monde, qui, en mariage faisant, voulut et arresta que son mary la laissàt à la cour pour faire l'amour, se réservant l'usage de sa forest de mort-bois ou bois-mort, comme luy plairoit; aussi, en récompense, elle luy donnoit tous les mois mille francs pour ses menus plaisirs, et ne se soucia d'autre chose qu'à se donner du bon temps.

Par ainsi, telles femmes qui ont esté libres, volontiers ne se peuvent garder qu'elles ne rompent les serrures estroites de leurs portes, quelque contrainte qu'il y ait, mesme où l'or sonne et reluit : tesmoin cette belle fille du roy Acrise, qui, toute resserrée et renfermée dans sa grosse tour, se laissa à un doux aller de ces belles gouttes d'or de Jupiter.

Ha! que mal aisément se peut garder, disoit un gallant homme, une femme qui est belle, ambitieuse, avare, convoiteuse d'estre brave, bien habillée, bien diaprée, et bien en point, qu'elle donne non du nez, mais du cul en terre, quoyqu'elle porte son cas armé, comme l'on dit, et que son mary soit brave, vaillant, et qui porte bonne espée pour le défendre.

J'en ay tant cogneu de ces braves et vaillants, qui ont passé par là ; dont certes estoit grand dommage de voir ces honnestes et vaillants hommes en venir là, et qu'après tant de belles victoires gaignées par eux, tant de remarquables conquestes sur leurs ennemis, et beaux combats démeslez par leur valeur, qu'il faille que, parmy les belles fleurs et fueilles de leurs chappeaux triomphans qu'ils portent sur la teste, l'on y trouve des cornes entremeslées, qui les déshonnorent du tout : lesquels néantmoins s'amusent plus à leurs belles ambitions par leurs beaux combats, honnorables charges, vaillances et exploicts, qu'à surveiller leurs femmes, et esclairer leur antre obscur. Et, par ainsi, arrivent, sans y penser, à la cité et conqueste de Cornuaille; dont c'est grand dommage pourtant; comme j'en ay bien cogneu un brave et vaillant, qui portoit le titre d'un fort grand, lequel un jour se plaisant à raconter ses vaillances et conquestes, il y eut un fort honneste gentilhomme et grand, son allié et familier, qui dit à un autre : « Il nous raconte icy ses conquestes, dont

« je m'en estonne ; car le cas de sa femme est plus grand que toutes celles
« qu'il a jamais faict, ny ne fera oncques. »

J'en ay bien cogneu plusieurs autres, lesquels, quelque belle grâce, majesté
et apparence qu'ils pussent monstrer, si avoyent-ilz pourtant cette encolure
de cocu qui les effaçoit du tout ; car, telle encognure et encloueure ne
se peut cacher et feindre ; quelque bonne mine et bon geste qu'on veuille
faire, elle se congnoist et s'apperçoit à clair. Et, quant à moy, je n'en ay
jamais veu en ma vie aucun de ceux-là qui n'en eust ses marques,
gestes, postures et encolures et encloueures, fors seulement un que j'ay
cogneu, que le plus clairvoyant n'y eust sceu rien voir ny mordre, sans connoistre sa femme ; tant il avoit bonne grâce, belle façon et apparence honnorable et grave.

Je prierois volontiers les dames qui ont de ces marys si parfaits, qu'elles
ne leur fissent de tels tours et affronts : mais elles me pourront dire aussi :
« Et où sont-ilz ces parfaits, comme vous dites qu'estoit celui-là que vous
« nous venez d'alléguer ? »

Certes, mesdames, vous avez raison, car tous ne peuvent estre des Sci-
pions et des Cæsars, et ne s'en trouve plus. Je suis d'advis doncques que vous
ensuiviez en cela vos fantaisies ; car, puisque nous parlons des Césars, les
plus gallants y ont bien passé, et les plus vertueux et parfaits, comme j'ay
dit, et comme nous lisons de cet accomply empereur Trajan, les perfections
duquel ne purent engarder sa femme Plotine qu'elle ne s'abandonnast du tout
au bon plaisir d'Adrian, qui fut empereur après ; de laquelle il tira de grandes
commoditez, proffits et grandeurs, tellement qu'elle fut cause de son avancement ; aussi n'en fut-il ingrat estant parvenu à sa grandeur, car il l'ayma et
honnora tousjours si bien, qu'elle estant morte, il en démena si grand dueil et
en conceut une telle tristesse, qu'enfin il en perdit pour un temps le boire et le
manger, et fut contraint de séjourner en la Gaule Narbonnoise, où il sceut
ces tristes nouvelles, trois ou quatre mois, pendant lesquels il escrivit au
sénat de colloquer Plotine au nombre des déesses, et commanda qu'en ses
obsèques on luy offrist des sacrifices très-riches et très-sumptueux ; et cependant il employa le temps à faire bastir et édifier, à son honneur et mémoire,
un très-beau temple près Nemuse, ditte maintenant Nismes, orné de très-beaux
et riches marbres et porfires avec autres joyaux.

Voilà donc comment, en matière d'amours et de ses contentemens, il ne
faut aviser à rien : aussi Cupidon leur dieu est aveugle, comme il paroist en
aucunes, lesquelles ont des marys des plus beaux, des plus honnestes et des
plus accomplis qu'on sçauroit voir, et néantmoins se mettent à en aymer
d'autres si laids et si salles, qu'il n'est possible de plus.

J'en ay veu force desquelles on faisoit une question : Qui est la dame la plus putain, ou celle qui a un fort beau et honneste mary, et fait un amy laid, maussade et fort dissemblable à son mary ; ou celle qui a un laid et fascheux mary, et fait un bel amy bien avenant, et ne laisse pourtant à bien aymer et caresser son mary, comme si c'estoit la beauté des hommes, ainsi que j'ay veu faire à beaucoup de femmes ?

Certainement, la commune voix veut que celle qui a un beau mary et le laisse pour aymer un amy laid, est bien une grande putain, ny plus ny moins qu'une personne est bien gourmande qui laisse une bonne viande pour en manger une meschante. Aussi cette femme quittant une beauté pour aymer une laideur, il y a bien de l'apparence qu'elle le fait pour la seule paillardise, d'autant qu'il n'y a rien plus paillard ny plus propre pour satisfaire à la paillardise, qu'un homme laid, sentant son bouc puant, ord et lascif que son homme. Et volontiers les beaux et honnestes hommes sont un peu plus délicats et moins habilles à rassasier une luxure excessive et effrénée, qu'un grand et gros ribaut barbu, ruraud et satyre.

D'autres disent que la femme qui ayme un bel amy et un laid mary, et les caresse tous deux, est bien autant putain, pour ce qu'elle ne veut rien perdre de son ordinaire et pension.

Telles femmes ressemblent à ceux qui vont par païs, et mesmes en France qui, estans arrivez le soir à la souppée du logis, n'oublient jamais de demander à l'hoste la mesure du mallier : et faut qu'il l'aye, quand il seroit saoul à plein jusques à la gorge.

Ces femmes de mesme veulent tousjours avoir à leur couchée, quoy qui soit, la mesure de leur mallier, comme j'en ay cogneu une qui avoit un mary très-bon embourreur de bas ; encore la veulent-elles croistre et redoubler en quelque façon que ce soit, voulant que l'amy soit pour le jour qui esclaire sa beauté, et d'autant plus en fait venir l'envie à la dame, et s'en donne plus de plaisir et contentement par l'ayde de la belle lueur du jour ; et monsieur le mary laid est pour la nuict ; car, comme on dit que tous chats sont gris de nuict, et pourveu que cette dame rassasie ses appétits, elle ne songe point si son homme de mary est laid ou beau. Car, comme je tiens de plusieurs, quand on est en ces extases de plaisirs, l'homme ny la femme ne songent point à autre sujet ny imagination, sinon à celuy qu'ils traittent pour l'heure présente : encore que je tienne de bon lieu que plusieurs dames ont faict à croire à leurs amys que, quand elles estoyent là avec leurs marys, elles addonnnoyent leurs pensées à leurs amys, et ne songeoyent à leurs marys afin d'y prendre plus de plaisir ; et à des marys ai-je ouy dire ainsi, qu'estans avec leurs femmes songeoyent à leurs maistresses pour cette mesme occasion : mais ce sont abus.

Les philosophes naturels m'ont dit qu'il n'y a que le seul objet présent qui les domine alors, et nullement l'absent; et en alléguoyent force raisons; mais je ne suis assez bon philosophe ny sçavant pour les déduire, et aussi qu'il y en a d'aucunes salles. Je veux observer la vérécondie, comme on dit; mais pour parler de ces élections d'amours laides, j'en ay veu force en ma vie, dont je m'en suis estonné cent fois.

Retournant une fois d'un voyage de quelque province estrangère, que ne nommeray point, de peur qu'on connoisse le sujet duquel je veux parler, et discourant avec une grand'dame de par le monde, parlant d'une autre grand' dame et princesse que j'avois veuë là, elle me demanda comment elle faisoit l'amour. Je luy nommay le personnage lequel elle tenoit pour son favory, qui n'estoit ni beau ny de bonne grâce, et de fort basse qualité. Elle me fit response : « Vrayement elle se fait fort grand tort, et à l'amour un très mau-
« vais tour, puisqu'elle est si belle et si honneste comme on la tient. »

Ceste dame avoit raison de me tenir ces propos, puisqu'elle n'y contrarioit point, et ne les dissimuloit par effect; car elle avoit un honneste amy et bien favory d'elle. Et quant tout est bien dit, une dame ne se fera jamais de reproche quand elle voudra aymer et faire élection d'un bel objet, ny de tort au mary non plus, quand ce ne seroit autre raison que pour l'amour de leur lignée; d'autant qu'il y a des marys qui sont si laids, si fats, si sots, si badauts, de si mauvaise grâce, si poltrons, si coyons et de si peu de valeur, que leurs femmes venans à avoir des enfans d'eux, et les ressemblans, autant vaudroit n'en avoir point du tout; ainsi que j'ay cogneu plusieurs dames, lesquelles ayant eu des enfants de tels marys, ilz ont esté tous tels que leurs pères; mais en ayant emprunté aucuns de leurs amys, ont surpassé leurs pères, frères et sœurs en toutes choses.

Aucuns aussi des philosophes qui ont traitté de ce sujet ont tenu tousjours que les enfants ainsi empruntez ou dérobbés, ou faits à cachettes et à l'improviste, sont bien plus gallants et tiennent bien plus de la façon gentille dont on use à les faire prestement et habillement, que non pas ceux qui se font dans un lict lourdement, fadement, pesamment, à loisir, et quasi à demy endormis, ne songeans qu'à ce plaisir en forme brutale.

Aussi ay-je ouy dire à ceux qui ont charge des haras des rois et grands seigneurs, qu'ilz ont veu souvent sortir de meilleurs chevaux dérobbez par leurs mères, que d'autres faits par la curiosité des maistres du haras et estallons donnez et appostez : ainsi est-il des personnes.

Combien en ay-je veu de dames avoir produit des plus beaux et honnestes et braves enfants que, si leurs pères putatifs les eussent faits, ils fussent esté vrays veaux et vrayes bestes.

Voilà pourquoy les femmes sont bien advisées de s'ayder et accommoder de bons et beaux estallons, pour faire de bonnes races. Mais aussi en ay-je bien veu qui avoyent de beaux marys, qui s'aydoyent de quelques amys laids et villains estallons, qui procréoyent d'hydeuses et mauvaises lignées.

Voilà une des signalées commoditez et incommoditez de cocuage.

J'ay cogneu une dame de par le monde, qui avoit un mary fort laid et fort impertinent ; mais de quatre filles et deux enfants qu'elle eut, il n'y eut que deux qui vallussent, estans venus et faits de son amy ; et les autres venus de son chalant de mary (je dirois volontiers chat-huant, car il en avoit la mine), furent fort maussades.

Les dames en cela y doivent estre bien advisées et habiles, car coustumièrement les enfants ressemblent à leurs pères ; et touchent fort à leur honneur quand ils ne leur ressemblent ; ainsi que j'ay veu par expérience beaucoup de dames avoir cette curiosité, de faire dire et accroire à tout le monde que leurs enfants ressemblent du tout à leur père et non à elles, encor qu'ilz n'en tiennent rien ; car c'est le plus grand plaisir qu'on leur sçauroit faire, d'autant qu'il y a apparence qu'elles ne l'ont emprunté d'autruy, encores qu'il soit le contraire.

Je me suis trouvé une fois en une grande compagnie de cour où l'on advisoit le pourtrait de deux filles d'une très-grande reine. Chacun se mit à dire son advis à qui elles ressembloyent, de sorte que tous et toutes dirent qu'elles tenoyent du tout de la mère ; mais moy, qui estoit très-humble serviteur de la mère, je pris l'affirmative, et dis qu'elles tenoyent du tout du père et que si l'on eust cogneu et veu le père comme moy, l'on me condescendroit. Sur quoy, la sœur de cette mère m'en remercia et m'en sceut très-bon gré, et bien fort, d'autant qu'il y avoit aucunes personnes qui le disoyent à dessein, pour ce qu'on la soupçonnoit de faire l'amour, et qu'il y avoit quelque poussière dans sa fleute, comme l'on dit ; et par ainsi mon opinion sur cette ressemblance du père rabilla tout. Dont sur ce point, qui aymera quelque dame, et qu'on verra enfans de son sang et de ses os, qu'il die tousjours qu'ils tiennent du père du tout, bien que non.

Il est vray qu'en disant qu'ils ont de la mère un peu il n'y aura pas de mal, ainsi que dit un gentilhomme de la cour, mon grand amy, parlant en compagnie de deux gentilshommes frères assez favoris du roy[1], auquel on demandoit à qui ilz ressembloyent, au père ou à la mère ; il respondit que celuy qui estoit froid ressembloit au père, et l'autre qui estoit chaud ressembloit à la mère ; par ce brocard le donnant bon à la mère, qui estoit chaudasse ; et de fait ces deux enfans participoyent de ces deux humeurs, froide et chaude.

1 A qui on demandoit.

Il y a une sorte de cocus qui se forment par le desdain quils portent à leurs femmes, ainsi que j'en ay cogneu plusieurs qui, ayant de très-belles et honnestes femmes, n'en faisoyent cas, les méprisoyent et desdaignoyent. Celles qui estoyent habilles et pleines de courage, et de bonne maison, se sentans ainsi desdaignées, se revangeoient à leur en faire de mesme : et soudain après bel amour, et de là à l'effet; car, comme dit le refrain italien et napolitain, *mor non si vince con altro che con sdegno* [1].

Car ainsi une femme belle et honneste, et qui se sente telle et se plaise, voyant que son mary la desdaigne, quand elle luy porteroit le plus grand amour marital du monde, mesmes quand on la prescheroit et proposeroit les commandemens de la loy pour l'aymer, si elle a le moindre cœur du monde, elle le plante là tout à plat et fait un amy ailleurs pour le secourir en ses petites nécessitez, et eslit son contentement.

J'ay cogneu deux dames de la cour, toutes deux belles-sœurs ; l'une avoit espousé un mary favory, courtisan et fort habille, et qui pourtant ne faisoit cas de sa femme comme il devoit, veu le lieu d'où elle estoit ; et parloit à elle devant le monde comme à une sauvage, et la rudoyoit fort. Elle, patiente, l'endura pour quelque temps, jusques à ce que son mary vint un peu défavorisé ; elle, espiant et prenant l'occasion au poil et à propos, la luy ayant gardée bonne, luy rendit aussitost le desdain passé qu'il luy avoit donné, en le faisant gentil cocu : comme fit aussi sa belle-sœur, prenant exemple à elle, qui, ayant esté mariée fort jeune et en tendre aage, son mary n'en faisant cas comme d'une petite fillaude, ne l'aymoit comme il devoit ; mais elle, se venant advancer sur l'aage, et à sentir son cœur en reconnoissant sa beauté, le paya de mesme monnoye, et luy fit un présent de belles cornes pour l'interest du passé.

D'autres fois ay-je cogneu un grand seigneur, qui, ayant pris deux courtisannes dont il y en avoit une more, pour ses plus grandes délices et amyes, ne faisant cas de sa femme, encores qu'elle le recherchast avec tous les honneurs, amitiés et révérences conjugales qu'elle pouvoit ; mais il ne la pouvoit jamais voir de bon œil ny embrasser de bon cœur, et de cent nuicts il ne luy en départoit pas deux. Qu'eust-elle fait la pauvrette là-dessus, après tant d'indignitez, sinon de faire ce qu'elle fit, de choisir un autre lict vaccant, et s'accoupler avec une autre moitié, et prendre ce qu'elle en vouloit?

Au moins, si ce mary eust fait comme un autre que je sçay qui estoit de telle humeur, qui, pressé de sa femme, qui estoit très-belle et prenant plaisir ailleurs, luy dit franchement : « Prenez vos contentements ailleurs ; je vous « en donne congé. Faittes de vostre costé ce que vous voudrez faire avec un

---

[1] C'est-à-dire : l'amour ne se surmonte que par le dédain.

« autre : je vous laisse en vostre liberté; et ne vous donnez peine de mes
« amours, et laissez-moi faire ce qu'il me plaira. Je m'empescheray point vos
« aises et plaisirs : aussi ne m'empeschez pas les miens. » Ainsi, chascun
quitte de là, tous deux mirent la plume au vent : l'un alla à dextre et l'autre à
senextre, sans se soucier l'un de l'autre ; et voilà bonne vie.

J'aymerois autant de quelque vieillard impotent, maladif, goutteux, que j'ay
cogneu, qui dist à sa femme (qui estoit très-belle, et ne la pouvant contenter
comme elle le désiroit) un jour : « Je sçay bien, m'amye, que mon inpuissance
« n'est bastante pour vostre gaillard aage. Pource, je vous puis estre beaucoup
« odieux, et qu'il n'est possible que vous me puissiez estre affectionnée femme,
« comme si je vous faisois les offices ordinaires d'un mary fort et robuste.
« Mais j'ay advisé de vous permettre et vous donner totale liberté de faire
« l'amour, et d'emprunter quelque autre qui vous puisse mieux contenter que
« moy ; mais, surtout, que vous en élisiez un qui soit discret, modeste, et qui ne
« vous escandalize point, et moy et tout, et qu'il vous puisse faire une couple
« de beaux enfans, lesquels j'aymeray et tiendray comme les miens propres :
« tellement que tout le monde pourra croire qu'il sont nos vrays et légitimes
« enfans, veu qu'encores j'ay en moy quelques forces assez vigoureuses, et les
« apparences de mon corps suffisantes pour faire paroir qu'ils sont miens. »
Je vous laisse à penser si cette belle jeune femme fut aise d'avoir cette
agréable, jolie petite remonstrance, et licence de jouir de cette plaisante liberté,
qu'elle pratiqua si bien, qu'en un rien elle peupla la maison de deux ou trois
beaux petits enfants, où le mary, par ce qu'il la touchoit quelquesfois et couchoit avec elle, y pensoit avoir part, et le croyoit, et le monde et tout, et, par
ainsi, le mary et la femme furent très-contens, et eurent belle famille.

Voicy une autre sorte de cocus qui se fait par une plaisante opinion qu'ont
aucunes femmes ; c'est à sçavoir qu'il n'y a rien plus beau, ny plus licite, ny
plus recommandable que la charité, disant qu'elle ne s'estend pas seulement
à donner aux pauvres qui ont besoin d'estre secourus et assistez des biens et
moyens des riches, mais aussi d'ayder à esteindre le feu aux pauvres amans
langoureux que l'on voit brusler d'un feu d'amour ardent : « car, disent-elles,
« quelle chose peut-il estre plus charitable, que de rendre la vie à un que l'on
« void se mourir, et raffraischir du tout celuy qu'on voit se brusler ainsi? »
Comme dit ce brave palladin, le seigneur de Montauban, soustenant la belle
Geniévre dans l'Arioste, que celle justement doit mourir qui oste la vie à son
serviteur, et non celle qui la luy donne.

S'il disoit cela d'une fille, à plus forte raison telles charitez sont plus
recommandées à l'endroit des femmes que des filles, d'autant qu'elles n'ont
point leurs bourses déliées ny ouvertes encor comme les femmes, qui les ont,

Les recevoit les uns après les autres courtoisement.

au moins aucunes, très-amples et propres pour en eslargir leurs charitez.

Sur quoy je me souviens d'un conte d'une fort belle dame de la cour, laquelle pour un jour de Chandelleur s'estant habillée d'une robbe de damas blanc, et avec toute la suitte de blanc, si bien que ce jour rien ne parut de plus beau et de plus blanc, son serviteur ayant gaigné une sienne compagne qui estoit belle dame aussi, mais un peu plus aagée et mieux parlante, et propre à intercéder pour luy, ainsi que tous trois regardoyent un fort beau tableau où estoit peinte une Charité toute en candeur et voile blanc, icelle dit à sa compagne : « Vous portez aujourd'huy le mesme habit de cette Charité ; « mais, puisque la représentez en cela, il faut aussi la représenter en effet à « l'endroist de vostre serviteur, n'estant rien si recommandable qu'une « miséricorde et une charité, en quelque façon qu'elle se face, pourveu que « ce soit en bonne intention pour secourir son prochain. Usez en donc : et si « vous avez la crainte de vostre mary et du mariage devant les yeux, c'est « une vaine superstition que nous autres ne devons avoir, puisque nature « nous a donné des biens en plusieurs sortes, non pour s'en servir en espar- « gne, comme une salle avare de son trésor, mais pour les distribuer honno- « rablement aux pauvres souffreteux et nécessiteux. Bien est-il vray que « nostre chasteté est semblable à un trésor, lequel on doit espargner en « choses basses ; mais, pour choses hautes et grandes, il le faut despenser à

« largesse et sans espargne. Tout de mesmes faut-il faire part de nostre chas-
« teté, laquelle on doit eslargir aux personnes de mérite et vertu, et de souf-
« france, et la dénier à ceux qui sont viles, de nulle valeur et de peu de
« besoin. Quant à nos marys, ce sont vrayement de belles idoles, pour ne don-
« ner qu'à eux seuls nos vœux et nos chandelles, et n'en départir point aux
« autres belles images! car c'est à Dieu seul à qui on doit un vœu unique,
« et non à d'autres. »

Ce discours ne déplut point à la dame et ne nuisit non plus nullement au serviteur, qui, par un peu de persévérance, s'en ressentit. Telz presches de charité pourtant sont dangereux pour les pauvres marys. J'ay ouy conter (je ne sçay s'il est vray, aussi ne le veux-je affirmer) qu'au commencement que les Huguenots plantèrent leur religion, faisoyent leurs presches la nuict et en cachettes, de peur d'estre surpris, recherchez et mis en peine, ainsi qu'ils furent un jour en la rue de Sainct-Jacques à Paris, du temps du roy Henry deuxiesme, où des grandes dames que je sçay, y allans pour recevoir cette charité, y cuidèrent estre surprises. Après que le ministre avoit fait son presche, sur la fin leur recommandoit la charité; et incontinent après on tuoit leurs chandelles, et là un chacun et chacune l'exerçoit envers son frère et sa sœur chrestien, se la départans l'un à l'autre selon leur volonté et pouvoir : ce que je n'oserois bonnement assurer, encor qu'on m'asseurast qu'il estoit vray ; mais possible que cela est pur mensonge et imposture.

Toutesfois je sçay bien qu'à Poictiers pour lors il y avoit une femme d'un advocat, qu'on nommoit la belle Gotterelle[1], que j'ay veue, qui estoit des plus belles femmes, ayant la plus belle grâce et façon, et des plus désirables qui fussent en la ville pour lors ; et pour ce chacun luy jettoit les yeux et le cœur. Elle fut repassée au sortir du presche par les mains de douze escolliers, l'un après l'autre, tant au lieu du consistoire que sous un auvent, encor ay-je ouy dire sous une potence du Marché-Vieux, sans qu'elle en fist un seul bruit ny autre refus ; mais, demandant seulement le mot du presche, les recevoit les uns après les autres courtoisement, comme ses vrays frères en Christ. Elle continua envers elle cette aumosne longtemps, et jamais n'en voulut prester pour un double à un papiste. Si en eut-il néantmoins plusieurs papistes qui, empruntans de leurs compagnons huguenots le mot et le jargon de leur assemblée, en jouirent. D'autres alloyent au presche exprès, et contrefaisoient les réformez, pour l'apprendre, afin de jouir de cette belle femme. J'estois lors à Poictiers jeune garçon estudiant, que plusieurs bons compagnons, qui en avoyent leur part, me le dirent et me le jurèrent : mesmes le bruit étoit tel

1. Cette femme ressemble assez à cette Godarde de Blois, huguenote, pendue pour adultère en 1563.

en la ville. Voilà une plaisante charité et conscientieuse femme, faire ainsi choix de son semblable en la religion !

Il y a une autre forme de charité qui se pratique et s'est pratiquée souvent, à l'endroit des pauvres prisonniers qui sont ès prisons et privez des plaisirs des dames, desquels les geollières et les femmes qui en ont la garde, ou les castellanes qui ont dans les chasteaux des prisonniers de guerre, en ayant pitié, leur font part de leur amour et leur donnent de cela par charité et miséricorde, ainsi que dit une fois une courtisanne romaine à sa fille, de laquelle un gallant estoit extresmement amoureux, et ne luy en vouloit pas donner pour un double. Elle lui dit : *E dagli, al manco per miserecordia* [1].

Ainsi ces geollières, castellanes et autres, traittent leurs prisonniers, lesquels, bien qu'ils soyent captifs et misérables, ne laissent à sentir les picqueures de la chair comme au meilleur temps qu'ils pourroyent avoir. Aussi dit-on en vieil proverbe : « L'envie en vient de pauvreté ; » et aussi bien, sur la paille et sur la dure, messer Priape hausse la teste, comme dans le plus doux et le meilleur lict du monde.

Voylà pourquoy les gueux et les prisonniers, parmy leurs hospitaux et prisons, sont aussi paillards que les rois, les princes et les grands dans leurs beaux pallais et licts royaux et délicats.

Pour en confirmer mon dire, j'allégueray un conte que me fit un jour le capitaine Beaulieu, capitaine de gallères, duquel j'ay parlé quelquesfois. Il estoit à feu M. le grand prieur de France, de la maison de Lorraine, et estoit fort aymé de luy. L'allant un jour trouver à Malthe dans une frégatte, il fut pris des gallères de Sicile, et mené prisonnier au Castel-à-mare de Palerme, où il fut resserré en une prison fort estroitte, obscure et misérable, et trèsmaltraitté l'espace de trois mois. Par cas, le castellan, qui estoit Espagnol, avoit deux fort belles filles, qui, l'oyans plaindre et attrister, demandèrent un jour congé au père pour le visiter, pour l'honneur de Dieu ; qui leur permit librement. Et d'autant que le capitaine Beaulieu estoit fort gallant homme certes, et disoit des mieux, il les sceut si bien gaigner dez l'abord de cette première visite, qu'elles obtindrent du père qu'il sortist de cette meschante prison, et fut mis en chambre assez honneste, et receut meilleur traittement. Ce ne fut pas tout, car elles obtindrent congé de l'aller voir librement tous les jours une fois et causer avec luy.

Tout cela se démena si bien que toutes deux en furent amoureuses, bien qu'il ne fust pas beau et elles très-belles, que, sans respect aucun, ny de prison plus rigoureuse, ny d'hazard de mort, mais tenté de privautez, il se mit

---

1 C'est-à-dire : Eh ! fais-lui charité par pitié.

à jouir de toutes deux bien et beau à son aise ; et dura ce plaisir sans escandale ; et fut si heureux en cette conqueste l'espace de huict mois, qu'il n'en arriva nul escandale, mal, inconvénient ny de ventre enflé, ny d'aucune surprise ny descouverte; car ces deux sœurs s'entendoyent et s'entredonnoyent si bien la main, et se relevoient si gentiment de sentinelle, qu'il n'en fut jamais autre chose. Et me jura, car il estoit fort mon amy, qu'en sa plus grande liberté il n'eut jamais si bon temps, ny plus grande ardeur, ny appétit à cela, qu'en cette prison, qui luy estoit très-belle, bien qu'on die n'y en avoir jamais aucunes belles. Et luy dura tout ce bon temps l'espace de huict mois, que la trefve fut entre l'empereur et le roy Henry second, que tous les prisonniers sortirent et furent relaschez. Et me jura que jamais il ne se fascha tant que de sortir de cette si bonne prison, mais bien gasté de laisser ces belles filles, tant favorisé d'elles, qui au départir en firent tous les regrets du monde.

Je luy demanday si jamais il appréhenda inconvénient s'il fust esté descouvert. Il me dit bien qu'ouy, mais non qu'il le craignit ; car, au pis aller, on l'eust fait mourir, et il eust autant aymé mourir que rentrer en sa première prison. De plus, il craignoit que s'il n'eust contenté ces honnestes filles; puisqu'elles le recherchoient tant, qu'elles en eussent conceu un tel despit et desdaing, qu'il en eust eu quelque pire traittement encore ; et pour ce, bandant les yeux à tout, il se hazarda à cette belle fortune.

Certes, on ne sçauroit assez louer ces bonnes filles espagnoles si charitables : ce ne sont pas les premières ny les dernières.

On a dit d'autres fois en nostre France, que le duc d'Ascot, prisonnier au bois de Vincennes, se sauva de prison par le moyen d'une honneste dame, qui toutesfois s'en cuida trouver mal, car il y alloit du service du roy [1]. Et telles charitez sont réprouvables, qui touchent le party du général, mais fort bonnes et louables, quand il n'y va que du particulier, et que le seul joly corps s'y expose : peu de mal pour cela.

J'alléguerois forces braves exemples faisant à ce sujet, si j'en voulois faire un discours à part, qui n'en seroit pas trop mal plaisant. Je ne diray que cettuy-cy, et puis nul autre, pour estre plaisant et anticque.

Nous trouvons dans Tite-Live que les Romains, après qu'ils eurent mis la ville de Capoue à totale destruction, aucuns des habitants vindrent à Rome pour représenter au sénat leur misère, le prièrent d'avoir pitié d'eux. La chose fut mise au conseil : entre autres qui opinèrent fut M. Atilius Regulus, qui tint qui ne leur falloit faire aucune grâce, « car il ne sçauroit trouver en « tout, disoit-il, aucun Capuan, depuis la révolte de leur ville, qu'on pust

---

[1] On accusa la comtesse de Senizon de l'avoir fait évader, et on lui en fit une affaire.

« dire avoir porté le moindre brin d'amitié et d'affection à la chose publique
« romaine, que deux honnestes femmes; l'une Vesta Opia, Atellane, de la
« ville d'Atelle, demeurant à Capoue pour lors; et l'autre Faucula Cluvia; »
qui toutes deux avoient esté autresfois filles de joye et courtisanes, en faisant
le mestier publiquement. L'une n'avoit laissé passer un seul jour sans faire
prières et sacrifices pour le salut et victoire du peuple romain; et l'autre pour
avoir secouru à cachettes de vivres les pauvres prisonniers de guerre mou-
rans de faim et pauvreté.

Certes voilà des charitez et piétez très-belles; dont sur ce un gentil cava-
lier, une honneste dame et moy lisans un jour ce passage, nous nous entre-
dismes soudain que, puisque ces deux honnestes dames s'estoyent desjà
avancées et estudiées à de si bons et pies offices qu'elles avoyent bien passé
à d'autres, et à leur départir les charitez de leurs corps; car elles en avoyent
distribué d'autres fois à d'autres, estans courtisanes, ou possible qu'elles
l'estoyent encor; mais le livre ne le dit pas, et a laissé le doute là; car il se
peut présumer. Mais quand bien elles eussent continué le mestier et quitté
pour quelque temps, elles le purent reprendre ce coup là, n'estant rien si aisé
et si facile à faire; et peut-estre aussi qu'elles y cogneurent et receurent encor
quelques-uns de leurs bons amoureux, de leur vieille cognoissance, qui leur
avoyent autres fois sauté sur le corps, et leur en voulurent encor donner sur
quelques vieilles erres: ou du tout aussi que, parmy les prisonniers, elles y
en purent voir aucuns incogneus qu'elles n'avoyent jamais veus que cette fois,
et les trouvoyent beaux, braves et vaillants de belle façon, qui méritoyent
bien la charité toute entière, et pour ce ne leur espargnant la belle jouissance
de leur corps; il ne se peut faire autrement. Ainsi, en quelque façon que ce
fust, ces honnestes dames méritoyent bien la courtoisie que la république
romaine leur fit et recogneut, car elle leur fit rentrer en tous leurs biens, et en
jouirent aussi paisiblement que jamais. Encor plus, leur fit à sçavoir qu'elles
demandassent ce qu'elles voudroyent, elles l'auroyent. Et pour en parler au
vray, si Tite-Live ne fust esté si abstraint, comme il ne devoit, à la vérécondie et modestie, il devoit franchir le mot tout à trac d'elles, et dire qu'elles
ne leur avoyent espargné leur gent corps; et ainsi ce passage d'histoire fust
esté plus beau et plaisant à lire, sans l'aller abbréger et laisser au bout de la
plume le plus beau de l'histoire. Voilà ce que nous en discourûsmes pour lors.

Le roy Jean, prisonnier en Angleterre, receut de mesme plusieurs faveurs
de la comtesse de Salsberiq, et si bonnes que, ne la pouvant oublier, et les
bons morceaux qu'elle luy avoyt donné, qu'il s'en retourna la revoir, ainsi
qu'elle luy fit jurer et promettre.

D'autres dames y a-il qui sont plaisantes en cela pour certain point de conscientieuse charité ; comme une qui ne vouloit permettre à son amant, tant qu'il couchoit avec elle, qu'il la baisât le moins du monde à la bouche, alléguant par ses raisons que sa bouche avoit fait le serment de foy et de fidélité à son mary, et ne la vouloit point souiller par la bouche qui l'avoit faict et presté ; mais quant à celle du ventre, qui n'en avoit point parlé ny rien promis, luy laissoit faire à son bon plaisir ; et ne faisoit point de scrupule de la prester, n'estant en puissance de la bouche du haut de s'obliger pour celle du bas, ny celle du bas pour celle du haut non plus ; puisque la coustume du droit ordonnoit de ne s'obliger pour autruy sans consentement et parole de l'une et de l'autre, ny un seul pour le tout en cela.

Une autre conscientieuse et scrupuleuse, donnant à son amy jouissance de son corps, elle vouloit tousjours faire le dessus et sousmettre à soi son homme, sans passer d'un seul iota cette règle ; et, l'observant estroictement et ordinairement, disoit-elle, que si son mary ou autre luy demandoit si un tel luy avoit fait cela, qu'elle pust jurer et renier, et seurement protester, sans offenser Dieu, que jamais il ne luy avoit fait ny monté sur elle. Ce serment sceut-elle si bien pratiquer, qu'elle contenta son mary et autres par ses jurements serrez en leurs demandes ; et la creurent, vu ce qu'elle disoit, « mais « n'eurent jamais l'advis de demander, ce disoit-elle, si jamais elle avoit fait « le dessus ; sur quoy m'eussent bien mespris et donné à songer. »

Je pense en avoir encore parlé ci-dessus ; mais on ne se peut pas tousjours souvenir de tout ; et aussi il y en a cettuy-ci plus qu'en l'autre, s'il me semble.

Coustumièrement, les dames de ce mestier sont grandes menteuses, et ne disent mot de vérité ; car elles ont tant appris et accoustumé à mentir (ou si elles font autrement sont des sottes, et mal leur en prend) à leurs marys et amants sur ces sujets et changements d'amour, et à jurer qu'elles ne s'adonnent à autres qu'à eux, que, quand elles viennent à tomber sur autres sujets de conséquence, ou d'affaires, ou discours, jamais ne font que mentir, et ne leur peut-on croire.

D'autres femmes ay-je cogneu et ouy parler, qui ne donnoyent à leur amant leur jouissance, sinon quand elles estoyent grosses, afin de n'engroisser de leur semence ; en quoy elles faisoient grande conscience de supposer aux marys un fruit qui n'estoit pas à eux, et le nourrir, allimenter et élever comme le leur propre. J'en ay encor parlé cy-dessus. Mais, estans grosses une fois, elles ne pensoyent point offenser le mary, ny le faire cocu, en se prostituant.

Possible aucunes le faisoyent pour les mesmes raisons que faisoit Julia, fille d'Auguste, et femme d'Agrippa, qui fut en son temps une insigne putain, dont son père en enrageoit plus que le mary. Luy estant demandé une fois si elle n'avoit point de crainte d'engroisser de ses amis, et que son mary s'en apperceust et ne l'affolast, elle répondit : « J'y mets ordre, car je ne reçois jamais « personne ny passager dans mon navire, sinon quand il est chargé et plein. »

Voicy encor une autre sorte de cocus ; mais ceux-là sont vrays martyrs, qui ont des femmes laides comme diables d'enfer, qui se veulent mesler de taster de ce doux plaisir aussi bien que les belles, auxquelles ce seul privilège est deu, comme dit le proverbe : « Les beaux hommes au gibet, et les belles « femmes au bourdeau [1] » ; et, toutesfois, ces laides charbonnières font la folie comme les autres, lesquelles il faut excuser ; car elles sont femmes comme les autres, et ont pareille nature, mais non si belle toutesfois. J'ay veu des laides, au moins en leur jeunesse, qui s'apprécient tant pourtant comme les belles, ayant opinion que femme ne vaut autant, sinon ce qu'elle se veut faire valoir et se vendre ; aussi qu'en un bon marché toutes denrées se vendent et se dépositent [2], les unes plus, les autres moins, selon ce qu'on en a à faire, et selon l'heure tardive que l'on vient au marché après les autres, et selon le bon prix que l'on y trouve ; car comme l'on dit, l'on court tousjours au meilleur marché, encore que l'estoffe ne soit la meilleure, mais selon la faculté du marchand et de la marchande.

Ainsi est-il des femmes laides, dont j'en ay veu aucunes, qui, ma foy, estoyent si chaudes et lubriques, et duites à l'amour aussi bien que les plus belles, et se mettoyent en place marchande, et vouloient s'avancer et se faire valoir tout de mesmes.

Mais le pis que je vois en elles, c'est qu'au lieu que les marchands prient les plus belles, celles-cy laides prient les marchands de prendre et d'achepter de leurs denrées, qu'elles leur laissent pour rien et à vil prix. Mesmes font-elles mieux ; car le plus souvent leur donnent de l'argent pour s'accoster de leur chalanderies et se faire fourbir par eux ; dont voilà la pitié ; car, pour telle fourbissure, il n'y faut petite somme d'argent ; si bien que la fourbissure couste plus que ne vaut la personne et la lexive que l'on y met pour la bien fourbir ; et cependant monsieur le mary demeure coquin et cocu tout ensemble d'une laide, dont le morceau est bien plus difficile à digérer que d'une belle ; outre que c'est une misère extresme d'avoir à ses costés un diable d'enfer couché, au lieu d'un ange.

Sur quoy j'ay ouy souhaitter à plusieurs gallants hommes une femme belle et un peu putain, plustost que femme laide et la plus chaste du monde ; car en une laideur n'y loge que toute misère et desplaisir, et nul brin de félicité ;

---

1. Proverbe qui marque le peu de liaison qu'il y a entre les dons de la nature et les qualités de l'âme.
2. De l'italien *dispositare* ; c'est-à-dire qu'on dispose et trouve à se défaire des pierreries comme des meilleures denrées.

en une belle, tout plaisir et félicité y abonde, et bien peu de misère, selon aucuns. Je m'en rapporte à ceux qui ont battu cette sente et chemin.

A aucuns j'ai ouy dire que, quelquesfois, pour les marys, il n'est si besoin aussi qu'ils ayent leurs femmes si chastes; car elles en sont si glorieuses, je dis celles qui ont ce don très-rare, que quasi vous diriez qu'elles veulent dominer, non leurs marys seulement, mais le ciel et les astres : voire qu'il leur semble, par telle orgueilleuse chasteté, que Dieu leur doive du retour. Mais elles sont bien trompées; car j'ay ouy dire à de grands docteurs : que Dieu ayme plus une pauvre pécheresse, humiliante et contrite (comme il fit la Magdelaine), que non pas une orgueilleuse et superbe qui pense avoir gaigné paradis, sans autrement vouloir miséricorde ny sentence de Dieu.

J'ai ouy parler d'une dame si glorieuse pour sa chasteté, qu'elle vint à mespriser tellement son mary, que quand on luy demandoit si elle avoit couché avec son mary. « Non, disoit-elle, mais il a bien couché avec moy. » Quelle gloire ! Je vous laisse donc à penser comme ces glorieuses sottes femmes chastes gourmandent leurs pauvres marys, d'ailleurs qui ne leur sçauroyent rien reprocher, et comme font aussi celles qui sont chastes et riches, d'autant que celle-cy, chaste et riche du sien, fait de l'olimbricuse, de l'altière, de la superbe et de l'audacieuse, à l'endroit de son mary : tellement que, pour la trop grande présomption qu'elle a de sa chasteté et de son devant tant bien gardé, ne la peut retenir qu'elle ne fasse de la femme emperiere et qu'elle ne gourmande son mary sur la moindre faute qu'il fera, comme j'en ay veu aucunes, et surtout sur son mauvais mesnage. S'il joue, s'il despend, ou s'il dissipe, elle crie plus, elle tempeste, fait que sa maison paroist plus un enfer qu'une noble famille; et, s'il faut vendre de son bien pour subvenir à un voyage de cour ou de guerre, ou à ses procez, nécessitez, ou à ses petites folies et dépenses frivolles, il n'en faut point parler; car la femme a pris telle impériosité sur luy, s'appuyant et se fortifiant sur sa pudicité, qu'il faut que son mary passe par sa sentence, ainsi que dit fort bien Juvénal en ses satyres:

« . . . .Animus uxoris si deditus uni,
Nil unquam invitâ donabis conjuge; vendes,
Hac obstante, nihil hæc, si nolit, emetur [1].

[1] Tout cela est renversé et estropié. Il faut :

Si tibi simplicitas uxoria deditus uni :
Est ani nus. . . . .
. . . .
Nil unquam invitâ donabis conjuge : vendes
Hac obstante nihil; nihil, hæc si nolet, emetur.
JUVENAL, Sat. VI, 205 et 6. 211 et 12.

C'est-à-dire : « Si vous vous attachez uniquement à votre femme...., vous ne pourrez rien donner, « ni vendre, ni acheter, à moins qu'elle n'y consente. »

Et là, où ils le sçavoyent aller à la messe...

Il note bien par ces vers que telles humeurs des anciennes Romaines correspondoient à auscunes de nostre temps, quant à ce poinct : mais, quand une femme est un peu putain, elle se rend bien plus aisée, plus sujette, plus docile, craintive, de plus douce et agréable humeur, plus humble et plus prompte à faire tout ce que le mary veut, et lui condescend en tout ; comme j'en ay veu plusieurs telles, qui n'osent gronder ny crier, ny faire des acariastres, de peur que le mary ne les menace de leur faute, et ne leur mette audevant leur adultère, et leur fasse sentir aux dépens de leur vie ; et si le gallant veut vendre quelque bien du leur, les voilà plustost signées au contrat que le mary ne l'a dit. J'en ai veu de celles-là force : bref, elles font ce que leurs marys veulent.

Sont-ilz bien gastez ceux-là donc d'estre cocus de si belles femmes, et d'en tirer de si belles denrées et commoditez que celles-là, outre le beau et délicieux plaisir qu'ils ont de paillarder avec de si belles femmes, et nager avec elles comme dans un beau et clair courant d'eau, et non dans un salle et laid bourbier ? Et puisqu'il faut mourir, comme disoit un grand capitaine que je sçay, ne vaut-il pas mieux que ce soit par une belle jeune espée, claire, nette, luysante et bien tranchante, que par une lame vieille, rouillée et mal fourbie, là où il y faut plus d'éméric que tous les fourbisseurs de la ville de Paris ne sçauroyent fournir ?

Et ce que je dys des jeunes laides, j'en dys autant d'aucunes vieilles femmes qui veulent estre fourbies et se faire tenir nettes et claires comme les plus belles du monde (j'en fais ailleurs un discours à part [1] de cela), et voylà le mal ; car, quand leurs marys n'y peuvent vacquer, les maraudes appellent des suppléments, et comme estans aussi chaudes, ou plus, que les jeunes : comme j'en ay veu qui ne sont pas sur le commencement et mitan preste d'enrager, mais sur la fin. Et volontiers on dit que la fin en ces mestiers est plus enragée que les deux autres, le commencement et le mitan, pour le vouloir ; car, la force et la disposition leur manque, dont la douleur leur est très-griefve ; d'autant que le vieil proverbe dit que c'est une grande douleur et dommage, quand un cul a très-bonne volonté et que la force luy défaut.

Si y en a-il toujours quelques-unes de ces pauvres vieilles haires qui passent par bardot [2], et départent leurs largesses aux despens de leurs deux bourses ; mais celle de l'argent fait trouver bonne et estroitte l'autre de leur corps. Aussi dit-on que la libéralité en toutes choses est plus à estimer que l'avarice et la chicheté, fors aux femmes, lesquelles, tant plus sont libérales de leurs cas, tant moins sont estimées, et les avares et chiches tant plus.

Cela disoit une fois un grand seigneur de deux grandes dames sœurs que je sçay dont l'une estoit chiche de son honneur, et libérale de la bourse et despense, et l'autre fort escarce [3] de sa bourse et despense, et très-libérale de son devant.

Or, voicy encores une autre race de cocus, qui est certes par trop abominable et exécrable devant Dieu et les hommes, qui, amourachez de quelque bel Adonis, leur abandonnent leurs femmes pour jouir d'eux.

La première fois que je fus jamais en Italie, j'en ouys un exemple à Ferrare, par un compte qui m'y fut fait d'un qui, espris d'un jeune homme beau, persuada à sa femme d'octroyer sa jouissance audit jeune homme qui estoit amoureux d'elle, et qui luy assignast jour, et qu'elle fit ce qu'il luy commanderoit. La dame le voulut très-bien, car elle ne désiroit manger autre venaison que de celle-là. Enfin le jour fut assigné, et l'heure estant venue que le jeune homme et la femme estoyent en ces doux affaires et altères, le mary, qui s'estoit caché, selon le concert d'entre luy et sa femme, voicy qu'il entra ; et les prenant sur le fait, approcha la dague à la gorge du jeune homme, le jugeant digne de mort sur tel forfait, selon les loix d'Italie, qui sont un peu plus rigoureuses qu'en France. Il fut contraint d'accorder au mary ce qu'il

---

1. Le V° discours suivant.
2. *Bardot*, synonyme d'*âne*. Ici, *passer par Bardot*, se dit des vieilles qui sont réduites à laisser passer pour *bardot* l'amant qui les caresse.
3. Escharse.

voulut, et firent eschange l'un de l'autre : le jeune homme se prostitua au mary, et le mary abandonna sa femme au jeune homme ; et, par ainsi, voilà un mary cocu d'une vilaine façon.

J'ay ouy conter qu'en quelque endroit du monde (je ne le veux pas nommer) il y eut un mary, et de qualité grande, qui estoit vilainement espris d'un jeune homme qui aymoit fort sa femme, et elle aussi luy : soit ou que le mary eust gaigné sa femme, ou que ce fust une surprise à l'improviste, les prenant tous deux couchez et accouplez ensemble, menaçant le jeune homme s'il ne luy complaisoit, l'envestit tout couché, et joint et collé sur sa femme, et en jouit ; dont sortit le problesme, comme trois amants furent jouissants et contents tout à un mesme coup ensemble.

J'ay ouy conter d'une dame, laquelle esperdument amoureuse d'un honneste gentilhomme qu'elle avoit pris pour amy et favory : luy se craignant que le mary luy feroit et à elle quelque mauvais tour, elle le consola, luy disant : « N'ayez pas peur, car il n'oseroit rien faire, craignant que je l'accuse de « m'avoir voulu user de l'arrière-Vénus, dont il en pourroit mourir si j'en « disois le moindre mot et le déclarois à la justice. Mais je le tiens ainsi en « eschec et en allarme ; si bien que, craignant mon accusation, il ne m'ose pas « rien dire. »

Certes telle accusation n'eust pas porté moins de préjudice à ce pauvre mary que de la vie : car les légistes disent que la sodomie se punit pour la volonté ; mais, possible, la dame ne voulut pas franchir le mot tout à trac, et qu'il n'eust passé plus avant sans s'arrester à la volonté.

Je me suis laissé conter qu'un de ces ans un jeune gentilhomme françois, l'un des beaux qui fust esté veu à la cour longtemps avoit, estant allé à Rome pour y apprendre des exercices, comme autres ses pareils, fut arregardé de si bon œil, et par si grande admiration de sa beauté, tant des hommes que des femmes, que quasi on l'eust couru à force : et là où ils le sçavoyent aller à la messe ou autre lieu public et de congrégation, ne falloyent, ny les uns, ny les autres, de s'y trouver pour le voir : si bien que plusieurs marys permirent à leurs femmes de luy donner assignation d'amours en leurs maisons, afin qu'y estant venu et surpris, fissent eschanges, l'un de sa femme et l'autre de luy : dont luy en fut donné advis de ne se laisser aller aux amours et volontez de ces dames, d'autant que le tout avoit esté fait et apposté pour l'attrapper ; en quoy il se fit sage, et préféra son honneur et sa conscience à tous les plaisirs détestables, dont il en acquist une louange très-digne. Enfin, pourtant, son écuyer le tua. On en parle diversement pourquoy : dont ce fut très-grand dommage, car c'estoit un fort honneste jeune homme, de bon lieu, et qui promettoit beaucoup de luy, autant de sa fisyonomie, pour ses actions nobles, que pour ce beau et noble trait : car, ainsi que j'ay ouy dire à un fort gallant homme de mon temps, et qu'il est aussi vray, nul jamais b...., ny bardasche, ne fut brave, vaillant et généreux, que le grand Jules César ; aussi que par la grand'permission divine telles gens abominables sont rédigez et mis à sens réprouvé. En quoy je m'estonne que plusieurs, que l'on a veu tachez de ce meschant vice, sont esté continuez du ciel en grand'prospérité ; mais Dieu les attend, et à la fin on en voit ce qui doit estre d'eux.

Certes, de telle abomination, j'en ay ouy parler que plusieurs marys en sont esté atteints bien au vif : car, malheureux qu'ils sont et abominables, ils se sont accommodez de leurs femmes plus par le derrière que par le devant, et ne s'en sont servis du devant que pour avoir des enfans ; et traittent ainsi leurs pauvres femmes, qui ont toute leur chaleur en leurs belles parties de la devantière. Sont-elles pas excusables si elles font leurs marys cocus, qui ayment leurs ordes et salles parties de derrière ?

Combien y a-il de femmes au monde, que si elles estoient visitées par des sages-femmes et médecins et chirurgiens experts, ne se trouveroyent non plus pucelles par derrière que par le devant, et qui feroyent le procez à leurs marys à l'instant ; lesquelles le dissimulent et ne l'osent descouvrir, de peur d'escandaliser et elles et leurs marys, ou possible, qu'elles y prennent quelque plaisir plus grand que nous ne pouvons penser ; ou bien, pour le dessein que je viens de dire, pour tenir leurs marys en telle sujection, si elles font l'amour d'ailleurs, mesmes qu'aucuns marys leurs permettent ; mais pourtant tout cela ne vaut rien.

Summa Benedicti dit : que si le mary veut reconnoistre sa partie ainsi contre l'ordre de nature, qu'il offense mortellement ; et s'il veut maintenir qu'il peut disposer de sa femme comme il lui plaist, il tombe en détestable et vilaine hérésie d'aucuns Juifs et mauvais rabins, dont on dit que *duabus mulieribus apud synagogam conquestis se fuisse a viris suis cognitu sodomico cognitas, responsum est ab illis rabinis : virum esse uxoris dominum, proinde posse uti ejus ulcumque libuerit, non aliter quam is qui piscem emit : ille enim, tam anterioribus quam posterioribus partibus, ad arbitrium vesci potest.*

J'ay mis cecy en latin sans le traduire en françois, car il sonne très-mal à des oreilles bien honnestes et chastes. Abominables qu'ils sont ! laisser une belle, pure et concédée partie pour en prendre une villaine, salle, orde et défendue, et mise en sens réprouvé !

Et si l'homme veut ainsi prendre la femme, il est permis à elle se séparer de luy, s'il n'y a autre moyen de le corriger : et pourtant, dit-il encor, celles qui craignent Dieu n'y doivent jamais consentir, ains plustost doivent crier à la force, nonobstant l'escandale qui en pourroit arriver en cela, et le déshonneur ny la crainte de mort; car il vaut mieux mourir, dit la loy, que de consentir au mal. Et dit encor ledit livre une chose que je trouve fort estrange : qu'en quelque mode que le mary cognoisse sa femme, mais qu'elle en puisse concevoir, ce n'est point péché mortel, combien qu'il puisse estre véniel : si y a-il pourtant des méthodes pour cela fort sales et vilaines, selon que l'Arétin les représente en ses figures; et ne ressentent rien la chasteté maritale, bien que, comme j'ay dit, il soit permis à l'endroit des femmes grosses, et aussi de celles qui ont l'haleine forte et puante, tant de la bouche que du nez : comme j'en ay cogneu et ouy parler de plusieurs femmes, lesquelles baiser et alleiner autant vaudroit qu'un anneau de retrait; ou bien, comme j'ay ouy parler d'une très-grande dame, mais je dis très-grande, qu'une de ses dames dit un jour que son haleine sentoit plus qu'un pot-à-pisser d'airain; ainsi m'usa-elle de ces mots. Un de ses amys fort privé, et qui s'approchoit près d'elle, me le confirma aussi, si est-il vray qu'elle estoit un peu sur l'aage.

Là-dessus que peut faire un mary ou un amant, s'il n'a recours à quelque forme extravagante? mais surtout qu'elle n'aille point à l'arrière-Vénus.

J'en dirois davantage, mais j'ay horreur d'en parler; encor m'a-il fasché d'en avoir tant dit; mais si faut-il quelquesfois descouvrir les vices du monde pour s'en corriger.

Or il faut que je die une mauvaise opinion que plusieurs ont eue et ont encores de la cour de nos rois : que les filles et femmes y bronchent fort, voire coustumièrement; en quoy bien souvent sont-ils trompez, car il y en a de très-chastes, honnestes et vertueuses, voire plus qu'ailleurs; et la vertu y habite aussi bien, voire mieux qu'en tous autres lieux, que l'on doit fort priser pour estre bien à preuve.

Je n'allégueray que ce seul exemple de madame la grand'duchesse de Florence d'aujourd'huy, de la maison de Lorraine, laquelle estant arrivée à Florence le soir que le grand duc l'épousa, et qu'il voulut aller coucher avec elle pour la dépuceler, il la fit avant pisser dans un beau urinal de cristal, le plus beau et le plus clair qu'il put, et en ayant veu l'urine, il la consulta avec son médecin, qui estoit un très-grand et très-sçavant et expert personnage, pour sçavoir de luy par cette inspection si elle estoit pucelle, ouy ou non. Le médecin l'ayant bien fixement et doctement inspicée, il trouva qu'elle estoit telle comme quand sortit du ventre de sa mère, et qu'il y allast hardiement, et qu'il n'y trouveroit point de chemin nullement ouvert, frayé ny battu; ce qu'il fit; et en trouva la vérité telle; et puis, l'endemain en admiration, dit : « Voilà un grand miracle, que cette fille soit ainsi sortie pucelle

« de cette cour de France ! » Quelle curiosité et quelle opinion ! Je ne sçay s'il est vray, mais il me l'a ainsi esté asseuré pour véritable.

Voilà une belle opinion de nos cours ; mais ce n'est d'aujourd'huy, ains de long-temps, qu'on tenoit que toutes les dames de la cour et de Paris n'estoyent si sages de leurs corps comme celles du plat païs, et qui ne bougeoient de leurs maisons. Il y a eu des hommes qui estoyent si conscientieux de n'espouser des filles et femmes qui eussent fort paysé, et veu le monde tant soit peu. Si bien qu'en nostre Guyenne, du temps de mon jeune aage, j'ay ouy dire à plusieurs gallants hommes et veu jurer, qu'ils n'espouseroyent jamais fille ou femme qui auroit passé le Port de Pille, pour tirer de longue vers la France. Pauvres fats qu'ils estoyent en cela, encor qu'ils fussent fort habiles et gallants en autres choses, de croire que le cocuage ne se logeast dans leurs maisons, dans leurs foyers, dans leurs chambres, dans leurs cabinets, aussi bien, ou possible mieux, selon la commodité, qu'aux palais royaux et grandes villes royales ! car on leur alloit suborner, gaigner, abattre et rechercher leurs femmes, ou quand ils alloyent eux-mesmes à la cour, à la guerre, à la chasse, à leurs procez ou à leurs promenoirs, si bien qu'ils ne s'en appercevoyent et estoyent si simples de penser qu'on ne leur osoit entamer aucun propos d'amours, sinon que de mesnageries, de leurs jardinages, de leurs chasses et oyseaux ; et, sous cette opinion et légère créance, se faisoyent mieux cocus qu'ailleurs ; car, partout, toute femme belle et habile, et aussi tout homme honneste et gallant, sçait faire l'amour, et se sçait accommoder. Pauvres fatz et idiots qu'ilz estoyent ! et ne pouvoyent-ils pas penser que Vénus n'a nulle demeure prefisse, comme jadis en Chypre, en Pafos et Amatonte, et qu'elle habite partout, jusques dans les cabanes des pastres et girons des bergères, voire des plus simplettes ?

Depuis quelque temps en çà, ils ont commencé à perdre ces sottes opinions ; car, s'estans apperceus que partout y avoit du danger pour ce triste cocuage, ilz ont pris femmes partout où il leur a plu et ont pu ; et si ont mieux fait : ils les ont envoyées ou menées à la cour, pour les faire valoir ou parestre en leurs beautés, pour en faire venir l'envie aux uns ou aux autres, afin de s'engendrer des cornes.

D'autres les ont envoyées et menées playder et soliciter leurs procez, dont aucuns n'en avoyent nullement, mais faisoyent à croire qu'ilz en avoyent ; ou bien s'ilz en avoyent, les allongeoient le plus qu'ils pouvoyent, pour allonger mieux leurs amours. Voire quelquesfois les marys laissoyent leurs femmes à la garde du Palais, et à la gallerie et salle, puis s'en alloyent en leurs maisons, ayans opinion qu'elles feroyent mieux leurs besognes, et en gaigneroyent mieux leurs causes : comme de vray, j'en sçay plusieurs qui les ont gaignées, mieux par la dextérité et beauté de leur devant, que par leur bon droit ; dont bien souvent en devenoyent enceintes ; et, pour n'estre escandalisées (si les drogues avoyent failly de leur vertu pour les en garder), s'en courroyent vistement en leurs maisons à leurs marys, feignans qu'elles alloyent quérir des tiltres et pièces qui leur faisoyent besoin, ou alloyent faire quelque enqueste, ou que c'estoit pour attendre la Saint-Martin, et que, durant les vacations, n'y pouvant rien servir, alloyent au bouc, et voir leurs mesnages et leurs marys. Elles y alloyent de vray, mais bien enceintes.

Je m'en rapporte à plusieurs conseillers rapporteurs et présidents, pour les bons morceaux qu'ils en ont tastez des femmes des gentilshommes.

N'y a pas long-temps qu'une très-belle, honneste et grande dame, que j'ay cogneu, allant ainsi solliciter son procez à Paris, il y eut quelqu'un qui dit : « Qu'y va-t-elle faire ? Elle le perdra ; elle n'a pas grand droit. » Et ne porte-elle pas son droit sur la beauté de son devant, comme César portoit le sien sur le pommeau et la pointe de son éspée ?

Ainsi se font les gentilshommes cocus au Palais, en récompense de ceux que messieurs les gentilshommes font sur mesdames les présidentes et conseillères. Dont aussi aucunes de celles-là ay-je veu, qui ont bien vallu sur la monstre autant que plusieurs dames, damoiselles et femmes de seigneurs, chevalliers et grands gentilshommes de la cour et autres.

J'ay cogneu une dame grande, qui avait esté très-belle, mais la vieillesse l'avoit effacée. Ayant un procez à Paris, et voyant que sa beauté n'estoit plus pour ayder à solliciter et gaigner sa cause, elle mena avec elle une sienne voisine, jeune et belle dame ; et pour ce l'appointa d'une bonne somme d'argent, jusques à dix mille escus ; et, ce qu'elle ne put ou eust bien voulu faire elle-mesme, elle se servit de cette dame ; dont elle se trouva très-bien, et la jeune dame, et tout en deux bonnes façons.

N'y a pas longtemps que j'ay veu une dame mère y mener une de ses filles, bien qu'elle fust mariée, pour luy aider à solliciter son procez, n'y ayant autre affaire ; et de fait elle est très-belle, et vaut bien la sollicitation.

Il est temps que je m'arreste dans ce grand discours de cocuage ; car enfin mes longues paroles, tournoyées dans ces profondes eaux et ces grands torrents, seroyent noyées ; et n'aurois jamois fait, ny n'en sçaurois jamais sortir, non plus que d'un grand labyrinthe qui fut autresfois, encor que j'eusse le plus long et le plus fort fillet du monde pour guide et sage conduite.

Pour fin je concluray que, si nous faisons des maux, donnons des tourmens, des martyres et des mauvais tours à ces pauvres cocus, nous en portons bien la folle enchère, comme l'on dit, et en payons les triples intérêts : car la pluspart de leurs persécuteurs et faiseurs d'amour, et de ces dameretz, en endurent bien autant de maux ; car ils sont plus sujets à jalousies, mesmes qu'ils en ont des marys aussi bien que de leurs corrivals : ils portent des martels, des capriches, se mettent aux hazards en danger de mort, d'estropiements, de playes, d'affronts, d'offenses, de querelles, de craintes, peines et morts; endurent froidures, pluyes, vents et chaleurs. Je ne conte pas la vérolle, les chancres, les maux et maladies qu'ilz y gaignent, aussi bien avec les grandes que les petites; de sorte que bien souvent ils acheptent bien cher ce que l'on leur donne ; et la chandelle n'en vaut pas le jeu.

Tels y en avons-nous veu misérablement mourir, qu'ilz estoyent bastans pour conquérir tout un royaume; tesmoins M. de Bussi, le nompair de son temps, et force autres.

J'en alléguerois une infinité d'autres, que je laisse en arrière, pour finir et dire, et admonester ces amoureux, qu'ils pratiquent le proverbe de l'Italien qui dit : *Che molto guadagna chi putana perde* [1] !

Le comte Amé de Savoye second disait souvent :

> En jeu d'armes et d'amours
> Pour une joye cent douleurs.

usant ainsi de ce mot anticq pour mieux faire sa rime. Disoit-il encore que la colère et l'amour avoyent cela en soy fort dissemblable, que la colère passe tost et se défait fort aisément de sa personne quand elle y est entrée, mais malaisément l'amour.

Voilà comment il faut se garder de cet amour, car elle nous couste bien autant qu'elle nous vaut, et bien souvent en arrive beaucoup de malheurs. Et pour parler au vray, la plupart des cocus patients ont cent fois meilleur temps, s'ils se sçavoyent cognoistre et bien s'entendre avec leurs femmes, que les agents; et plusieurs en ay-je veu qu'encor qu'il y allast de leurs cornes, se mocquoyent de nous et se ryoient de toutes les humeurs et façons de faire de nous autres qui traittons l'amour avec leurs femmes; et mesmes quand nous avions à faire à des femmes rusées, qui s'entendent avec leurs marys et nous vendent : comme j'ay cogneu un fort brave et honneste gentilhomme qui, ayant longuement aymé une belle et honneste dame, et eu d'elle la jouissance qu'il en désiroit y avoit longtemps, s'estant un jour apperceu que le mari et elle se mocquoyent de luy sur quelque trait, il en prit un si grand dépit qu'il la quitta, et fit bien; et, faisant un voyage lointain pour en divertir sa fantaisie, ne l'accosta jamais plus, ainsi qu'il me dist. Et de belles femmes rusées, fines et changeantes, s'en faut donner garde comme

---

[1] Qui perd une putain gagne beaucoup.

VIES DES DAMES GALANTES

Les Turques vont aux bains plus pour cette...

d'une beste sauvage : car, pour contenter et apaiser leurs marys, quittent leurs anciens serviteurs, et en prennent puis après d'autres, car elles ne s'en peuvent passer.

Si ay-je cogneu une fort honneste et grande dame, qui a eu cela en elle de malheur, que, de cinq ou six serviteurs que je luy ay veu de mon temps avoir, se sont morts tous les uns après les autres, non sans un regret qu'elle en portoit; de sorte qu'on eust dit d'elle que c'estoit le cheval de Séjan, d'autant que tous ceux qui montoyent sur elle mourroyent et ne vivoyent guières; mais elle avoit cela de bon en soy et cette vertu, que, quoy qui ayt esté, n'a jamais changé ny abandonné aucun de ses amys vivants pour en prendre d'autres; mais, eux venans à mourir, elle s'est voulu tousjours remonter de nouveau pour n'aller à pied : et aussi, comme disent les légistes, qu'il est permis de faire valloir ses lieux et sa terre par quiconque soit, quand elle est déguerpie de son premier maistre. Telle constance a esté fort en cette dame recommandable; mais si celle-là a esté jusques-là ferme, il y en a eu une infinité qui ont bien branslé.

Aussi, pour en parler franchement, il ne se faut jamais envieillir dans un seul trou, et jamais homme de cœur ne le fit; il faut estre aussi bien adventurier deçà et delà, en amours comme en guerre, et en autres choses; car si l'on ne s'asseure que d'une seule anchre en son navire, venant à se décrocher, aisément on le perd, et mesmes quand l'on est en pleine mer et en une tempeste, qui est plus sujette aux orages et vagues tempestueuses que non en une calme ou en un port.

Et dans quelle plus grande et haute mer se sçaurait-on mieux mettre et naviguer que de faire l'amour à une seule dame? Que si de soi elle n'a esté rusée au commencement, nous autres la dressons et l'affinons par tant de pratiques que nous menons avec elle, dont bien souvent il nous en prend mal, en la rendant telle pour nous faire la guerre, l'ayant façonnée et aguerrie. Tant y a, comme disait quelque gallant homme, qu'il vaut mieux se marier avec quelque belle femme et honneste, encor qu'on soit en danger d'estre un peu touché de la corne et de ce mal de cocuage commun à plusieurs que d'endurer tant de traverses et faire les autres cocus; contre l'opinion de M. du Gua pourtant, auquel moy ayant tenu propos un jour de la part d'une grand'dame qui m'en avoit prié, pour le marier, me fit cette response seulement, qu'il me pensoit de ses plus grands amis, et que je luy en faisois perdre la créance par tel propos, pour luy pourchasser la chose qu'il haïssoit le plus, que le marier et le faire cocu, au lieu qu'il faisoit les autres; et qu'il espousoit assez de femmes l'année, appelant le mariage un putanisme secret de réputation et de liberté, ordonné par une belle loy; et que le pis en cela, ainsi que je voy et ay noté, c'est que la pluspart, voire tous, de ceux qui se sont ainsi délectez à faire les autres cocus, quand ilz viennent à se marier, infailliblement ils tombent en mariage, je dis en cocuage; et n'en ay jamais veu arriver autrement, selon le proverbe : *Ce que tu feras à autruy, il te sera fait.*

Avant que finir, je diray encore ce mot : que j'ay veu faire une dispute qui est encores indécise : en quelles provinces et régions de nostre chrestienneté et de nostre Europe il y a plus de cocus et de putains? L'on dit qu'en Italie les dames sont fort chaudes, et, par ce, fort putains, ainsi que le dit M. de Bèze en une épigramme; d'autant qu'où le soleil, qui est chaud et donne le plus, y échauffe davantage les femmes, en usant de ce vers :

Credibile est ignes multiplicare suos[1].

L'Espagne en est de mesme, encor qu'elle soit sur l'occident; mais le soleil y échauffe bien les dames autant qu'en Orient.

Les Flamandes, les Suisses, les Allemandes, Angloises et Escossoises, encor qu'elles tirent sur le midy et septentrion, et soyent régions froides,

---

1 Il est à croire qu'ils multiplient leurs feux.

n'en participent pas moins de cette chaleur naturelle, comme je les ay cogneues aussi chaudes que toutes les autres nations.

Les Grecques ont raison de l'estre, car elles sont fort sur le levant. Ainsi souhaite-on en Italie *Greca in letto :* comme de vray elles ont beaucoup de choses et vertus attrayantes en elles, que, non sans cause, le temps passé elles ont estées les délices du monde, et en ont beaucoup appris aux dames italiennes et espagnoles, depuis le vieux temps jusques à ce nouveau ; si bien qu'elles en surpassent quasi leurs anciennes et modernes maîtresses : aussi la reine et impérière des putains, qui estait Venus, estoit grecque.

Quant à nos belles Françoises, on les a veues le temps passé fort grossières, et qui se contentoyent de le faire à la grosse mode ; mais, depuis cinquante ans en ça, elles ont emprunté et appris des autres nations tant de gentillesses, de mignardises, d'attraits et de vertus, d'habits, de belles grâces, lascivetez, ou d'elles-mesmes se sont si bien estudiées à se façonner, que maintenant il faut dire qu'elles surpassent toutes les autres en toutes façons ; et, ainsi que j'ay ouy dire, mesmes aux étrangers, elles valent beaucoup plus que les autres, outre que les mots de paillardise françois en la bouche sont plus paillards, mieux sonnans et esmouvans que les autres.

De plus, cette belle liberté françoise, qui est plus à estimer que tout, rend bien nos dames plus désirables, aymables, accostables et plus passables que toutes les autres : et aussi que tous les adultères n'y sont si communément punis comme aux autres provinces, par la providence de nos grands sénats et législateurs françois, qui voyant les abus en provenir par telles punitions, les ont un peu bridées, et un peu corrigé les lois rigoureuses du temps passé des hommes, qui s'estoyent donné en cela toute liberté de s'esbattre et l'ont ostée aux femmes ; si bien qu'il n'estoit permis à la femme innocente d'accuser son mary d'adultère, par aucunes lois impériales et canon (ce dit Cajetan). Mais les hommes fins firent cette loy pour les raisons que dit cette stance italienne, qui est telle :

> Perche, di quel che Natura concede
> Col' vieti tu, dura legge d'honore.
> Ella à noi liberal largo ne diede
> Com' agli altri animai legge d'amore.
> Ma l'huomo fraudulento, e senza fede,
> Che fu legislator di quest' errore,
> Vedendo nostre forze e buona schiena,
> Copri la sua debolezza con la pena[1].

[1]. O trop dure loi de l'honneur, pourquoi nous interdis-tu ce à quoi nous excite la nature ? Elle nous accorde aussi abondamment que libéralement, ainsi qu'à tous les animaux, l'usage de l'amour. Mais l'homme, trompeur et perfide, ne connaissant que trop bien la vigueur de nos reins, a établi cette loi pleine d'erreur pour cacher ainsi la faiblesse des sexes.

Pour fin, en France il fait bon faire l'amour. Je m'en rapporte à nos authentiques docteurs d'amours, et mesmes à nos courtisans, qui sçauront mieux sophistiquer là-dessus que moy. Et, pour en parler bien au vray : putains partout, et cocus partout, ainsi que je le puis bien tester, pour avoir veu toutes ces régions que j'ay nommées, et autres; et la chasteté n'habite pas en une région plus qu'en l'autre.

Si feray-je encor cette question, et puis plus, qui, possible, n'a point esté recherchée de tout le monde, ny, possible, songée : à sçavoir mon, si deux dames amoureuses l'une de l'autre, comme il s'est veu et se void souvent aujourd'huy, couchées ensemble, et faisant ce qu'on dit *donna con donna*, en imitant la docte Sapho lesbienne, peuvent commettre adultère, et entre elles faire leurs marys cocus.

Certainement, si l'on veut croire Martial en son premier livre, épigramme CXIX, elles commettent adultère : où il introduit et parle à une femme nommée Bassa, tribade, luy faisant fort la guerre de ce qu'on ne voyoit jamais entrer d'hommes chez elle, de sorte que l'on la tenoit pour une seconde Lucresse; mais elle vint à estre descouverte, en ce que l'on y voyait aborder ordinairement force belles femmes et filles; et fut trouvé qu'elle-mesme leur faisoit et contrefaisoit d'homme et d'adultère, et se conjoignoit avec elles; et use de ces mots *geminos committere cunnos*. Et puis, s'escriant, il dit et donne à songer et deviner cette énigme par ce vers latin :

Hic. ubi vir non est, ut sit adulterium[1].

Voilà un grand cas, dit-il, que là où il n'y a point d'homme, qu'il y ait de l'adultère.

J'ay cogneu une courtisanne à Rome, vieille et rusée s'il en fut oncq, qui s'appelloit Isabelle de Lune, Espagnolle, laquelle prit en telle amitié une courtisanne qui s'appeloit la Pandore, l'une des belles pour lors de tout Rome, laquelle vint à estre mariée avec un sommellier de M. le cardinal d'Armaignac, sans pourtant se distraire de son premier mestier; mais cette Isabelle l'entrenoit, et couchoit ordinairement avec elle; et, comme débordée et désordonnée en paroles qu'elle estoit, je luy ay ouy souvent dire qu'elle la rendoit plus putain, et luy faisoit faire des cornes à son mary plus que tous les rufians que jamais elle avait eu. Je ne sçay comment elle entendait cela, si ce n'est qu'elle se fondast sur cette épigramme de Martial.

On dit que Sapho de Lesbos a été une fort bonne maîtresse en ce mestier, voire, dit-on, qu'elle l'a inventé, et que depuis les dames lesbiennes l'ont

---

1. Là où il n'y a point d'homme, on commet pourtant l'adultère.

imitée en cela, et continué jusques aujourd'huy ; ainsi que dit Lucian : que telles femmes sont les femmes de Lesbos, qui ne veulent pas souffrir les hommes, mais s'approchent des autres femmes, ainsi que les hommes mesmes. Et telles femmes qui ayment cet exercice ne voulent souffrir les hommes, mais s'adonnent à d'autres femmes, ainsi que les hommes mesmes, s'appellent *tribades*, mot grec dérivé, ainsi que j'ay appris des Grecs, de τριβ, ωτριβείν, qu'est autant à dire que *fricare*, freyer, ou friquer, ou s'entre-frotter ; et tribades se disent *fricatrices*, en françois fricatrices, ou qui font la friquarelle en mestier de *donne con donne*, comme l'on l'a trouvé ainsi aujourd'huy.

Juvénal parle aussi de ces femmes quand il dit :

........frictum Grissantis adorat,

parlant d'une pareille tribade qui adoroit et aimoit la fricarelle d'une Grissante.

Le bon compagnon Lucian en fait un chapitre, et dit ainsi, que les femmes viennent mutuellement à conjoindre comme les hommes, conjoignants des instruments lascifs, obscurs et monstrueux, faits d'une forme stérile. Et ce nom, qui rarement s'entend dire de ces fricarelles, vacque librement partout, et qu'il faille que le sexe fémenin soit Filènes, qui faisait l'action de certaines amours hommasses. Toutesfois il adjouste qu'il est bien meilleur qu'une femme soit adonnée à une libidineuse affection de faire le masle, que n'est à l'homme de s'efféminer ; tant il se monstre peu courageux et noble. La femme donc, selon cela, qui contrefait ainsi l'homme, peut avoir réputation d'estre plus valeureuse et courageuse qu'une autre, ainsi que j'en ay cogneu aucunes, tant pour leur corps que pour l'âme.

En un autre endroit, Lucian introduit deux dames devisantes de cet amour ; et une demande à l'autre si une telle avoit esté amoureuse d'elle, et si elle avoit couché avec elle, et ce qu'elle luy avoit fait. L'austre luy respondit librement : « Premièrement, elle me baisa ainsi que font les hommes, non « pas seulement en joignant les lèvres, mais en ouvrant aussi la bouche » « (cela s'entend en pigeonne, la langue en bouche), et, encor qu'elle n'eust « point le membre viril, et qu'elle fust semblable à nous autres, si est-ce « qu'elle disoit avoir le cœur, l'affection et tout le reste viril ; et puis je « l'embrassay comme un homme, et elle me le faisoit, me baisoit et allan-« toit[1] (je n'entends point bien ce mot) et me sembloit qu'elle y prit plaisir

---

1. C'est-à-dire : me baisait et me faisait pâmer de plaisir. *Alentir*, dans Nicot, se dit de la douleur, ou des forces qui diminuent ou se rallentissent.

« outre mesure; et cohabita d'une certaine façon beaucoup plus agréable que « d'un homme. » Voilà ce qu'en dit Lucian.

Or, à ce que j'ay ouy dire, il y a en plusieurs endroits et régions force telles dames et lesbiennes, en France, en Italie et en Espagne, Turquie, Grèce et autres lieux. Et où les femmes sont recluses, et n'ont leur entière liberté, cet exercice s'y continue fort; car telles femmes bruslantes dans le corps, il faut bien, disent-elles, qu'elles s'aydent de ce remède, pour se raffraischir un peu, ou du tout qu'elles bruslent.

Les Turques vont aux bains plus pour cette paillardise que pour autre chose, et s'y adonnent fort. Mesme les courtisannes, qui ont les hommes à commandement et à toutes heures, encor eusent-elles de ces fricarelles, s'entrecherchent et s'entr'ayment les unes les autres, comme je l'ay ouy dire à aucunes en Italie et en Espagne. En nostre France, telles femmes sont assez communes; et si dit-on pourtant qu'il n'y a pas longtemps qu'elles s'en sont meslées, mesme que la façon en a esté portée d'Italie par une dame de qualité que je ne nommeray point.

J'ay ouy conter à feu M. de Clermont-Tallard le jeune, qui mourut à La Rochelle, qu'estant petit garçon, et ayant l'honneur d'accompagner M. d'Anjou, depuis nostre roy Henry III, en son estude, et estudier avec luy ordinairement, duquel M. de Gournay estoit précepteur; un jour, estant à Thoulouze, estudiant avec sondit maistre dans son cabinet, et estant assis dans un coin à part, il vid, par une petite fente (d'autant que les cabinets et chambres estoyent de bois, et avoyent esté faits à l'improviste et à la haste par la curiosité de M. le cardinal d'Armaignac, archevesque de là, pour mieux recevoir et accommoder le roy et toute sa cour), dans un autre cabinet, deux fort grandes dames toutes retroussées et leurs calleçons bas, se coucher l'une sur l'autre, s'entrebaiser en forme de colombes, se frotter, s'entrefriquer, bref se remuer fort, paillarder et imiter les hommes; et leur esbattement près d'une bonne heure, s'estans si très-fort eschauffées et lassées, qu'elles en demeurèrent si rouges et si en eau, bien qu'il fît grand froid, qu'elles n'en purent plus et furent contraintes de se reposer autant. Et disoit qu'il vit jouer ce jeu quelques autres jours, tant que la cour fut là, de mesme façon; et oncques plus n'eut-il la commodité de voir cet esbattement, d'autant que ce lieu le favorisoit en cela, et aux autres il ne put.

Il m'en contoit encore plus que je n'en ose escrire, et me nommoit les dames. Je ne sçay s'il est vrai; mais il me l'a juré et affirmé cent fois par bons sermens. Et, de fait, cela est bien vraysemblable; car telles deux dames ont bien eu tousjours cette réputation de faire et continuer l'amour de cette façon, et de passer ainsi leur temps.

J'en ay cogneu plusieurs autres qui ont traitté de mesmes amours, entre lesquelles j'en ay ouy conter d'une de par le monde, qui a esté fort superlative en cela, et qui aymoit aucunes dames, les honnoroit et les servoit plus que les hommes, et leur faisoit l'amour comme un homme à sa maistresse; et si les prenoit avec elle, les entretenoit à pot et à feu, et leur donnoit ce qu'elles vouloyent. Son mary en estoit très-aise et fort content, ainsi que beaucoup d'autres marys que j'ay veu, qui estoyent fort aises que leurs femmes menassent ces amours plustost que celles des hommes (n'en pensant leurs femmes si folles ny putains). Mais je croy qu'ilz sont bien trompez : car, à ce que j'ay ouy dire, ce petit exercice n'est qu'un apprentissage pour venir à celuy grand des hommes ; car, après qu'elle se sont eschauffées et mises bien en rut les unes et les autres, leur chaleur ne se diminuant pour cela, faut qu'elles se baignent par une eau vive et courante, qui raffraischit bien mieux qu'une eau dormante; aussi que je tiens de bons chirurgiens et veu que, qui veut bien penser et guérir une playe, il ne faut qu'il s'amuse à la médicamenter et nettoyer à l'entour ou sur le bord ; mais il la faut sonder jusques au fonds, et y mettre une sonde et uncltente bien avant.

Que j'en ay veu de ces Lesbiennes, qui, pour toutes leurs fricarelles et entre-frottemens, n'en laissent d'aller aux hommes ! mesmes Sapho, qui en a esté la maistresse, ne se mit-elle pas à aymer son grand amy Faon, après lequel elle mouroit? Car, enfin, comme j'ay ouy raconter à plusieurs dames, il n'y a que les hommes ; et que de tout ce qu'elles prennent avec les autres femmes, ce ne sont que des tirouers pour s'aller paistre de gorges-chaudes avec les hommes; et ces fricarelles ne leur servent qu'à faute des hommes. Que si elles trouvent à propos et sans escandale, elles lairroyent bien leurs compagnes pour aller à eux et leur sauter au collet.

J'ai cogneu de mon temps deux belles et honnestes damoiselles de bonne maison, toutes deux cousines, lesquelles ayant couché ensemble dans un mesme lict l'espace de trois ans, s'accoutumèrent si fort à cette fricarelle, qu'après s'estre imaginées que le plaisir estoit assez maigre et imparfait au prix de celuy des hommes, se mirent à le taster avec eux, et en devinrent très-bonnes putains ; et confessèrent après à leurs amoureux que rien ne les avoit tant desbauchées et esbranlées à cela que cette fricarelle, la détestant pour en avoir esté la seule cause de leur desbauche. Et, nonobstant, quand elles se rencontroyent, ou avec d'autres, elles prenoyent tousjours quelque repas de cette fricarelle, pour y prendre tousjours plus grand appétit de l'autre avec les hommes. Et c'est ce que dit une fois une honneste damoiselle que j'ay cogneue, à laquelle son serviteur demandoit un jour si elle ne faisoit point cette fricarelle avec sa compagne, avec qui elle couchoit ordinairement. « Ah !

« non, dit-elle en riant, j'ayme trop les hommes; » mais pourtant elle faisoit l'un et l'autre.

Je sçay un honneste gentilhomme, lequel, désirant un jour à la cour pourchasser en mariage une fort honneste damoiselle, en demanda l'advis à une sienne parente. Elle luy dit franchement qu'il y perdroit son temps; d'autant, me dit-elle, qu'une telle dame qu'elle me nomma, et de qui j'en sçavois des nouvelles, ne permettra jamais qu'elle se marie. J'en cogneus soudain l'encloueure, parce que je sçavois bien qu'elle tenoit cette damoiselle en ses délices à pot et à feu, et la gardait précieusement pour sa bouche. Le gentilhomme en remercia sadite cousine de ce bon advis, non sans luy faire la guerre en riant, qu'elle parloit aussi en cela pour elle comme pour l'autre; car elle en tiroit quelques petits coups en robbe quelquefois : ce qu'elle me nia pourtant.

Ce trait me fait ressouvenir d'aucuns qui ont ainsi des putains à eux, mesmes qu'ilz ayment tant qu'ils n'en feroyent part pour tous les biens du monde, fust à un prince, à un grand, fust à leur compagnon, ny à leur amy, tant ilz en sont jaloux, comme un ladre de son barillet; encor le présente il à boire à qui en veut. Mais cette dame vouloit garder cette damoiselle toute pour soy, sans en départir à d'autres : pourtant si la faisoit-elle cocue à la dérobade avec aucunes de ses compagnes.

On dit que les belettes sont touchées de cet amour, et se plaisent de femelles à femelles à s'entre-conjoindre et habiter ensemble; si que, par lettres hiérogliffiques, les femmes s'entre-aymantes de cet amour estoyent jadis représentées par des belettes. J'ay ouy parler d'une dame qui en nourrissoit tousjours, et qui se mesloit de cet amour, et prenoit plaisir de voir ainsi ces petites bestioles s'entre-habiter.

Voici un autre poinct : c'est que ces amours féminines se traittent en deux façons, les unes par fricarelles, et par, comme dit ce poëte, *geminos committere cunnos*. Cette façon n'apporte point de dommage, ce disent aucuns, comme quand on s'ayde d'instrumens façonnez de..., mais qu'on a voulu appeler des g........[1]

J'ay ouy conter qu'un grand prince, se doutant deux dames de sa cour qui s'en aydoient, leur fit faire le guet si bien qu'il les surprit, tellement que l'une se trouva saisie et accommodée d'un gros entre les jambes, gentiment attaché avec de petites bandelettes à l'entour du corps, qu'il sembloit un membre naturel. Elle en fut si surprise qu'elle n'eut loisir de l'oster; tellement que ce prince la contraignit de luy monstrer comment elles deux se le faisoyent.

---

1. Par corruption pour *gaude mihi*.

Et le va trouver sous un beau chêne large etombreux...

On dit que plusieurs femmes en sont mortes, pour engendrer en leurs matrices des apostumes faites par mouvemens et frottemens point naturels. J'en sçay bien quelques-unes de ce nombre, dont ç'a esté grand dommage, car c'estoyent de très-belles et honnestes dames et damoiselles, qu'il eust bien mieux vallu qu'elles eussent eu compagnie de quelques honnestes gentilshommes qui pour cela ne les font mourir, mais vivre et ressusciter, ainsi que j'espère le dire ailleurs; et mesmes, que, pour la guérison de tel mal, comme j'ay ouy conter à aucuns chirurgiens, qu'il n'y a rien plus propre que de les faire bien nettoyer là-dedans par ces membres naturels des hommes, qui sont meilleures que des pessères qu'usent les médecins et chirurgiens, avec des eaux à ce composées; et toutesfois il y a plusieurs femmes, nonobstant les inconvénients qu'elles en voyent arriver souvent, si faut-il qu'elles en ayent de ces engins contrefaits.

J'ay ouy faire un conte, moy estant lors à la cour, que la reine mère ayant fait commandement de visiter un jour les chambres et coffres de tous ceux qui estoyent logez dans le Louvre, sans épargner dames et filles, pour voir s'il n'y avoit point d'armes cachées et mesmes des pistolets, durant nos troubles, il y en eut une qui fut trouvée saisie dans son coffre par le capitaine des gardes, non point de pistolets, mais de quatre gros g....... gentiment façonnez, qui donnèrent bien de la risée au monde, et à elle bien de l'estonnement. Je cognois la damoiselle : je croy qu'elle vit encores; mais elle n'eut jamais bon visage. Tels instruments enfin sont très-dangereux.

Je feray encor ce conte de deux dames de la cour qui s'entr'aymoient si fort, et estoient si chaudes à leur mestier, qu'en quelque endroit qu'elles fussent, ne s'en pouvoyent garder ny abstenir que pour le moins ne fissent quelques signes d'amourettes ou de baiser; qui les escandalisoyent si fort et donnoyent à penser beaucoup aux hommes. Il y en avoit une veufve, et l'autre mariée; et comme la mariée, un jour d'une grand'magnificence, se fust fort bien parée et habillée d'une robbe de toille d'argent, ainsi que leur maistresse estoit allée à vespres, elles entrèrent dans son cabinet, et sur sa chaise percée se mirent à faire leur fricarelle si rudement et si impétueusement, qu'elle en rompit sous elles, et la dame mariée qui faisoit le dessous tomba avec sa belle robbe de toille d'argent à la renverse, tout à plat sur l'ordure du bassin, si bien qu'elle se gasta et souilla si fort qu'elle ne sceut que faire de s'essuyer le mieux qu'elle peut, se trousser, et s'en aller à grande haste changer de robbe dans sa chambre, non sans pourtant avoir esté apperceue et bien sentie à la trace, tant elle puoit : dont il en fut ry assez par aucuns qui en sceurent le conte; mesmes leur maistresse le sceut, qui s'en aydoit comme elles, en rist son saoul. Aussi il falloit bien que cette ardeur les maistrisât fort, que de n'attendre un lieu et un temps à propos, sans s'escandaliser. Encor excuse-on les filles et femmes veufves pour aymer ces plaisirs frivols et vains, aymans bien mieux s'y adonner et en passer leurs chaleurs, que d'aller aux hommes et se faire engroisser et se déshonorer, ou de faire perdre leur fruict, comme plusieurs ont faict et font; et ont opinion qu'elles n'en offensent pas tant Dieu, et n'en sont pas tant putains comme avec les hommes : aussi y a-il bien de la différence de jetter de l'eau dans un vase, ou de l'arrouser seulement alentour et au bord. Je m'en rapporte à elles. Je ne suis pas leur censeur ny leur mary; s'ils le trouvent mauvais, encore que je n'en aye point veu qui ne fussent très-aises que leurs femmes s'amourachassent de leurs compagnes, et qu'ilz voudroyent qu'elles ne fussent jamais plus adultères qu'en cette façon; comme de vray, telle cohabitation est bien différente de celle d'avec les hommes, et, quoy que die Martial, ilz n'en sont pas cocus pour cela. Ce n'est pas texte d'évangile, que celui d'un poete fol. Dont, comme dit Lucian, il est bien plus beau qu'une femme soit virile ou vraye amazone, ou soit ainsi lubrique, que non pas un homme soit féminin, comme un Sardanapale ou Héliogabale, ou autres force leurs pareils; car d'autant plus qu'elle tient de l'homme, d'autant plus elle est courageuse : et de tout cecy je m'en rapporte à la décision du procez.

M. du Gua et moy lisions une fois un petit livre en italien, qui s'intitule *de la Beauté*, fait en dialogue par le seigneur Angelo Fiorenzolle, Florentin, et tombasmes sur un passage où il dit qu'aucunes femelles qui furent faites par Jupiter au commencement, furent créées de cette nature qu'aucunes se mirent à aymer les hommes, et les autres la beauté de l'une et de l'autre; mais aucunes purement et saintement, comme de ce genre s'est trouvée de nostre temps, comme dit l'autheur, la très-illustre Marguerite d'Austriche, qui ayma la belle Laodomie Fortenguerre; les autres lascivement et paillardement, comme Sapho lesbienne, et de nostre temps à Rome la grande courtisanne Cécile vénétienne; et icelles de nature haïssent à se marier, et fuyent la conversation des hommes tant qu'elles peuvent.

Là-dessus, M. de Gua reprit l'auteur, disant que cela estoit faux que cette belle Marguerite aymast cette belle dame de pur et saint amour; car puisqu'elle l'avoit mise plustost sur elle que sur d'autres qui pouvoyent estre aussi belles et vertueuses qu'elle, il estoit à présumer que c'estoit pour s'en servir en délices, ne plus ne moins comme d'autres; et pour en couvrir sa lascivité, elle disoit et publioit qu'elle l'aymoit saintement, ainsi que nous en voyons plusieurs ses semblables, qui ombragent leurs amours par pareils mots.

Voilà ce qu'en disoit M. du Gua; et qui en voudra outre plus en discourir là-dessus, faire se peut.

Cette belle Marguerite fut la plus belle princesse qui fut de son temps en la chrestienté. Ainsi beautez et beautez s'entr'ayment de quelque amour que ce soit, mais du lascif plus que de l'autre. Elle fut remariée en tierces noces, ayant en premières espousé le roy Charles huitiesme, en seconde Jean, fils du roy d'Arragon, et la troisiesme avec le duc de Savoye, qu'on appeloit le Beau; si que, de son temps, on les disoit le plus beau pair et le plus beau couple du monde; mais la princesse n'en jouit guières de cette copulation, car il mourut fort jeune, et en sa plus grande beauté, dont elle en porta les regrets très-extresmes, et pour ce ne se remaria jamais.

Elle fit faire bastir cette belle église qui est vers Bourg en Bresse, l'un des plus beaux et plus superbes bastimens de la chrestienté. Elle estoit tante de l'empereur Charles, et assista bien à son nepveu; car elle vouloit tout appaiser, ainsi qu'elle et madame la régente au traitté de Cambray firent, où toutes deux se virent et s'assemblèrent là, où j'ay ouy dire aux anciens et anciennes qu'il faisoit beau voir ces deux grandes princesses.

Corneille Agripa a fait un petit traitté de la vertu des femmes, et tout en la louange de cette Marguerite. Le livre en est très-beau, qui ne peut estre autre pour le beau sujet, et pour l'auteur, qui a esté un très-grand personnage.

J'ay ouy parler d'une grand'dame princesse, laquelle, parmy les filles de sa suitte, elle en aymoit une par-dessus toutes et plus que les autres; en quoy on s'estonnoit, car il y en avoit d'autres qui la surpassoyent en tout ; mais enfin il fut trouvé et descouvert qu'elle estoit hermafrodite, qui luy donnoit du passe-temps sans aucun inconvénient ny escandale. C'estoit bien autre chose qu'à ces tribades : le plaisir pénétroit un peu mieux.

J'ay ouy nommer une grande qui est aussi hermafrodite, et qui a ainsi un membre viril, mais fort petit, tenant pourtant plus de la femme, car je l'ay veue très-belle. J'ay entendu d'aucuns grands médecins qui en ont vu assez de telles, et surtout très-lascives.

Voilà enfin ce que je diray du sujet de ce chapitre, lequel j'eusse pu allonger mille fois plus que je n'ay fait, ayant eu matière si ample et si longue, que si tous les cocus et leurs femmes qui les font se tenoyent tous par la main, et qu'il s'en pust faire un cerne, je croy qu'il seroit assez bastant pour entourner et circuir la moitié de la terre.

Du temps du roy François fut une vieille chanson, que j'ay ouy conter à une fort honneste et ancienne dame, qui disoit :

> Mais quand viendra la saison
> Que les cocus s'assembleront,
> Le mien ira devant, qui portera la bannière ;
> Les autres suivront après, le vostre sera au darrière.
> La procession en sera grande,
> L'on y verra une très-longue bande.

Je ne veux pourtant taxer beaucoup d'honnestes et sages femmes mariées, qui se sont comportées vertueusement et constamment en la foy sainctement promise à leurs marys ; et en espère faire un chapitre à part à leur louange, et faire mentir maistre Jean de Murin [1], qui en son *Romant de la Rose*, dit ces mots : « Toutes vous autres femmes,...

> Estes ou fustes,
> D'effet ou de volonté putes.

dont il encourut une telle inimitié des dames de la cour pour lors, qu'elles, par une arrestée conjuration et advis de la reine, entreprindrent un jour de le fouetter, et le dépouillèrent tout nud ; et estans prestes à donner le coup, il les pria qu'au moins celle qui estoit la plus grand'putain de toutes commençast la première : chacune, de honte, n'osa commencer ; et par ainsi il évita le fouet. J'en ay veu l'histoire représentée dans une vieille tapisserie des vieux meubles du Louvre.

J'aymerois autant un prescheur qui, preschant un jour en bonne compagnie,

---

[1]. Mehun ou Meung.

ainsi qu'il reprenoit les mœurs d'aucunes femmes et leurs marys qui enduroyent estre cocus d'elles, il se mit à crier : « Ouy, je les cognois, je les voy, et m'en « vois jetter ces deux pierres à la teste des plus grands cocus de la com- « pagnie; » et, faisant semblant de les jetter, il n'y eut homme du sermon qui ne baissât la teste, ou mît son manteau, ou sa cappe, ou son bras au-devant, pour se garder du coup. Mais luy, les retenant, leur dit : « Ne vous « di-je pas? je pensois qu'il n'y eust que deux ou trois cocus en mon sermon; « mais, à ce que je vois, il n'y en a pas un qui ne le soit. »

Or, quoy que disent ces fols, il y a de fort sages et honnestes femmes, auxquelles, s'il falloit livrer batailles à leurs dissemblables, elles l'empor-teroyent, non pour le nombre, mais pour la vertu, qui combat et abat son contraire aisément.

Et si ledict maistre Jean de Mun blasme celles qui sont de volonté putes, je trouve qu'il les faut plustost louer et exalter jusques au ciel, d'autant que si elles bruslent si ardamment dans le corps et dans l'âme, et ne venant point aux effets, font parestre leur vertu, leur constance et la générosité de leur cœur, aymant plustost brusler et se consumer dans leurs propres feux et flammes, comme un phénix rare, que de forfaire ny souiller leur honneur, et comme la blanche hermine, qui ayme mieux mourir que se souiller (devise d'une très-grande dame que j'ay cogneue, mais mal d'elle pratiquée pourtant), puisqu'estant en leur puissance d'y pouvoir remédier, se commandent si généreusement, et puisqu'il n'y a plus belle vertu ny victoire que de se com-mander et vaincre soy-mesme. Nous en avons une histoire très-belle dans les *Cent Nouvelles* de la reine de Navarre, de cette honneste dame de Pampelune, qui, estant dans son âme et de volonté pute, et bruslant de l'amour de M. d'Avannes, si beau prince, elle ayma mieux mourir dans son feu que de chercher son remède, ainsi qu'elle luy sceut bien dire en ses derniers propos de sa mort.

Cette honneste et belle dame se donnoit bien la mort très-iniquement et injustement; et, comme j'ouïs dire sur ce passage à un honneste homme et honneste dame, cela ne fut point sans offenser Dieu, puisqu'elle se pouvoit délivrer de la mort. Et se la pourchasser et avancer ainsi, cela s'appelle proprement se tuer soy-mesme; ainsi qu'il y a plusieurs de ses pareilles qui, par ces grandes continences et abstinences de ce plaisir, se procurent la mort, et pour l'âme et pour le corps.

Je tiens d'un très-grand médecin (et pense qu'il en a donné telle leçon et instruction à plusieurs honnestes dames) que les corps humains ne se peuvent jamais guières bien porter, si tous leurs membres et parties, depuis les plus grandes jusqu'aux plus petites, ne font ensemblement leurs exercices et fonctions que la sage nature leur a ordonné pour leur santé, et n'en facent une commune accordance, comme d'un concert de musique, n'estant raison qu'aucunes desdites parties et membres travaillent, et les autres chaument; ainsi qu'en une république faut que tous officiers, artisans, manouvriers et autres, facent leur besogne unanimement, sans se reposer ny se remettre les uns sur les autres, si l'on veut qu'elle aille bien et que son corps demeure sain et entier : de mesme est le corps humain.

Telles belles dames, putes dans l'âme et chastes du corps, méritent d'éternelles louanges : mais non pas celles qui sont froides comme marbre, molles, lasches et immobiles plus qu'un rocher, et ne tiennent de la chair, n'ayant aucuns sentiments (il n'y en a guières pourtant), qui ne sont point ny belles ny recherchées, et, comme dit le poète,

. . . . Casta quam nemo rogavit,

« chaste qui n'a jamais esté priée ». Sur quoy je cognois une grande dame qui disoit à aucunes de ses compagnes qui estoyent belles : « Dieu m'a fait « une grand'grâce de quoy il ne m'a fait belle comme vous autres, mesdames; « car aussi bien que vous j'eusse fait l'amour, et fusse estée pute comme « vous. » A cause de quoy peut-on louer ces belles ainsi chastes, puisqu'elles sont de telle nature.

Bien souvent aussi sommes-nous trompez en telles dames; car aucunes y en a qu'à les voir mineuses, piteuses, marmiteuses, froides, discrètes, serrées et modestes en leurs paroles et en leurs habits réformez, qu'on les prendroit pour des saintes et très-prudes femmes, qui sont au-dedans et par volonté, et au dehors par bons effets, bonnes putains.

D'autres en voyons-nous qui, par leur gentillesse et leurs paroles follastres, leurs gestes gays et leurs habits mondains et affectez, on les prendroit pour fort débauschées, et prestes pour s'adonner aussitost ; mais pourtant de leur corps sont fort femmes de bien devant le monde ; en cachette, il s'en faut rapporter à la vérité aussi cachée.

J'en alléguerois force exemples que j'ay veu et sceu ; mais je me contenteray d'alléguer cettui-cy, que Vite-Live allègue, et Bocace encor mieux, d'une gentille dame romaine nommée Claudie Quintienne, laquelle paroissant dans Rome pardessus toutes les autres en ses habits pompeux et peu modestes, et en ses façons gayes et libres mondaine plus qu'il ne falloit, acquist très-mauvais bruit touchant son honneur; mais le jour venu de la réception de la déesse Cybelle, elle l'esteignit du tout ; car elle eut l'honneur et la gloire, pardessus toutes les autres, de la recevoir hors du batteau, la toucher et la transporter à la ville, dont le monde en demeura estonné; car il avoit esté dit que le plus homme de bien et la plus femme de bien estoyent dignes de cette charge. Voilà comme le monde est fort trompé en plusieurs de nos dames. L'on doit premièrement fort les connoistre et examiner avant que les juger, tant d'une que de l'autre sorte.

Si faut-il, avant que fermer ce pas, que je die une autre belle vertu et propriété que porte le cocuage, que je tiens d'une fort honneste et belle dame de bonne part, au cabinet de laquelle estant un jour entré, je la trouvé sur le point qu'elle venoit d'achever d'escrire un conte de sa propre main, qu'elle me monstra fort librement, car j'estois de ses bons amis, et ne se cachoit point de moy; elle estoit fort spirituelle et bien disante, et fort bien duite à l'amour; et le commencement du conte estoit tel :

« Il semble, dit-elle, qu'entr'autres belles propriétez que le cocuage peut
« apporter, c'est ce beau et bon sujet par lequel on peut bien connoistre
« combien gentiment l'esprit s'exerce pour le plaisir et contentement de la
« nature humaine, d'autant que c'est luy qui veille, et qui invente et façonne
« l'artifice nécessaire à y pourvoir, sans que la nature y fournisse que le
« désir et l'appétit sensuel, comme l'on peut cacher, par tant de ruses et
« astuces qui se pratiquent au mestier de l'amour, qui est celuy qui imprime
« les cornes ; car il faut tromper un mary jaloux, soupçonneux et colère ; il
« faut tromper et voiler les yeux des plus prompts à recevoir du mal, et per-
« vertir les plus curieux de la connoissance de la vérité; faire croire de la
« fidélité là où il n'y a que toute déception ; plus de franchise là où il n'y a
« que dissimulation, et plus de crainte là où il y a plus de licence : bref,
« par toutes ces difficultez, et pour venir dessus ces discours, ce ne sont pas
« actes à quoy la vertu naturelle puisse parvenir ; il en faut donner l'advan-
« tage à l'esprit, lequel fournit le plaisir et bastit plus de cornes que le corps
« qui les plante et cheville. »

Voilà les propres mots du discours de cette dame, sans les changer aucunement, qu'elle fait au commencement de son compte, qui se faisoit d'elle-mesme ; mais elle l'adombroit par d'autres noms ; et puis, poursuivant les amours de la dame du seigneur avec qui elle avoit à faire, et pour venir là et à la perfection, elle allègue que l'apparence de l'amour n'est qu'une apparence de contentement. Il est du tout sans forme jusques à son entière jouissance et possession, et bien souvent l'on croit qu'elle soit venue à cette extrémité, que l'on est bien loin de son compte ; et, pour récompense, il ne reste rien que le temps perdu, duquel l'on porte un extresme regret. (Il faut bien noter et peser ces dernières parolles, car elles portent coup, et de quoy à blasonner.) Pourtant il n'y a que la jouissance en amour et pour l'homme et pour la femme, pour ne regretter rien du temps passé. Et pour ce, cette honneste dame qui escrivoit ce conte, donna un rendez-vous à son serviteur dans un bois, où souvent s'alloit pourmener en une fort belle allée, à l'entrée de laquelle elle laissa ses femmes, et le va trouver sous un beau et large chesne ombrageux; car c'estoit en esté! « Là où », dit la dame en son conte par ces propres mots, « ne faut point douter la vie qu'ils démenèrent pour un peu, et « le bel autel qu'ils dressèrent au pauvre mary au temple de Créaton, bien « qu'ilz ne fussent en Délos », qui estoit fait de cornes : pensez que quelque bon compaignon l'avoit fondé.

Voilà comment cette dame se mocquoit de son mary, aussi bien en ses escrits comme en ses délices et effets. Et qu'on note tous ses mots, ilz portent de l'efficace, estans prononcez mesmes et escrits d'une si habile et honneste femme.

Le conte en est très-beau, que j'eusse icy volontiers mis et inséré; mais il est trop long, car les pourparlers, avant que venir là, sont beaux et longs aussi, reprochant à son serviteur qui la louoit extremement qu'il y avoit en luy plus d'œuvre de naturelle et nouvelle passion qu'aucun bien qui fust en elle, bien qu'elle fust des belles et honnestes; et, pour vaincre cette opinion, il fallut au serviteur faire de grandes preuves de son amour, qui sont fort bien spécifiées en ce conte : et puis estant d'accord, l'on y void des ruses, des finesses et tromperies d'amour en toutes sortes, et contre le mary et contre le monde, qui sont certes fort belles et très-fines.

Je priay cette honneste dame de me donner le double de ce conte; ce qu'elle fit très-volontiers, et ne voulut qu'autre le doublast qu'elle, de peur de surprise, que je garde fort précieusement.

Cette dame avoit raison de donner cette vertu et propriété au cocuage; car, avant que se mettre à l'amour, elle estoit fort peu habile; mais l'ayant traitté, elle devint l'une des spirituelles et habiles femmes de France, tant pour ce sujet que pour d'autres. Et de fait, ce n'est pas la seule que j'ay veue qui s'est habilitée pour avoir traitté l'amour, car j'en ay veu une infinité très-sottes et mal-habiles à leur commencement; mais elles n'avoyent demeuré un an à l'académie de Cupidon et de Vénus madame sa mère, qu'elles en sortoyent très-habiles et très-honnestes femmes en tout; et quant à moy, je n'ay veu jamais putain qui fust très-habile et qui ne levast la paille.

Si feray-je encor cette question : en quelle saison de l'année se fait plus de cocus, et laquelle est plus propre à l'amour, et à esbranler une femme, une veufve, ou une fille? Certainement la plus commune voix est qu'il n'y a pour cela que le printemps, qui esveille les corps et les esprits endormys de l'hyver fascheux et mélancholiq; et puisque tous les oyseaux et animaux s'en resjouissent et entrent tous en amours, les personnes qui ont autre sens et sen-

Et ayant aporté un esclave ou criminel qui était là près, le fit venir à lui...

timent s'en ressentent bien davantage, et surtout les femmes (selon l'opinion de plusieurs philosophes et médecins), qui entrent lors en plus grande ardeur et amour qu'en tout autre temps, ainsi que je l'ay ouy dire à aucunes honnestes et belles dames, et mesmes à une grande qui ne falloit jamais, le printemps venu, en estre plus touchée et piquée qu'en autre saison ; et disoit qu'elle sentoit la pointe de l'herbe, et hannissoit après comme les juments et chevaux, et qu'il falloit qu'elle en tastast, autrement elle s'amaigriroit ; ce qu'elle faisoit, je vous en asseure, et devenoit lors plus lubrique. Aussi trois ou quatre amours nouvelles que je luy ay veu faire en sa vie, elle les a faites au printemps, et non sans cause ; car, de tous les mois de l'an, avril et may sont les plus consacrez et dédiez à Vénus, où lors les belles dames s'accommencent, plus que devant, à s'accommoder, dorloter et se parer gentiment, se coiffer follastrement, se vestir légèrement ; qu'on diroit que tous ces nouveaux changements et d'habits et de façons, tendent tous à la lubricité, et à peupler la terre de cocus marchant dessus, aussi bien que le ciel et l'air en produit de volants en avril et en may.

De plus, ne pensez pas que les belles femmes, filles et veufves, quand elles voyent de toutes parts en leurs pourmenades de leurs bois, de leurs forests, garennes, parcs, prairies, jardins, bocages et autres lieux récréatifs, les animaux et les oyseaux s'entrefaire l'amour et lascivement paillarder, n'en

ressentent d'estranges piqueures en leur chair, et n'y veulent soudain rapporter leurs remèdes. Et c'est l'une des persuasives remonstrances qu'aucuns amants et aucunes amantes s'entrefont, s'entrevoyans sans chaleur ny flame, ny amour, en leur remonstrant les animaux et oyseaux, tant des champs que des maisons, comme les passereaux et pigeons domestiques et lascifs, ne faire que paillarder, germer, engendrer et foisonner jusques aux arbres et plantes. Et c'est ce que sceut dire un jour une gente dame espagnole à un cavallier froid ou trop respectueux : *Ea, gentil cavallero, mira como los amores de todas suertes se tratan y triunfan en este verano, y V. S. queda flaco y abatido.* C'est-à-dire : « Voicy[1], gentil cavallier, comme toutes sortes
« d'amours se mènent et triomphent en ceste prime ; et vous demeurez flac
« et abattu. »

Le printemps passé fait place à l'esté, qui vient après et porte avec soy ses chaleurs : et qu'une chaleur amène l'autre, la dame par conséquent double la sienne ; et nul rafraischissement ne la luy peut oster si bien qu'un bain chaud et trouble de sperme vénériq. Ce n'est pas contraire par son contraire se guarir, ains semblable par son semblable ; car, bien que tous les jours elle se baignast et plongeast dans la plus claire fontaine de tout un païs, cela n'y sert, ny quelques légers habillements qu'elle puisse porter, pour s'en donner fraischeur, et qu'elle les retrousse tant qu'elle voudra, jusques à laisser les callessons, ou mettre le vertugadin dessus eux, sans les mettre sur le cottillon, comme plusieurs le font. Et là c'est le pis, car, en tel estat, elle s'arregardent, se ravissent, se contemplent à la belle clarté du soleil, que, se voyant ainsi belles, blanches, caillées, poupines et en bon point, entrent soudain en rut et tentation ; et, sur ce, faut aller au masle ou du tout brusler toutes vives, dont on en a veu fort peu ; aussi seroyent-elles bien sottes. Et si elles sont couchées dans leurs beaux licts, ne pouvants endurer ny couvertes ny linceux, se mettent en leurs chemises retroussées à demy nues ; et le matin, le soleil levant donnant sur elles, et venans à se regarder encore mieux à leur aise de tous costez et toutes parts, souhaittent leurs amys, et les attendent. Que si par cas ilz arrivent sur ce poinct, sont aussitost les bien venus, pris et embrassez ; « car lors, disent-elles, c'est la
« meilleure embrassade et jouissance d'aucune heure du jour » ; « d'autant,
« disoit un jour une grande, que le c... est bien confit, à cause du doux chaud
« et feu de la nuict, qui l'a ainsi cuit et confit, et qu'il en est beaucoup meil-
« leur et savoureux. »

L'on dit pourtant par un proverbe ancien : Juin et juillet, la bouche

---

1. Voyez.

mouillée et le v,. sec; encor met-on le mois d'aoust : cela s'entend pour les hommes, qui sont en danger quand ils s'eschauffent par trop en ces temps, et mesmes quand la canicule domine, à quoy ilz y doivent aviser; mais s'ils se veulent brûler à leur chandelle, à leur dam. Les femmes ne courent jamais cette fortune, car tous mois, toutes saisons, tous temps, tous signes leur sont bons.

Or les bons fruits de l'été surviennent, qui semblent devoir rafraischir ces honnestes et chaleureuses dames. A aucunes j'en ay veu manger peu, et à d'autres prou. Mais pourtant on n'y a guières veu de changement de leur chaleur, ny aux unes ny aux eutres, pour s'en abstenir ny pour en manger; car le pis est que, s'il y a aucuns fruits qui puissent rafraischir, il y en a bien force autres qui reschauffent bien autant, auxquels les dames courent le plus souvent, comme à plusieurs simples qui sont en leur vertu et bons et plaisants à manger en leurs potages et salades, et comme aux asperges, aux artichaux, aux morilles, aux trufles, aux mousserons et potirons, et aux viandes nouvelles que leurs cuisiniers, par leurs ordonnances, sçavent très-bien accoustrer et accommoder à la friandise et lubricité, et que les médecins aussi leur sçavent bien ordonner. Que si quelqu'un bien expert et gallant entreprenoit à desduire ce passage, il s'en acquitteroit bien mieux que moy.

Au partir de ces bons mangers, donnez-vous garde, pauvres amants et marys. Que si vous n'estes bien préparez, vous voilà déshonnorez, et bien souvent on vous quitte pour aller au change.

Ce n'est pas tout ; car il faut avec ces fruits nouveaux, et fruits des jardins et des champs, y adjouster de bons grands pastez, que l'on a inventez depuis quelque temps, avec force pistaches, pignons et autres drogues d'apoticaires scaldatives, mais surtout des crestes et c........ de cocq, que l'esté produit et donne plus en abondance que l'hyver et autres saisons; et se fait aussi plus grand massacre en général de ces joletz et petits cocqs, qu'en l'hyver des grands cocqs, n'estans si bons et si propres que les petits, qui sont chauds, ardants et plus gaillards que les autres. Voilà une, entr'autres, des bons plaisir et commoditez que l'esté rapporte pour l'amour.

Et de ces pastez ainsi composez de menusailles, de ces petits cocqs et culs d'artichaux et trufles, ou autres friandises chaudes, en usent souvent quelques dames que j'ay ouy dire; lesquelles, quand elles en mangent et y peschent, mettant la main dedans ou avec les fourchettes, et en rapportant et remettant en la bouche ou l'artichault, ou la trufle ou la pistache, ou la creste de cocq, ou autre morceau, elles disent avec une tristesse morne ; *blanque;* et quand elles rencontrent les gentils c........ de cocq, et les mettent sous la dent, elle disent d'une allégresse : *bénéfice ;* ainsi qu'on fait à la blanque en Italie, et comme si elles avoyent rentré et gaigné quelque joyau très-précieux et riche.

Elles en ont cette obligation à messieurs les petits cocqs et joletz, que l'esté produit avec la moitié de l'automne pourtant, que j'entremesle avec l'esté, qui nous donne force autres fruits et petites volatilles qui sont cent fois plus chaudes que celles de l'hyver et de l'autre moitié de l'automne prochaine et voisine de l'hyver, qui, bien qu'on les puisse et doive joindre ensemble, si n'y peut-on recueillir si bien tous ces bons simples en leur vigueur, ny autres choses comme en la saison chaude, encore que l'hyver s'efforce de produire ce qu'il peut, comme les bonnes cardes qui engendrent bien de la bonne chaleur et de la concupiscence, soyent crues ou cuites, jusques aux petits chardons chauds, dont les asnes vivent et en baudouinent mieux, que l'esté rend durs, et l'hyver les rend tendres et délicats, dont l'on en fait de fort bonnes salades nouvellement inventées. Et outre tout cela, l'on fait tant d'autres recherches de bonnes drogues chez les apoticaires, drogueurs et parfumeurs, que rien n'y est oublié, soit pour ces pastez, soit pour les bouillons. Et ne trouve-l'on à dire guières de leur chaleur en l'hyver par ce moyen et entretenement, tant qu'elles peuvent; « car, disent-elles, « puisque nous sommes curieuses de tenir chaud l'extérieur de nostre corps « par des habits pesants et bonnes fourrures, pourquoy n'en ferons-nous de « mesmes à l'intérieur? » Les hommes disent aussi : « Et de quoy leur sert-« il d'adjouter chaleur sur chaleur, comme soye sur soye, contre la Pragma-« ticque, et que d'elles-mesme elles sont assez chaleureuses, et qu'à toute heure « qu'on les veut assaillir elles sont tousjours prestes de leur naturel, sans y « apporter aucun artifice? Qu'y feriez-vous? Possible qu'elles craignent que « leur sang chaud et bouillant se perde et se resserre dans les veines, et « deviène froid et glacé si on ne l'entretient, ny plus ny moins que celuy d'un « hermite qui ne vit que de racines. »

Or laissons-les faire : cela est bon pour les bons compagnons; car, elles estant en si fréquente ardeur, le moindre assaut d'amour qu'on leur donne ; les voilà prises, et messieurs les pauvres marys cocus et cornus comme satyres. Encor font-elles mieux, les honnestes dames ! elles font quelquefois part de leurs bons pastez, bouillons et potages à leurs amants par miséricorde, afin d'estre plus braves et n'estre atténués par trop quand ce vient à la besogne, et pour s'en ressentir mieux et prévaloir plus abondamment; et leur en donnent aussi des receptes pour en faire faire en leur cuisine à part : dont aucuns y sont bien trompez ainsi que j'ay ouy parler d'un gallant gentilhomme, qui, ayant ainsi pris son bouillon et venant tout gaillard aborder sa maistresse, la menaça qu'il la meneroit beau et qu'il avoit pris son bouillon et mangé son pasté. Elle luy respondit : « Vous ne me ferez que la raison ; « encor ne sçay-je : » et s'estant embrassez et investis, ces friandises ne luy servirent que pour deux opérations de deux coups seulement. Sur quoy elle luy dit, ou que son cuisinier l'avoit mal servy, ou y avoit espargné des drogues et compositions qu'il y falloit, ou qu'il n'avoit pas pris tous ses préparatifs pour la grand'médecine, ou que son corps pour lors estoit mal disposé pour la prendre et la rendre : et ainsi elle se moqua de luy.

Tous simples pourtant, toutes drogues, toutes viandes et médecines, ne sont propres à tous ; aux uns elles opèrent, aux autres, blanque. Encor ay-je veu des femmes qui, mangeant ces viandes chaudes, et qu'on leur en faisoit la guerre que par ce moyen il pourroit avoir du desbordement ou de l'extraordinaire ou avec le mary ou l'amant, ou avec quelque pollution nocturne, elles disoyent, juroyent et affermoyent que, pour tel manger, la tentation ne leur en survenoit en aucune manière. Et Dieu sçait ! il falloit qu'elles fissent ainsi des rusées.

Or, les dames qui tiennent le party de l'hyver disent que pour les bouillons et mangers chauds, elles en sçavent assez de receptes d'en faire d'aussi bons l'hyver qu'aux autres saisons. Elles en font assez d'expériences ; et pour faire l'amour le disent aussi très-propre ; car tout ainsi que l'hyver est sombre, ténébreux, quiète, coy, retiré de compagnies et caché, ainsi faut que soit l'amour, et qu'il soit fait en cachette, en lieu retiré et obscur, soit en un cabinet à part, ou en un coin de cheminée près d'un bon feu qui engendre bien, s'y tenant de près et longtemps, autant de chaleur vénéricq que le soleil d'esté.

Comme aussi fait-il bon en la ruelle d'un lict sombre, que les yeux des autres personnes, cependant qu'elles sont près du feu à se chaufer, pénètrent fort malaisément, ou assises, sur des coffres et licts à l'écart, faisant aussi l'amour, ou les voyant se tenir prests les unes des autres, et pensant que ce soit à cause du froid, et se tenir plus chaudement ; cependant font de bonnes choses, les flambeaux à part bien loin reculez, ou sur la table, ou sur le buffet.

De plus, qui est le meilleur quand l'on est dans le lict ? c'est tous les plaisirs du monde aux amants et amantes de s'entr'embrasser et s'entre-joindre, s'entre-serrer et se baiser, s'entre-trousser l'un sur l'autre de peur du froid, non pour un peu mais pour un longtemps, et s'entre-chauffer doucement, sans se sentir nullement du chaud démesuré que produit l'esté, et d'une sueur extresme qui incommode grandement le déduit de l'amour : car, au lieu de s'entretenir près, et se resserrer et se mettre à l'estroit il se faut tenir au large et fort à l'escart, et qui est le meilleur, disent les dames, par l'advis des médecins : les hommes sont plus propres, ardants et déduits à cela l'hyver qu'en l'esté.

J'ay cogneu d'autres fois une très-grande princesse, qui avoit un très-grand esprit et parloit et escrivoit des mieux. Elle se mit un jour à faire des stances à la faveur et louange de l'hyver, et sa propriété pour l'amour. Pensez qu'elle l'avoit trouvé pour elle très-favorable et traitable en cela. Elles estoyent très-bien faites, et les ay tenues long-temps en mon cabinet; et voudrois avoir donné beaucoup et les tenir pour les insérer ici : l'on y verroit et remarque-roit-on de grandes vertus de l'hyver, propriétez et singularitez pour l'amour.

J'ay cogneu une très-grande dame, et des belles du monde, laquelle, veufve de frais, faisant semblant ne vouloir, pour son nouveau habit et estat, aller les après soupées voir la cour, ny le bal, ny le coucher de la reine, et n'estre estimée trop mondaine, ne bougeoit de la chambre, laissoit aller ou renvoyoit un chacun ou une chacune à la danse, et son fils et tout, et se retiroit en une ruelle; et là son amant, d'autres fois bien traitté, aymé et favorisé d'elle estant en mariage, arrivoit; ou bien, ayant soupé avec elle, ne bougeoit, donnant le bonsoir à un sien beau-frère, qui estoit de grand'garde; et là traittoit et renouvelloit ses amours anciennes, et en pratiquoit de nouvelles pour secondes nopces, qui furent accomplies en l'esté après. Ainsi que j'ay considéré depuis toutes ces circonstances, je croy que les autres saisons ne fussent esté si propres que cet hyver, et comme je l'ouy dire à une de ses darioletes.

Or, pour faire fin, je dis et affirme : que toutes saisons sont propres pour l'amour, quand elles sont prises à propos, et selon les caprices des hommes et des femmes qui les surprennent : car tout ainsi que la guerre de Mars se fait en toutes saisons et en tout temps, et qu'il donne ses victoires comme il luy plaist et comme aussi il trouve ses gens-d'armes bien appareillez et encouragez de donner leur bataille, Vénus en fait de mesmes, selon qu'elle trouve ses troupes d'amans et d'amantes bien disposez au combat : et les saisons n'y font guières rien : ny leur acception ny élection n'y a pas grand lieu; non plus ne servent guières leurs simples, ny leurs fruits, ny leurs drogues, ny drogueurs, ni quelque artifice que facent ny les unes ny les autres, soit pour augmenter leur chaleur, soit pour la rafraischir. Car, pour le dernier exemple, je connois une grand'dame à qui sa mère, dez son petit aage, la voyant d'un sang chaud et bouillant qui la menoit un jour tout droit au chemin du bourdeau, luy fit user par l'espace de trente ans, ordinairement en tous ses repas, du jus de vinette, qu'on appelle en France ozeille, fust en ses viandes, fust en ses potages et avec bouillons, fust pour en boire de grandes escuelles à oreilles sans autres choses entremeslées; bref, toutes ses sausses estoient jus de vinette. Elle eut beau faire tous ces mystères réfrigératifs, qu'enfin c'a esté une illustrissime et grandissime putain, et qui n'avoit point besoin de ces pastez, que j'ay dit pour luy donner de la chaleur, car elle en a assez; et si pourtant elle est aussi goulue à les manger que toute autre.

Or je fais fin, bien que j'en eusse dit davantage et eusse rapporté davantage de raisons et exemples; mais il ne faut pas tant s'amuser à ronger un mesme os; et aussi que je donne la plume à un autre meilleur discoureur que moy, qui sçaura soustenir le party des unes et des autres saisons : me rapportant à un souhait et désir que faisoit une fois une honneste dame espagnole, qui souhaittoit et désiroit de devenir hyver, quand sa saison seroit, et son amy un feu, afin, quand elle viendroit s'eschauffer à luy par le grand froid qu'elle auroit, qu'il eust ce plaisir de la chauffer, et elle de prendre sa chaleur quand elle s'y chaufferoit, et de plus se présenter et se faire voir à luy souvent et à son aise, en se chauffant retroussée, esquarquillée, et élargie de cuisses et de jambes, pour participer à la veue de ses beaux membres cachez sous son linge et habillements d'auparavant, aussi pour la reschauffer encor mieux et luy entretenir son autre feu du dedans et sa chaleur paillarde.

Puis désiroit venir printemps, et son amy un jardin tout en fleurs, desquelles elle s'en ornast sa teste, sa belle gorge, son beau sein, voire s'y veautrant parmy elles son beau corps tout nud entre les draps.

De mesmes après désiroit devenir esté, et par conséquent son amy une claire fontaine ou reluisant ruisseau, pour la recevoir en ses belles et fraisches eaux quand elle iroit s'y baigner et esgayer, et bien à plein se faire voir à luy toucher, retoucher et manier tous ses membres beaux et lascifs.

Et puis, pour la fin, désiroit pour son automne retourner en sa première forme et devenir femme et son amy homme, pour puis après tous deux avoir l'esprit, le sens et la raison à contempler et remémorer tout le contentement passé, et vivre en ces belles imaginations et contemplations passées, et pour sçavoir et discourir entre eux quelle saison leur avoit esté plus propre et délicieuse.

Voilà comment cette honneste dame départoit et compassoit les saisons; en quoy je me remets au jugement des mieux discourans, quelles des quatre en ces formes pouvoyent estre à l'un et à l'autre plus douces et agréables.

Ast'heure à bon escient me départs-je de ce discours. Qui en voudra sçavoir davantage et des diverses humeurs des cocus, qu'il fasse une recherche d'une vieille chanson qui fut faite à la cour, il y a quinze ou seize ans, des cocus, dont le refrain est :

Un cocu meine l'autre, et tousjours sont en peine ;
Un cocu l'autre meine.

Je prie toutes les honnestes dames qui liront dans ce chapitre aucuns contes, si par cas elles y passent dessus, me pardonner s'ilz sont un peu gras en saupiquets, d'autant que je ne les eusse sceu plus modestement déguiser, veu la sauce qu'il leur faut. Et diray bien plus, que j'en eusse allégué d'autres encore plus saugreneux et meilleurs, n'estoit que, ne les pouvant ombrager bien d'une belle modestie, j'eusse eu crainte d'offenser les honnestes dames qui prendront cette peine et me feront cet honneur de lire mes livres. Et si vous diray de plus, que ces contes que j'ay fait icy ne sont point contes menus de villes ne villages, mais vienent de bons et hauts lieux, et si ne sont de viles et basses personnes, ne m'estant voulu mesler que de coucher les grands et hauts sujets, encor que j'aye le dire bas ; et, en ne nommant rien, je ne pense escandaliser rien aussi.

> Femmes, qui transformez vos marys en oyseaux,
> Ne vous en lassez point, la forme en est très-belle ;
> Car, si vous les laissez en leurs premières peaux,
> Ilz voudront vous tenir toujours en curatelle,
> Et comme hommes voudront user de leur puissance ;
> Au lieu qu'estans oyseaux, ne vous feront d'offense.

AUTRE

> Ceux qui vouldront blasmer les femmes amiables
> Qui font secrètement leurs bons marys cornards,
> Les blasment à grand tort, et ne sont que bavards ;
> Car elles font l'aumosne et sont fort charitables.
> En gardant bien la loy à l'aumosne donner,
> Ne faut en hypocrit la trompette sonner.

VIEILLE RIME DU JEU D'AMOURS,
QUE J'AI TROUVÉE DANS DES VIEUX PAPIERS.

> Le jeu d'amours, où jeunesse s'esbat,
> A un tablier se peut accomparer.
> Sur un tablier les dames on abat ;
> Puis il convient le trictrac préparer,
> Et en celuy ne faut que se parer.
> Plusieurs font Jean. N'est-ce pas jeu honneste,
> Qui par nature un joueur admoneste
> Passer le temps de cœur joyeusement ?
> Mais en défaut de trouver la raye nette,
> Il s'en ensuit un grand jeu de tourment.

Ce mot de *raye nette* s'entend en deux façons ; l'une, pour le jeu de la *raynette* du trictrac : et l'autre, que, pour ne trouver la *raye nette* de la dame avec qui l'on s'esbat, on y gaigne bonne vérolle, de bon mal et du torment.

FIN DE TOUT LE SUSDIT PRÉSENT DISCOURS.

Blanche de Castille. (Voir p. 130.)

DISCOURS SECOND

Sur le sujet qui contente le plus en amours ou le toucher, ou la veuë,
ou la parole.

INTRODUCTION

Voicy une question en matière d'amours qui mériteroit un plus profond et meilleur discoureur que moy, sçavoir : qui contente plus en la jouissance d'amour, ou le tact qui est l'attouchement, ou la parole, ou la veue ? M. Pasquier, très-grand personnage certes en sa jurisprudence, qui est sa profession, comme en autres belles et humaines sciences, en fait un discours dans ses lettres qu'il nous a laissé par escrit ; mais il a esté par trop bref, et, pour estre si grand homme, il ne devoit tant là-dessus espargner sa belle parole comme il a fait ; car, s'il l'eust voulue un peu eslargir et en dire bien au vray et au naturel ce qu'il en eust sceu bien dire, sa lettre qu'il en a fait là-dessus en fust esté cent fois bien plus plaisante et agréable.

Il en fonde son discours principal sur quelques rimes anciennes du comte

Thibaud de Champagne, lesquelles je n'avois jamais veues, sinon ce petit fragment que ce M. Pasquier produit là. Et trouve que ce bon et brave ancien chevalier dit très-bien, non en si bons termes que nos gallants poëtes d'aujourd'huy, mais pourtant en très-bon sens et bonnes raisons : aussi avoit-il un très-beau et digne sujet pourquoy il disoit si bien, qui estoit la reine Blanche de Castille, mère de saint Louis, de laquelle il fut aucunement espris, voire beaucoup, et l'avoit prise pour maistresse. Mais, pour cela, quel mal et quel reproche pour cette reine? Encor qu'elle fust esté très-sage et vertueuse, pouvoit-elle engarder le monde de l'aymer et brusler au feu de sa beauté et de ses vertus, puisque c'est le propre de la vertu et d'une perfection que de se faire aymer? Le tout est de se laisser aller à la volonté de celuy qui ayme.

Voilà pourquoy il ne faut trouver estrange ny blasmer cette reyne si elle fut tant aymée, et que, durant son règne et son autorité, il y ait eu en France des divisions et séditions et guerres : car, comme j'ay ouy dire à un très-grand personnage, les divisions s'esmouvent autant pour l'amour que pour les brigues de l'Estat, et, du temps de nos pères, il se disoit un proverbe ancien : que tout le monde en vouloit du c.. de la reine folle.

Je ne sçay pour quelle reine ce proverbe se fit, comme possible fit ce comte Thibaud, qui, possible, ou pour n'estre bien traitté d'elle comme il vouloit, ou qu'il en fust dédaigné, ou un autre mieux aymé que luy, conceut en soy ces dépits qui le précipitèrent et firent perdre en ces guerres et tumultes ; ainsi qu'il arrive souvent quand une belle ou grande reine ou dame, ou princesse, se met à régir un Estat, un chacun désire la servir, honnorer et respecter, autant pour avoir l'heur d'être bien venu d'elle et estre en ses bonnes grâces, comme de se vanter de régir et gouverner l'Estat avec elle et en tirer du proffit. J'en alléguerois quelques exemples, mais je m'en passeray bien.

Tant y a, que ce comte Thibaud prit sur ce beau sujet, que je viens de dire, à bien escrire, et, possible, à faire cette demande que nous représente M. Pasquier, auquel je renvoye le lecteur curieux, sans ne toucher icy aucunes rimes; car ce ne seroit qu'une superfluité. Maintenant il me suffira d'en dire ce qu'il me semble, tant de moy que de l'advis des plus gallans que moy.

ARTICLE PREMIER
De l'attouchement en amour.

Or, quant à l'attouchement, certainement il faut advouer qu'il est très-délectable, d'autant que la perfection de l'amour c'est de jouir, et ce jouir ne se peut faire sans l'attouchement : car tout ainsi que la faim et la soif ne se peut soulager et appaiser, sinon par le manger et le boire, aussi l'amour ne se passe ny par l'ouye ny par la veue, mais par le toucher, l'embrasser, et par l'usage de Vénus. A quoy le badin fat Diogènes Cinicus rencontra badinement, mais salaudement pourtant, quand il souhaittoit qu'il pust abattre sa faim en se frottant le ventre, tout ainsi qu'en se frottant la verge il passoit sa rage d'amour. J'eusse voulu mettre cecy en paroles plus nettes, mais il le faut passer fort légèrement ; ou bien, comme fit cet amoureux de Lamia, qui, ayant esté trop excessivement rançonné d'elle pour jouir de son amour, n'y put ou n'y voulut entendre ; et, pour ce, s'advisa, songeant en elle, se corrompre, se polluer, et passer son envie en son imagination : ce qu'elle ayant sceu, le fit convenir devant le juge qu'il eust à l'en satisfaire et la payer ; lequel ordonna qu'au son et tintement de l'argent qu'il luy monstreroit elle seroit payée, et en passeroit ainsi son envie, de mesme que l'autre, par songe et imagination, avoit passé la sienne.

Il est bien vray que l'on m'alléguera force espèces de Vénus que les philosophes anciens déguisent ; mais de ce, je m'en rapporte à eux et aux plus subtils qui en voudront discourir. Tant y a, puisque le fruit de l'amour mondain n'est autre chose que la jouissance, il ne faut point la penser bien avoir, qu'en touchant et embrassant. Si est-ce que plusieurs ont bien eu opinion que ce plaisir estoit fort maigre, sans la veue et la parole ; et de ce nous en avons un bel exemple dans les *Cent Nouvelles* de la reine de Navarre, de cet honneste gentilhomme, lequel, ayant jouy plusieurs fois de cette honneste dame, de nuict, bouchée avec son touret de nez (car les masques n'estoyent encores en usage), en une gallerie sombre et obscure, encor qu'il cogneust bien au toucher qu'il n'y avoit rien que de bon, friant et exquis, ne se contenta point de telle faveur, mais voulut sçavoir à qui il avoit à faire : par quoy, en l'embrassant et la tenant un jour, il la marqua d'une craye au derrière de sa robbe qui estoit de velours noir ; et puis le soir qui estoit après souper (car leurs assignations estoyent à certaine heure assignée), ainsi que les femmes entroyent dans la salle du bal, il se mit derrière la porte ; et, les espiant attentivement passer, il vid entrer la sienne marquée sur l'épaule, qu'il n'eust jamais pensé ; car en ces façons, contenances et paroles, on l'eust prise pour la Sapience de Salomon, et telle que la reine la décrit.

Qui fut esbahy ? ce fut ce gentilhomme, pour sa fortune, assise sur une femme qui n'eust jamais creu moins d'elle que de toutes les femmes de la cour. Vray est qu'il voulut passer plus outre, et ne s'arrester là ; car il luy voulut le tout descouvrir, et sçavoir d'elle pourquoy elle se cachoit ainsi de luy, et se faisoit ainsi servir à couvert et cachettes ; mais elle, très-bien rusée, nia et renia tout jusques à sa part de paradis et la damnation de son âme, comme est la coustume des dames quand on leur va objicer des choses de leur cas qu'elles ne veulent qu'on les sçache, encor qu'on en soit bien certain et qu'elles soyent très-vrayes.

Elle s'en despita ; et par ainsi ce gentilhomme perdit sa bonne fortune. Bonne certes, elle l'estoit ; car la dame estoit grande, et valloit le faire ; et, qui plus est, parce qu'elle faisoit de la sucrée, de la chaste, de la prude, de la feinte ; en cela il pouvoit avoir double plaisir : l'un pour cette jouissance si douce, si bonne et si délicate ; et le second, à la contempler souvent devant le monde en sa mixte, cointe mine, froide et modeste, et sa parolle toute chaste, rigoureuse et rechignarde, songeant en soy son geste lascif, follastre maniement et paillardise, quand ilz estoient ensemble.

Voilà pourquoy ce gentilhomme eut grand tort de luy en avoir parlé ; mais devoit tousjours continuer ses coups et manger sa viande, aussi bien sans chandelle qu'avec tous les flambeaux de sa chambre. Bien devoit-il sçavoir qui elle estoit ; et en faut louer sa curiosité, d'autant que, comme dit le conte, il avoit peur avoir à faire avec quelque espèce de diable ; car volontiers ces diables se transforment et prennent la forme des femmes pour habiter avec les hommes, et les trompent ainsi ; auxquels pourtant, à ce que j'ay ouy dire à aucuns magiciens subtils, est plus aisé de s'accommoder de la forme et visage de la femme, que non pas de la parole.

Voilà pourquoy ce gentilhomme avoit raison de la vouloir voir et connoistre ; et, à ce qu'il disoit lui-même, l'abstinence de la parole luy faisoit plus d'appréhension que la veue, et le mettoit en resverie de monsieur le diable ; dont en cela il monstra qu'il craignoit Dieu.

Mais, après avoir le tout descouvert, il ne devoit rien dire. Mais quoy! ce dira quelqu'un, l'amitié et l'amour n'est point parfaitte si on ne la déclare et du cœur et de la bouche ; et pour ce, ce gentilhomme la luy vouloit faire bien entendre ; mais il n'y gaigna rien, car il y perdit tout. Aussi qui eust cogneu l'humeur de ce gentilhomme, il sera pour excusé, car il n'estoit si froid ny discret pour jouer ce jeu, et se masquer d'une telle discrétion ; et, à ce que j'ay ouy dire à ma mère, qui estoit à la reine de Navarre, et qui en sçavoit quelques secrets de ses Nouvelles, et qu'elle en estoit l'une des devisantes, c'estoit feu mon oncle de La Chastaigneraye, qui estoit brusq, prompt et un peu vollage.

Le conte est déguisé pourtant pour le cacher mieux ; car mondict oncle ne fut jamais au service de la grand'princesse, maistresse de cette dame, ouy bien du roy son frère : et si n'en fut autre chose, car il estoit fort aymé et du roy et de la princesse. La dame, je ne la nommeray point, mais elle estoit veufve et dame d'honneur d'une très-grand'princesse, et qui sçavoit faire la mine de prude plus que dame de la cour.

J'ay ouy conter d'une dame de la cour de nos derniers rois, que je cognois, laquelle, estant amoureuse d'un fort honneste gentilhomme de la cour, vouloit imiter la façon d'amour de cette dame précédente ; mais autant de fois qu'elle venoit de son assignation et de son rendez-vous, elle s'en alloit à sa chambre, et se faisoit regarder à l'une de ses filles ou femmes de chambre de tous costez, si elle n'estoit point marquée ; et, par ce moyen, se garda d'estre mesprise et recogneue. Aussi ne fut-elle jamais marquée qu'à la neuviesme assignation, que la marque fut aussitost descouverte et recogneue de ses femmes. Et pour ce, de peur d'estre escandalisée et tomber en opprobre, elle brisa là, et oncques puis ne tourna à l'assignation.

Il eust mieux valu, ce dit quelqu'un, qu'elle luy eust laissé faire ces marques tant qu'elle eust voulu, et autant de faites les deffaire et les effacer ; et pour ce eust eu double plaisir : l'un, de ce contentement amoureux, et l'autre, de se mocquer de son homme, qui travaillait tant à ceste pierre philosophale pour la descouvrir et cognoistre, et n'y pouvoit jamais parvenir.

J'en ay ouy conter d'une autre du temps du roy François, de ce beau escuyer Gruffy, qui estoit un escuyer de l'escurie dudict roy, et mourut à Naples au voyage de M. de Lautrec, et d'une très-grand'dame de la cour, dont en devint très-amoureuse : aussi estoit-il très-beau et ne l'appeloit-on ordinairement que le beau Gruffy, dont j'en ay veu le pourtrait qui le monstre tel.

Elle attira un jour un sien vallet de chambre en qui elle se fioit, pourtant incogneu et non veu, en sa chambre, qui luy vint dire un jour, luy bien habillé qu'il sentoit son gentilhomme, qu'une très-honneste et belle dame se recommandoit à luy, et qu'elle en estoit si amoureuse qu'elle en désiroit fort l'acointance plus que d'homme de la cour, mais par tel si qu'elle ne vouloit, pour tout le bien du monde, qu'il la vist ni la cogneust ; mais qu'à l'heure du coucher, et qu'un chacun de la cour seroit retiré, il le viendroit quérir et prendre en un certain lieu qu'il luy diroit, et de là il le mèneroit coucher avec cette dame ; mais par te pache aussi, qu'il luy vouloit boucher les yeux avec un beau mouchoir blanc, comme un trompette qu'on meine en ville ennemie, afin qu'il ne pust voir ny recognoistre le lieu ny la chambre là où il le mèneroit, et le tiendroit tousjours par les mains afin de ne défaire ledict mouchoir ; car ainsi luy avoit commandé sa maistresse luy proposer ces conditions, pour ne vouloir estre cogneue de luy jusques à quelque temps certain et préfix qu'il luy dit et luy promit ; et pour ce, qu'il y pensât et advisât bien s'il y vouloit venir à cette condition, afin qu'il luy sceust dire l'endemain sa response ; car il le viendroit quérir et prendre en un lieu qu'il luy dit, et surtout qu'il fust seul : et il le mèneroit en une part si bonne qu'il ne s'en repentiroit point d'y estre allé.

Voilà une plaisante assignation et composée d'une estrange condition. J'aymerois autant celle-là d'une dame espagnole, qui manda un à une assignation, mais qu'il portast avec luy trois S. S. S., qui estoient à dire, *sabio solo segreto*; sage, seul, secret. L'autre luy manda qu'il iroit, mais qu'elle se garnist et fournist de trois F. F. F., qui sont qu'elle ne fust *fea ; flaca ny fria;* qui ne fust ny laide, flacque ny froide.

Attant le messager se départit d'avec Gruffy. Qui fut en peine et en songe? ce fut luy, ayant grand sujet de penser que ce fust quelque partie jouée de quelque ennemy de cour, pour luy donner quelque venue, ou de mort ou de charité envers le roy. Songeoit aussi quelle dame pouvoit-elle estre, ou grande, ou moyenne, ou petite, ou belle, ou laide, qui plus luy faschoit; encores que tous chats sont gris la nuict, ce dit-on, et tous c... sont c... sans clarté. Par quoy, après en avoir conféré à un de ses compagnons des plus privez, il se résolut de tenter la risque, et que pour l'amour d'une grande, qu'il présumoit bien estre, il ne falloit rien craindre ny appréhender. Par quoy, le lendemain que le roy, les reines, les dames et tous et toutes de la cour se furent retirez pour se coucher, ne faillit de se trouver au lieu que le messager luy avoit assigné, qui ne faillit aussitost l'y venir trouver avec un second, pour luy aider à faire le guet si l'autre n'estoit point suivy de page, ny de laquais, ny vallet, ny gentilhomme. Aussitost qu'il le vit, luy dit seulement : « Allons, monsieur, madame vous attend. » Soudain il le banda, et le mena par lieux obscurs, estroits, et traverses incogneues, de telle façon que l'autre luy dit franchement qu'il ne sçavoit là où il le menoit; puis l'entra dans la chambre de la dame, qui estoit si sombre et si obscure qu'il ne pouvoit rien voir ny cognoistre, non plus que dans un four.

Bien la trouva-il sentant bon, et très-bien parfumée, qui luy fit espérer quelque chose de bon; par quoy le fit déshabiller aussitost, et luy-même le déshabilla; et après le mena par la main, luy ayant osté le mouchoir, au lict de la dame, qui l'attendoit en bonne dévotion ; et se mit auprès d'elle à la taster, l'embrasser, la caresser, où il n'y trouva rien que très-bon et exquis, tant à sa peau qu'à son linge et lict très-superbe, qu'il tastonnoit avec les mains; et ainsi passa joyeusement sa nuict avec cette belle dame que j'ay bien ouy nommer. Pour fin, tout luy contenta en toutes façons; et cogneut bien qu'il estoit très-bien hébergé pour cette nuict ; mais rien ne luy faschoit, disoit-il, sinon que jamais il n'en sceut tirer aucune parole. Elle n'avoit garde, car il parloit assez souvent à elle, le jour comme aux autres dames et, pour ce, l'eust cogneue aussitost. De follâtreries, de mignardises, de caresses, d'attouchements, et de toute autre sorte de démonstrations d'amour et paillardises, elle n'y espargnoit aucune : tant y a qu'il se trouva bien.

Le lendemain, à la pointe du jour, le messager ne faillit le venir esveiller, et le lever et habiller, le bander et le retourner au lieu où il l'avoit pris, et recommander à Dieu jusques au retour, qui seroit bientost. Et ne fut sans luy demander s'il luy avoit menty, et s'il se trouvoit bien de l'avoir creu, et ce qui luy en sembloit de lui avoir servy de fourrier, et s'il luy avoit donné bon logement.

Le beau Gruffy, après l'avoir remercié cent fois, luy dit adieu, et qu'il seroit tousjours prest de retourner pour si bon marché, et revoler quand il voudroit; ce qu'il fit, et la feste en dura un bon mois, au bout duquel fallut à Gruffy partir pour son voyage de Naples, qui prit congé de sa dame et luy dist adieu à grand regret, sans en tirer d'elle un seul parler aucunement de sa bouche, sinon soupirs et larmes, qu'il luy sentoit couler des yeux. Tant y a qu'il partit d'avec elle sans la cognoistre nullement ny s'en appercevoir.

Depuis on dit que cette dame pratiqua cette vie avec deux ou trois autres de cette façon, se donnant ainsi du bon temps. Et disoit-on qu'elle s'accommodoit de cette astuce, d'autant qu'elle estoit fort avare, et par ainsi elle espargnoit le sien et n'estoit sujette à faire présens à ses serviteurs; car enfin, toute grand'dame pour son honneur doit donner, soit peu ou prou, soit argent, soit bagues ou joyaux, ou soyent riches faveurs. Par ainsi, la gallante se donnait à son c.. joye, et espargnoit sa bourse, en ne se manifestant seulement qu'elle estoit; et pour ce, ne se pouvoit estre reprise de ses deux bourses, ne se faisant jamais cognoistre. Voilà une terrible humeur de grand'dame.

Aucuns en trouveront la façon bonne, autres la blasmeront, autres la tiendront pour très-excorte; aucuns l'estimeront bonne mesnagère : mais je m'en rapporte à ceux qui en discourront mieux que moy : si est-ce que cette dame ne peut encourir tel blasme que ceste reine qui se tenoit à l'hostel de Nesle à Paris, laquelle faisant le guet aux passans, et ceux qui luy revenoyent et agréoient le plus, de quelques sortes de gens que ce fussent, les faisoit appeler et venir à soy; et, après en avoir tiré ce qu'elle en vouloit, les faisoit précipiter du haut de la tour, qui paroist encores, en bas en l'eau, et les faisoit noyer [1].

Je ne peux dire que cela soit vray; mais le vulgaire, au moins la pluspart

---

[1]. Voyez Bayle, *Dict. crit.*, au mot BURIDAN. Villon, dans sa ballade des *Dames des temps jadis* :

> Semblablement où est la reine,
> Qui commanda que Buridan
> Fust jeté en un sac en Seine ?

de Paris, l'afferme; et n'y a si commun, qu'en luy monstrant la tour seulement, et en l'interrogeant, que de luy-mesme ne le dye.

Laissons ces amours, qui sont plustost des avortons que des amours, lesquelles plusieurs de nos dames d'aujourd'huy abhorent, comme elles en ont raison, voulant communiquer avec leurs serviteurs, et non comme avec rochers ou marbres : mais, après les avoir bien choisis, se sçavent bravement et gentiment faire servir et aymer d'eux. Et puis, en ayant cogneu leurs fidélitez et loyale persévérance, se prostituent avec eux par une fervente amour, et se donnent du plaisir avec eux non en masques, ny en silence, ny muettes, ny parmy les nuicts et ténèbres : mais en beau plain jour se font voir, toucher, taster, embrasser, et les entretiennent de beaux et lascifs discours, de mots follastres et paroles lubriques. Quelquesfois pourtant s'aydent de masques; car il y a plusieurs dames qui quelques fois sont contraintes d'en prendre en le faisant, si c'est au hasle qu'elles le facent, de peur de se gâter le teint, ou ailleurs, afin que, si elles s'eschauffent par trop, et si sont surprises, qu'on ne connoisse leur rougeur, ny leur contenance estonnée, comme j'en ai veu; et le masque cache tout; et ainsi trompent le monde.

ARTICLE DEUXIÈME

De la parole en amour.

J'ay ouy dire à plusieurs dames et cavalliers qui ont mené l'amour, que, sans la veue et la parole, elles aymeroient autant ressembler les bestes brutes, lesquelles, par un appétit naturel et sensuel, n'ont autre soucy ne amitié que de passer leur rage et chaleur.

Aussi ay-je ouy dire à plusieurs seigneurs et gallants gentilshommes qui ont couché avec de grandes dames, ils les ont trouvées cent fois plus lascives et débordées en paroles que les femmes communes et autres. Elles le peuvent faire à finesse, d'autant qu'il est impossible à l'homme, tant vigoureux soit-il, de tirer au collier et labourer tousjours; mais, quand il vient à la pose et au relasche, il trouve si bon et si appétissant quand sa dame l'entretient de propos lascifs et mots folastrement prononcez, que, quand Vénus seroit la plus endormie du monde, soudain elle est esveillée; mesmes que plusieurs dames, entretenant leurs amans devant le monde, fust aux chambres des reines et princesses et ailleurs, les pipoyent, car elles leur disoyent des parolles si lascives et si friandes, qu'elles et eux se corrompoyent comme dedans un lict : nous, les arregardans, pensions qu'elles tinssent autres propos.

Lesquelles, qui les contemplera bien, trouvera leurs coiffures et leurs habits en perfection.
(Voir p. 142.)

C'est pourquoy Marc-Antoine ayma tant Cléopatre et la préféra à sa femme Octavia, qui estoit cent fois plus belle et aymable que la Cléopatre ; mais cette Cléopatre avait la parole si affettée et le mot si à propos, avec ses façons et grâces lascives, qu'Antoine oublia tout pour son amour.

Plutarque nous en fait foy, sur aucuns brocards ou sobriquets qu'elle disoit si gentiment, que Marc Antoine, la voulant imiter, ne ressembloit en ses devis (encore qu'il voulust fort faire du gallant) qu'à un soldat et gros gendarme, au prix d'elle et sa belle fraze de parler.

Pline fait un conte d'elle que je trouve fort beau, et, par ce, je le répéteray icy un peu. C'est qu'un jour, ainsi qu'elle estoit en ses plus gailllardes humeurs, et qu'elle s'estoit habillée à l'advenant et à l'advantage, et surtout de la teste, d'une guirlande, de diverses fleurs convenante à toute paillardise, ainsi qu'ilz estoyent à table, et que Marc Antoine voulut boire, elle l'amusa de quelque gentil discours, et cependant qu'elle parloit, à mesure elle arrachoit de ses belles fleurs de sa guirlande, qui néantmoins estoyent toutes semées de poudres enpoisonnées, et les jetoit peu à peu dans la coupe que tenoit Marc Antoine pour boire ; et ayant achevé son discours, ainsi que Marc-Antoine voulut porter la coupe au bec pour boire, Cléopatre luy arreste tout court la main, et ayant apposté un esclave ou criminel qui estoit là près, le fit venir à luy, et luy fit donner à boire ce que Marc Anthoine alloit avaller, dont soudain il en mourut : et puis, se tournant vers Marc Antoine, luy dit : « Si je « ne vous aymois comme je fais, je me fusse maintenant défaite de vous, et « eusse fait le coup volontiers, sans que je voys bien que ma vie ne peut estre sans la vostre. » Cette invention et cette parole pouvoyent bien confirmer Marc Anthoine en son amitié, voire le faire croupir davantage aux costez de sa charnure.

Voilà comment servit l'éloquence à Cléopatre, que les histoires nous ont escrites très-bien disante ; aussi ne l'appelloit-il que simplement la reine, pour plus grand honneur, ainsi qu'il escrit à Octave César, avant qu'ils fussent déclarez ennemis. « Qui t'a changé, dit-il, pour ce que j'embrasse la reine ? « Elle est ma femme. Ay-je commancé dès à st'heure ? Tu embrasses Drussille, « Tortale, Léontife, ou Rufile, ou Salure Litiseme, ou toutes : que t'en « chaut-il sur quelle tu donnes, quand l'envye t'en prend ? »

Par là Marc Anthoine louoit sa constance et blasmoit la variété de l'autre d'en aymer tant au coup, et luy n'aymoit que sa reine : dont je m'estonne qu'Octave ne l'ayma après la mort d'Antoine. Il se peut faire qu'il en jouit, quand il la vit et la fit venir seule en sa chambre, et qu'elle l'harangua ; possible qu'il n'y trouva pas ce qu'il pensoit, ou la mesprisa pour quelque autre raison, et en voulut faire son triomphe à Rome et la montrer en parade ; à quoi elle rémédia par sa mort advancée.

Certes, pour retourner à nostre dire premier, quand une dame se veut mettre sur l'amour, ou qu'elle y est une fois bien engagée, il n'y a orateur au monde qui die mieux qu'elle. Voyez comme Sophonisba nous a esté descrite de Tite-Live, d'Apian, et d'autres, si bien disante à l'endroit de Massinissa, lorsqu'elle vint à luy pour l'aymer, gaigner et réclamer, et après quand il luy fallut avaller le poison. Bref, toute dame, pour estre bien aymée, doit bien parler ; et volontiers on en voit peu qui ne parlent bien et n'ayent des mots pour esmouvoir le ciel et la terre, et fust-elle glacée en plein hyver.

Celles surtout qui se mettent à l'amour, et si elles ne sçavent rien dire, elles sont si dessavourées que le morceau qu'elles vous donnent n'a ny goust ni saveur : et quand M. du Bellay, parlant de sa courtisanne et déclarant ses

> De la vertu je sçavois deviser,
> Et je sçavois tellement éguiser,
> Que rien qu'honneur ne sortait de ma bouche ;
> Sage au parler et folastre à la couche.

mœurs, dit qu'elle estoit « sage au parler, et folastre à la couche [1], » cela

---

[1] La vieille Courtisanne, fol. 449. B. des Œuvres poët. de Joach. du Bellay, édit. de 1597 :

s'entend en parlant devant le monde et entretenant l'un et l'autre ; mais lorsque l'on est à part avec son amy, toute gallante dame veut estre libre en sa parole et dire ce qui luy plaist, afin de tant plus esmouvoir Vénus.

J'ai ouy faire des contes à plusieurs qui ont jouy de belles et grandes dames, ou qui ont esté curieux de les escouter parlant avec d'autres dedans le lict, qu'elles estoyent aussi libres et folles en leur parler que courtisannes qu'on eust sceu connoistre ; et qui est un cas admirable, est que, pour estre ainsi accoutumées à entretenir leurs marys, ou leurs amis, de mots, propos et discours sallaux et lascifs, mesmes nommer tout librement ce qu'elles portent au fonds du sac, sans farder ; et pourtant, quand elles sont en leurs discours, jamais ne s'extravaguent, ny aucun de ces mots sallaux leur vient à la bouche : il faut bien dire qu'elles se sçavent bien commander et dissimuler ; car il n'y a rien qui frétille tant que la langue d'une dame ou fille de joye.

Si ay-je cogneu une très-belle et honneste dame de par le monde, qui, devisant avec un honneste gentilhomme de la cour des affaires de la guerre durant ces civiles, elle luy dit : « J'ay ouy dire que le roy a faict rompre tous « les c... de ce pays là. » Elle vouloit dire *les ponts*. Pensez que, venant de coucher d'avec son mary, ou songeant à son amant, elle avoit encor ce nom frais en la bouche ; et le gentilhomme s'en eschauffa en amours d'elle pour ce mot.

Une autre dame que j'ai cogneue, entretenant une autre grand'dame plus qu'elle, et luy louant et exaltant ses beautez, elle luy dit après : « Non, madame, « ce que je vous en dis, ce n'est point pour vous *adultérer* ; » voulant dire *adulater*, comme elle le rhabilla ainsi : pensez qu'elle songeoit à l'adultère et à adultérer.

Bref, la parole en jeu d'amours a une très-grande efficace ; et où elle manque le plaisir en est imparfait : aussi, à la vérité, si un beau corps n'a une belle âme, il ressemble mieux son idole qu'un corps humain ; et s'il se veut faire bien aymer, tant beau soit-il, il faut qu'il se face seconder d'une belle âme ; que s'il ne l'a de nature, il la faut façonner par art.

Les courtisanes de Rome se mocquent fort des gentilles dames de Rome, lesquelles ne sont apprises à la parole comme elles ; et disent que *chiavano come cani, ma che sono quiete della bocca come sassi*[1].

Voilà pourquoy j'ai cogneu beaucoup d'honnestes gentilshommes qui ont refusé l'acointance de plusieurs dames, je vous dis très-belles, parce qu'elles

---

[1] Elles s'abandonnent comme chiennes, et sont muettes de la bouche comme pierres.

estoyent idiotes, sans âme, sans esprit et sans parole, et les ont quittées tout à plat ; et disoyent qu'ils aymoyent autant avoir à faire avec une belle statue de quelque beau marbre blanc, comme celuy qui en ayma une à Athènes jusques à en jouir. Et pour ce, les étrangers qui vont par pays ne se mettent à guières aymer les femmes estrangères, ny volontiers s'encaprichent pour elles, d'autant qu'ilz ne s'entendent point, ny leur parole ne leur touche aucunement au cœur; j'entends ceux qui n'entendent leur langage; et s'ils s'accostent d'elles, ce n'est que pour contenter autant nature, et esteindre le feu naturel bestialement, et puis *andar in barca* [1] ,comme dist un Italien un jour désembarqué à Marseille, allant en Espagne, et demandant où il y avoit des femmes. On luy monstre un lieu où se faisoit le bal de quelques nopces. Ainsi qu'une dame le vint accoster et arraisonner, il luy dit : *V. S, mi perdona, non voglio parlare, voglio solamente chiavare, e poi me n'andar in barca* [2].

Le François ne prend grand plaisir avec une Allemande, une Souysse, une Flamande, une Angloise, Escossoise ou Esclavonne ou autre estrangère, encore qu'elle babillast le mieux du monde, s'il ne l'entend : mais il se plaist grandement avec sa dame françoise, ou avec l'Italienne ou Espagnole, car coustumièrement la pluspart des François aujourd'huy, au moins ceux qui ont un peu veu, sçavent parler ou entendent ce langage ; et Dieu sçait s'il est affetté et propre pour l'amour, car quiconque aura à faire avec une dame françoise, italiene, espagnolle ou grecque, et qu'elle soit diserte, qu'il die hardiment qu'il est pris et vaincu.

D'autres fois nostre langue françoise n'a esté si belle ny si enrichie comme elle est aujourd'hui; mais il y a longtemps que l'italienne, l'espagnole et la gresque l'est : et volontiers n'ay-je guières veu dame de cette langue, si elle a pratiqué tant soit peu le mestier de l'amour, qui ne sçache très-bien dire. Je m'en rapporte à ceux qui ont traité celles-là. Tant y a qu'une belle dame et remplye de belle parole contente doublement.

ARTICLE TROISIÈME
De la veuë en amour.

Parlons maintenant de la veue. Certainement, puisque les yeux sont les premiers qui attaquent le combat de l'amour, il faut advouer qu'ils donnent un très-grand contentement quand ils nous font voir quelque chose de beau et

---

[1] Se retirer à la barque.
[2] Pardonnez-moi, madame ; je ne veux point jaser, mais seulement agir et puis me retirer à la barque.

rare en beauté. Hé! quelle est la chose du monde que l'on puisse voir plus belle qu'une belle femme, soit habillée ou bien parée, ou nue entre deux draps ; Pour l'habillée, vous n'en voyez que le visage à nud ; mais, quand aussi un beau corps, orné d'une riche et belle taille, d'un port et d'une grâce, d'une apparence et superbe majesté, à nous se présente à plein, quelle plus belle vue et agréable monstre peut-il estre au monde? Et puis, quand vous en venez à jouir tout ainsi couverte et superbement habillée, la convoitise et jouissance en redoublent, encor que l'on ne voye que le seul visage de tout le reste des autres parties du corps : car malaisément peut-on jouir d'une grande dame selon toutes les commoditez que l'on désireroit bien, si ce n'estoit dans une chambre bien à de loisir et lieu secret, ou dans un lict bien à plaisir ; car elle est tant esclairée!

Et c'est pourquoy une grand'dame, dont j'ay ouy parler, quand elle rencontroit son serviteur à propos, et hors de veu et descouverte, elle prenoit l'occasion tout aussitost, pour s'en contenter le plus promptement et briefvement qu'elle pouvoit, en luy disant un jour : « C'estoyent les sottes, le temps
« passé, qui, par trop se voulans délicater en leurs amours et plaisirs, se
« renfermoyent, ou en leurs cabinets, ou autres lieux couverts, et là faisoyent
« tant durer leurs jeux et esbats qu'aussitost elles estoyent descouvertes et
« divulguées. Aujourd'huy, il faut prendre le temps, et le plus bref délai que
« l'on pourra, et, aussitost assailly, aussitost investi et achevé ; et, par ainsi,
« nous ne pouvons estre escandalisées. »

Je trouve que cette dame avoit raison ; car ceux qui se sont meslez de cet estat d'amour, ilz ont tousjours tenu cette maxime qu'il n'y a que le coup en robbe. Aussi quand l'on songe que l'on brave, l'on foule, presse et gourmande, abat et porte par terre les draps d'or, les toilles d'argent, les clinquants, les estoffes de soie, avec les perles et pierreries, l'ardeur, le contentement s'en augmente bien davantage, et certes plus qu'en une bergère ou autre femme de pareille qualité, quelque belle qu'elle soit.

Et pourquoy jadis Vénus fut trouvée si belle et tant désirée, sinon qu'avec sa beauté elle estoit tousjours gentiment habillée, et ordinairement parfumée qu'elle sentoit tousjours bon de cent pas loing? Aussi tenoit-on que les parfums animent fort à l'amour.

Voilà pourquoy les emperières et grandes dames de Rome s'en accommodoyent bien fort, comme font aussi nos grandes dames de France, et surtout aussi celles d'Espagne et d'Italie, qui, de tout temps, en sont esté plus curieuses et exquises que les nostres, tant en parfums qu'en parures de superbes habits, desquelles nos dames en ont pris depuis les patrons et belles inventions : aussi les autres les avoyent apprises des médailles et statues antiques de ces dames romaines, que l'on voit encor parmy plusieurs antiquitez qui sont encores en Espagne et en Italie ; lesquelles, qui les contemplera bien, trouvera leurs coiffures et leurs habits en perfection, et très-propres à se faire aimer. Mais aujourd'huy, nos dames françoises surpassent tout. A la reine de Navarre elles en doivent ce grand mercy.

Voilà pourquoy il fait bon et beau d'avoir à faire à ces belles dames si bien en poinct, si richement et pompeusement parées, de sorte que j'ay ouy dire à aucuns courtisans, mes compagnons, ainsi que nous devisions ensemble, qu'ils les aymoient mieux ainsi que désacoustrées et couchées nues entre deux linceux, et dans un lict le plus enrichy de broderies que l'on sceut faire. D'autres disoyent qu'il n'y avoit que le naturel, sans aucun fard ny artifice, comme un grand prince que je sçay, lequel pourtant faisoit coucher ses courtisannes ou dames dans des draps de taffetas noir[1] bien tendus, toutes nues, afin que leur blancheur et délicatesse de chair parust bien mieux parmy ce noir, et donnast plus d'esbat.

Il ne faut douter vrayment que la veue ne soit plus agréable que toutes celles du monde, d'une belle femme toute parfaitte en beauté ; mais malaisément se trouve-elle. Aussi on trouve par escrit que Zeuxis, cet excellent peintre, ayant esté prié, par quelques honnestes dames et filles de sa connoissance, de leur donner le pourtrait de la belle Hélaine et la leur représenter si belle comme l'on disoit qu'elle avoit esté, il ne leur en voulut point refuser ; mais, avant qu'en faire le pourtrait, il les contempla toutes fixement, et en prenant de l'une et de l'autre ce qu'il y put trouver de plus beau, il en fit un tableau comme de belles pièces rapportées, et en présenta par icelles Hélaine si belle qu'il n'y avoit rien à dire, et qui fut tant admirable à toutes, mais Dieu mercy à elles, qui y avoient bien tant aydé par leurs beautez et parcelles comme Zeuxis avoit fait par son pinceau. Cela vouloit dire que de trouver sur Hélaine toutes les perfections de beauté il n'estoit pas possible, encor qu'elle ait esté en extrémité très-belle.

En cas qu'il ne soit vray, l'Espagnol dit que pour rendre une femme toute parfaite et absolue en beauté, il luy faut trente beaux sis[2], qu'une dame espagnole me dit une fois dans Tollède, là où il y en a de très-belles et bien gentilles, et bien apprises. Les trente donc sont tels :

---

1. Le *Divorce satyrique* attribue cette invention à la reine Marguerite, pour rendre le roi de Navarre, son mari, plus amoureux d'elle et plus lascif.

2. Ils sont pris d'un vieux livre français intitulé : *De la louange et beauté des Dames*. François Corniger les a mis en dix-huit vers latins. Vincentio Calmeta les a aussi mis en vers italiens, qui commencent par *Dolce Flaminia*.

Tres cosas blancas : el cuero, los dientes, y las manos.
Tres negras : los ojos, las cejas, y las pestañas.
Tres coloradas : los làbios, las mexillas, y la uñas.
Tres lungas : el cuerpo, los cabellos, y las manos.
Tres cortas : los dientes, la orejas, y los pies.
Tres anchas : los pechos, la frente, y el entrecejo.
Tres estrechas : la boca, l'una y otra, la cinta, y l'entrada del pie.
Tres gruesas : el braço, el musto, y la pantorilla.
Tres delgadas : los dedos, los cabellos, y los labios.
Tres pequeñas : las tetas, la naris, y la cabeça.

Qui sont en françois, afin qu'on l'entende :

Trois choses blanches : la peau, les dents et les mains.
Trois noires : les yeux, les sourcils et les paupières.
Trois rouges : les lèvres, les joues et les ongles.
Trois longues : le corps, les cheveux et les mains.
Trois courtes : les dents, les oreilles et les pieds.
Trois larges : la poitrine ou le sein, le front et l'entre-sourcil.
Trois étroites : la bouche (l'une et l'autre), la ceinture ou la taille, et l'entrée du pied.
Trois grosses : le bras, la cuisse et le gros de la jambe.
Trois déliées : les doigts, les cheveux et les lèvres.
Trois petites : les tetins, le nez et la teste.

Sont trente en tout.

Il n'est pas inconvénient, et se peut que tous ces sis en une dame peuvent estre tous ensemble; mais il faut qu'elle soit faite au moule de la perfection ; car de les voir tous assemblez, sans qu'il y en ait quelqu'un à redire et qui ne soit en défaut, il n'est possible. Je m'en rapporte à ceux qui ont veu de belles femmes, ou en verront, et qui voudront estre soigneux de les contempler et essayer, ce qu'ils en sauront dire. Mais pourtant encores qu'elles ne soyent accomplies ny embellies de tous ces poincts, une belle femme sera toujours belle, mais qu'elle en aye la moitié, et en aye les points principaux que je viens de dire : car j'en ay veu force qui en avoyent à dire plus de la moitié, qui estoyent très-belles et fort aymables; ny plus ny moins qu'un bocage est trouvé tousjours beau en printemps, encores qu'il ne soit remply de tant de petits arbrisseaux qu'on voudroit bien; mais que les beaux et grands arbres touffus paroissent, c'est assez de ces grands qui peuvent étouffer la défectuosité des autres petits.

M. de Ronsard me pardonne, s'il luy plaist; jamais sa maistresse, qu'il a faitte si belle, ne parvint à cette beauté, ny quelqu'autre dame qu'il ait veu de son temps ou en ait escrit, et fust sa belle Cassandre, qui je sçay bien qu'elle a esté belle, mais il l'a déguisée d'un faux nom ; ou bien sa Marie qui n'a jamais autre nom porté que celuy-là, quand à celle-là ; mais il est permis aux poëtes et peintres dire et faire ce qu'il leur plaist, ainsi que vous avez dans *Rolland le Furieux* de très-belles beautez descrites par l'Arioste, d'Alcine et autres.

Tout cela est bon ; mais comme je tiens d'un très-grand personnage, jamais nature ne sauroit faire une femme si parfaitte comme une âme vive et subtile de quelque biendisant, ou le créon et pinceau de quelque divin peintre la nous pourroyent représenter. Baste ! les yeux humains se contentent tousjours de voir une belle femme, de visage beau, blanc, bien fait : et encor qu'il soit brunet, c'est tout un ; il vaut bien quelquefois le blanc, comme dit l'Espagnole : *Aunque io sia morisca, no soy de menos preciar ;* « encor « que je sois brunette, je ne suis pas à mespriser. » Aussi la belle Marfise *era bruneta alquanto*[1]. Mais que le brun n'efface le blanc par trop ! Un visage aussi beau, faut qu'il soit porté par un corps façonné et fait de mesmes : je dys autant des grands que des petits, mais les grandes tailles passent tout.

Or, d'aller rechercher des points si exquis de beauté comme je viens de dire ou qu'on nous les dépeint, nous en passerons bien, et nous resjouirons à voir nos beautez communes : non que je les vueille dire communes autrement, car nous en avons de si rares que, ma foi ! elles vallent mieux que toutes celles que nos poëtes fantasques, nos quinteux peintres et nos pindariseurs de beautez sçauroyent représenter.

Hélas ! voicy le pis : telles beautez belles, tels beaux visages, en voyons-nous aucuns, admirons, désirons leur beau corps, pour l'amour de leurs belles faces, que néantmoins, quand elles viennent à estre descouvertes et mises en blanc, nous en font perdre le goust ; car ils sont si laidz, tarez, tachez, marqués et si hydeux, qu'ils en démentent bien le visage ; et voilà comme souvent nous y sommes trompez.

Nous en avons un bel exemple d'un gentilhomme de l'isle de Majorque, qui s'appeloit Raymond Lulle, de fort bonne, riche et ancienne maison, qui, pour sa noblesse, valeur et vertu, fut appelé en ses plus belles années au gouvernement de ceste ile. Estant en ceste charge, comme souvent arrive aux gouverneurs des provinces et places, il devint amoureux d'une belle dame de l'isle, des plus habiles, belles et mieux disantes de là. Il la servit longuement et fort bien ; et luy demandant tousjours ce bon point de jouissance, elle, après l'en avoir refusé tant qu'elle peut, luy donna un jour assignation, où il ne manqua

---

1. C'est-à-dire était un peu brunette.

En entrant en sa chambre, la trouva qui dormoit! (Voir p. 116.)

ny elle aussi, et comparut plus belle que jamais et mieux en poinct. Ainsi qu'il pensoit entrer en paradis, elle luy vint à descouvrir son sein et sa poitrine toute couverte d'une douzaine d'emplastres, et, les arrachant l'une après l'autre, et de despit les jettant par terre, luy monstra un effroyable cancer, et, les larmes aux yeux, luy remonstra ses misères et son mal, luy disant et demandant s'il y avoit tant de quoy en elle qu'il en deust estre tant espris; et sur ce, luy en fit un si pitoyable discours que luy, tout vaincu de pitié du mal de cette belle dame, la laissa; et l'ayant recommandée à Dieu pour sa santé, se défit de sa charge et se rendit hermite. Et estant de retour de la guerre sainte, où il avoit fait vœu, s'en alla estudier à Paris, sous Arnaldus de Villanova, sçavant philosophe; et ayant fait son cours, se retira en Angleterre, où le roy pour lors le receut avec tous les bons recueils du monde pour son grand sçavoir, et qu'il transmua plusieurs lingots et barres de fer, de cuivre et d'estain, mesprisant cette commune et triviale façon de transmuer le plomb et le fer en or, parce qu'il sçavoit que plusieurs de son temps sçavoyent faire cette besogne aussi bien que luy, qui sçavoit faire l'un et l'autre ; mais il vouloit faire un pardessus les autres.

Je tiens ce compte d'un gallant homme qui m'a dit le tenir du jurisconsulte Oldrade, qui parle de Raymond Lulle au commentaire qu'il a fait sur le code *de falsa moneta*. Aussi le tenoit-il, ce disoit, de Carolus Bovillus[1], picard de nation, qui a composé un livre en latin de la vie de Raymond Lulle[2].

Voilà comment il passa sa fantaisie de l'amour de cette belle dame ; si que, possible, d'autres n'eussent pas fait, et n'eussent laissé à l'aymer et fermer les yeux, mesmes en tirer ce qu'il vouloit, puisqu'il estoit à mesmes : car la partie où il tendoit n'estoit touchée d'un tel mal.

J'ay cogneu un gentilhomme et une dame veufve de par le monde, qui ne firent pas ces scrupules ; car la dame estant touchée d'un gros villain cancer au tétin, il ne laissa de l'espouser, et elle aussi le prendre, contre l'advis de sa mère ; et toute malade et maléficiée qu'elle estoit, et elle et luy s'esmeurent et se remuèrent tellement toute la nuict, qu'ils en rompirent et enfoncèrent le fonds du chalit.

J'ay cogneu aussi un fort honneste gentilhomme, mon grand amy, qui me dit qu'un jour estant à Rome, il luy advint d'aymer une dame espagnole, et des belles qui fust en la ville jamais. Quand il l'accostoit, elle ne vouloit permettre qu'il la vist, ny qu'il la touchast par ses cuisses nues, sinon avec ses calsons ; si bien que quand il la y vouloit toucher, elle luy disoit en espagnol : *Ah! no me tocays, hareis me quosquillas*[3], qu'est à dire : « vous me chatouillez. » Un matin, passant devant sa maison, trouvant sa porte ouverte, monte tout bellement, où estant entré sans rencontrer ny fantesque, ny page, ny personne, et entrant en sa chambre, la trouva qui dormoit si profondément qu'il eut loisir de la voir toute nue sur le lict, et la contempler à son aise, car il faisoit très-grand chaud ; et dit qu'il ne vid jamais rien de si beau que ce corps, fors qu'il vid une cuisse belle, blanche, pollie et refaitte, mais l'autre elle l'avoit toute seiche, atténuée et estiomenée, qui ne paressoit pas plus grosse que le bras d'un petit enfant. Qui fut estonné ? Ce fut le gentilhomme, qui la plaignit fort, et oncques plus ne la tourna visiter ny avoir à faire avec elle.

Il se void force dames qui ne sont pas ainsi estiomenées de catherre ; mais elles sont si maigres, dénuées, asseichées et descharnées, qu'elles n'en peuvent rien monstrer que le bastiment : comme j'ay cogneu une très-grande

---

1. En françois, Charles de Bouvelles. On a de lui plusieurs ouvrages.
2. C'est un in-4° imprimé à Paris, chez Ascensius, le 3 des nones de décembre 1511.
3. Ah ! ne me touchez pas.

que M. l'évêque de Cisteron, qui disoit le mot mieux qu'homme de la court, en brocardant affermoit qu'il valloit mieux de coucher avecques une ratouère de fil d'archal qu'avec elle ; et, comme dist aussi un honneste gentilhomme de la court auquel nous faisions la guerre, qu'il avoit à faire avec une dame assez grande : « Vous vous trompez, dit-il, car j'ayme trop la chair, et elle n'a « que les os : » et pourtant à voir ces deux dames si belles par leurs beaux visages, on les eust jugées pour des morceaux très-charnus et bien friands.

Un très-grand prince, de par le monde, vint une fois à estre amoureux de deux belles dames tout à coup, ainsi que cela arrive souvent aux grands, qui ayment les variétez. L'une estoit fort blanche, et l'autre brunette, mais toutes deux très-belles et fort aymables. Ainsi qu'il venoit un jour de voir la brunette, la blanche jalouze luy dit : « Vous venez de voller pour corneille. » A quoy luy respondit le prince un peu irrité, et fasché de ce mot : « Et quand je suis « avec vous, pour qui vollè-je ? » La dame respondit : « Pour un phénix. » Le prince, qui disoit des mieux, répliqua : « Mais dittes plustost pour l'oyseau « de paradis, là où il y a plus de plume que de chair ; » la taxant par là qu'elle estoit maigre aucunement : aussi estoit-elle fort jovanotte pour estre grasse, (l'embonpoint) ne se logeant coustumièrement que sur celles qui entrent dans l'aage, et qu'elles commencent à se renforcer et fortifier de membres et autres choses.

Un gentilhomme la donna bonne à un grand seigneur que je sçay. Tous deux avoyent belles femmes. Ce grand seigneur trouva celle du gentilhomme fort belle et bien advenante. Il luy dit un jour : « Un tel, il faut que je couche « avec vostre femme. » Le gentilhomme, sans songer, car il disoit très-bien le mot, luy respondit : « Je le veux, mais que je couche avec la vostre. » Le seigneur luy répliqua : « Qu'en ferois-tu ? car la mienne est si maigre, que « tu n'y prendrois nul goust. » Le gentilhomme respondit : « Ah ! par Dieu ! « je la larderay si menu que je la rendray de bon goust. »

Il s'en voit tant d'autres que leurs visages poupins et gentils font désirer leurs corps ; mais quand on y vient, on les trouve si descharnez, que le plaisir et la tentation en sont bien tost passez. Entr'autres, l'on y trouve l'os *barré* qu'on appelle, si sec et si descharné, qu'il foule et masche plus tout nud que le bast d'un mullet qu'il auroit sur luy. A quoy pour suppléer, telles dames sont coustumières de s'ayder de petits coissins bien mollets et délicats à soutenir le coup et engarder de la mascheure ; ainsi que j'ay ouy parler d'aucunes, qui s'en sont aydées souvent, voire des callesons gentiment rembourrez et faits de satin, de sorte que les ignorans les venans à toucher, ny trouvent rien que tout bon, et croyent fermement que c'est leur embonpoint naturel ; car, pardessus ce satin, il y avoit des petits callesons de toile volante et blanche ; si bien que l'amant, donnant le coup en robbe, s'en alloit de sa dame si content et satisfait qu'il la tenoit pour très-bonne robe.

D'autres y a-il encor qui sont de la peau fort maléficiées et marquetées comme marbre, ou en œuvre à la mosaïque, tavellées comme faons de bische, gratteleuses, et subjectes à enderses farineuses et farcineuses ; bref, gastées tellement, que la veue n'en est pas guières plaisante.

J'ay ouy parler d'une dame grande, et l'ay cogneue et cognois encore, qui est pelue, velue sur la poitrine, sur l'estomac, sur les espaules et le long de l'eschine, et à son bas, comme un sauvage. Je vous laisse à penser ce que veut dire cela. Si le proverbe est vray : que personne ainsi velue est riche ou lubrique, celle-là a l'un et l'autre, je vous en asseure ; et s'en fait fort bien donner, se voir et désirer.

D'autres ont la chair d'oyson ou d'estourneau plumé, harée, brodequinée, et plus noire qu'un beau diable. D'autres sont opulentes en tétasses avalées, pendantes plus que d'une vache allaitant son veau. Je m'asseure que ce ne sont pas les beaux tétins d'Héleine, laquelle, voulant un jour présenter au temple de Diane une coupe gentille pour certain vœu, employant l'orfèvre pour la luy faire, luy en fit prendre le modelle sur l'un de ses beaux tétins ; et en fit la coupe d'or blanc, qu'on ne sçauroit qu'admirer de plus, ou la coupe ou la ressemblance du tétin sur quoy il avoit pris le patron, qui se monstroit si gentil et si poupin, que l'art en pouvoit faire désirer le naturel. Pline dit cecy par grand spéciauté, où il traite qu'il y a de l'or blanc. Ce qui est fort estrange et que ceste coupe fust faite d'or blanc.

Qui voudroit faire des coupes d'or sur ces grandes tétasses que je dis et que je connois, il faudroit bien fournir de l'or à monsieur l'orfèvre, et ne seroit après sans coust et grand'risée, quand on diroit : « Voilà des coupes « faites sur le modèle des tétins de telles et telles dames. » Ces coupes ressembleroyent, non pas coupes, mais de vrayes auges qu'on void, de bois, toutes rondes, dont on donne à manger aux pourceaux.

Et d'autres y a-il, que le bout de leur tétin ressemble à une vray guine pourrie. D'autres y a-il, pour descendre plus bas, qui ont leur ventre si mal poly et ridé, qu'on les prendroit pour des vieilles gibessières ridées de sergens ou d'hostelliers ; ce qui advient aux femmes qui ont eu des enfans, et qui ne sont esté bien secourues et graissées de graisse de balaine de leurs sages-femmes. Mais d'autres y a-il, qui les ont aussi beaux et polis, et le sein aussi follet, comme si elle estoyent encor filles.

D'autres il y en a, pour venir encor plus bas, qui ont leurs natures hideuses et peu agréables. Les unes y ont le poil nullement frizé, mais si long et pendant, que vous diriez que ce sont les moustaches d'un Sarrazin ; et pourtant n'en ostent jamais la toison, et se plaisent à la porter telle, d'autant qu'on dit : *Chemin jonchu et c... velu sont fort propres pour chevaucher.* J'ay ouy parler de quelqu'une très-grande qui les porte ainsi.

J'ay ouy parler d'une autre belle et honneste dame qui les avoit ainsi longues, qu'elle les entortilloit avec des cordons ou rubans de soye cramoisie ou autre couleur, et se les frizonnoit ainsi comme des frizons de perruques, et puis se les attachoit à ses cuisses ; et en tel estat quelquefois se les présentoit à son mary et à son amant ; ou bien se les destortoit de son ruban et cordon, si qu'elles paroissoyent frizonnées par après, et plus gentilles qu'elles n'eussent fait autrement.

Il y avoit bien là de la curiosité et de la paillardise et tout ; car, ne pouvant d'elle-mesme faire et suivre ses frisons, il falloit qu'une de ses femmes, de ses plus favorites, la servist en cela : en quoy ne peut estre autrement qu'il n'y ayt de la lubricité en toutes façons qu'on la pourra imaginer.

Aucunes, au contraire, se plaisent le tenir et porter raz, comme la barbe d'un prestre.

D'autres femmes y a-il, qui n'ont de poil point du tout, ou peu, comme j'ay ouy parler d'une fort grande et belle dame que j'ay cogneue ; ce qui n'est guières beau, et donne un mauvais soupçon : ainsi qu'il y a des hommes qui n'ont que de petits bouquets de barbe au menton, et n'en sont pas plus estimez de bon sang, ainsi que sont les blanquets et blanquettes[1].

D'autres en ont l'entrée si grande, vague et large, qu'on la prendroit pour l'antre de la Sibille. J'en ay ouy parler d'aucunes, et bien grandes, qui les ont telles qu'une jument ne les a si amples, encore qu'elles s'aydent d'artifice le plus qu'elles peuvent pour estrécir la porte ; mais, dans deux ou trois fréquentations, la mesme ouverture tourne : et, qui plus est, j'ay ouy dire que, quand bien on les arregarde le cas d'aucunes, il leur cloyse comme celuy d'une jument quand elle est en chaleur. L'on m'en a conté trois qui monstrent telle cloyse quand on y prend garde de les voir.

J'ay ouy parler d'une dame grande, belle et de qualité, à qui un de nos rois avoit imposé le nom de *pan de c..*, tant il estoit large et grand, et non sans raison, car elle se l'est fait en son vivant souvent mesurer à plusieurs merciers et arpenteurs ; et que tant plus elle s'estudioit le jour de l'estrécir, la nuict en deux heures on le luy eslargissoit si bien que ce qu'elle faisoit en une heure, on le défaisoit en l'autre, comme la toile de Pénéloppe. Enfin, elle en quitta tous artifices, et en fut quitte pour faire élection des plus gros moules qu'elle pouvoit trouver.

1. Les ladres, les ladresses.

Tel remède fut très-bon ; ainsi que j'ay ouy dire d'une fort belle et honneste fille de la court, laquelle l'eut au contraire si petit et si estroit, qu'on en désespéroit à jamais le forcement du pucellage ; mais, par l'advis de quelques médecins ou de sages-femmes, ou de ses amis ou amies, elle en fit tenter le gué ou le forcement par de plus menus et petits moules, puis vint aux moyens, puis aux grands, à mode des talus que l'on fait, ainsi que Rabelais ordonna les murailles de Paris imprenables ; et puis, par tels essais les uns après les autres, s'accoustuma si bien à tous, que les plus grands ne luy faisoyent la peur que les petits paradvant faisoyent si grande.

D'autres en ont les labies longues et pendantes plus qu'une creste de coq d'Inde quand il est en colère ; comme j'ay ouy dire que plusieurs dames ont ; non-seulement elles, mais aussi des filles. J'ay ouy faire ce conte à feu M. de Randan : qu'une fois estans de bons compagnons à la court ensemble, comme M. de Nemours, M. le vidame de Chartres, M. le comte de la Roche, MM. de Montpezac, Givry, Genlis et autres, ne sachans que faire, allèrent voir pisser les filles un jour, cela s'entend cachez en bas et elles en haut. Il y en eut une qui pissa contre terre : je ne la nomme point ; et d'autant que le plancher estoit de tables, elle avoit les lendilles si grandes qu'elles passèrent par la fente des tables si avant, qu'elle en monstra la longueur d'un doigt ; si que M. de Randan, par cas, ayant un baston qu'il avoit pris à un laquais, où il y avoit un fiçon, en perça si dextrement ses landilles, et les cousit si bien contre la table, que la fille, sentant la piqûre, tout à coup s'esleva si fort qu'elle les escarta toutes, et de deux parts qui y en avoit en fit quatre ; et les dictes lendilles en demeurèrent découpées en forme de barbe d'escrevices : dont pourtant la fille s'en trouva très-mal, et la maistresse en fut fort en colère. M. de Randan et la compagnie en firent le conte au roy Henry, qui estoit bon compagnon qui en rit pour sa part son saoul, et en appaisa le tout envers la reine, sans rien en déguiser.

Ces grandes lendilles sont causes qu'une fois j'en demanday la raison à un médecin excellent, qui me dit : que, quand les filles et femmes estoient en ruth, elles les touchoient, manioient, viroient, contournoient, allongeoient et tiroient si souvent, qu'estans ensemble s'en entredonnoient mieux du plaisir.

J'ay aussi ouy parler d'une autre bien plus grande qu'elle cent fois, qui avoit un boyau qui luy pendilloit long d'un grand doigt au dehors de sa nature, et, disoit-on, pour n'avoir esté bien servie en l'une de ses couches par sa sage-femme ; ce qui arrive souvent aux filles et femmes qui ont fait des couches à la desrobade, ou qui par accident se sont gastées et grevées ; comme une des belles femmes de par le monde, que j'ay cogneue, qui, estant veufve, ne voulut jamais se remarier, pour estre descouverte d'un second mary de cecy, qui l'en eust peu prisée, et, possible, maltraittée.

Cette grande que je viens de dire, nonobstant son accident, enfantoit aussi aisément comme si elle eust pissée : car on disoit sa nature très-ample, et si pourtant elle a esté bien aymée et bien servie à couvert ; mais malaisément se laissoit-elle voir là.

Aussi volontiers, quand une belle et honneste femme se met à l'amour et à la privauté, si elle ne vous permet de voir ou de taster cela, dittes hardiment qu'elle y a quelque tare ou si, que la veuë ny le toucher n'approuvera guières, ainsi que je tiens d'une honneste femme ; car s'il n'y en a point, et qu'il soit beau (comme certes il y en a et de plaisants à voir et manier), elle est aussi curieuse et contente d'en faire la monstre et en prester l'attouchement, que de quelque autre de ses beautez qu'elle ait, autant pour son honneur à n'estre soubçonnée de quelque défaut ou laideur en cet endroit, que pour le plaisir qu'elle y prend elle-mesme à le contempler et mirer, et surtout aussi pour accroistre la passion et tentation davantage à son amant. De plus, les mains et les yeux ne sont pas membres virils pour rendre les femmes putains et leurs marys cocus, encores qu'après la bouche aydent à faire de grands approches pour gaigner la place.

D'autres femmes y a-il qui ont la bouche de là si pasle, qu'on diroit qu'elles y ont la fièvre : et telles ressemblent aucuns yvroignes, lesquels, encor qu'ils boivent plus de vin qu'une truye de laict, ils sont pasles comme trespassez ; aussi les appelle-on traistres au vin, non pas ceux qui sont rubiconds ; aussi telles par ce costé là on les peut dire traistresses à Vénus, si ce n'est que l'on dit : *pasle putain* et *rouge paillard*. Tant y a que cette partie ainsi pasle et transie n'est point plaisante à voir ; et n'a garde de ressembler à celle d'une des plus belles dames que l'on en voye, et qui tient grand rang, laquelle j'ay vue qu'on disoit qu'elle portoit là trois belles couleurs ordinairement ensemble, qui estoyent incarnat, blanc et noir : car cette bouche de là estoit colorée et vermeille comme corail, le poil d'alentour gentiment frizonné et noir comme ébène ; ainsi le faut-il, et c'est l'une des beautez : la peau estoit blanche comme albastre, qui estoit ombragée de ce poil noir. Cette veuë est belle celle-là, et non des autres que je viens de dire.

D'autres il y en a aussi qui sont si bas ennaturées et fenduës jusqu'au cul, mesmes les petites femmes, que l'on devroit faire scrupule de les toucher, pour beaucoup d'ordes et salles raisons que je n'oserois dire ; car on diroit que, les deux rivières s'assemblans et se touchans quasi ensemble, il est en danger de laisser l'une et naviger à l'autre ; ce qui est par trop vilain.

J'ay ouy conter à Mme de Fontaine-Chalandray, dite la belle Torcy, que la reine Éléonor, sa maistresse, estant habillée et vestue, paroissoit une très-belle princesse, comme il y en a encore plusieurs qui l'ont veue telle en nostre court, et de belle et riche taille; mais, estant déshabillée, elle paroissoit du corps une géante, tant elle l'avoit long et grand ; mais tirant en bas, elle paroissoit une naine, tant elle avoit les cuisses et les jambes courtes avec le reste.

D'une autre grand'dame ai-je ouy parler qui estoit bien au contraire; car par le corps elle se monstroit une naine, tant elle l'avoit court et petit, et du reste en bas une géante ou collosse, tant elle avoit ses cuisses et jambes grandes, hautes et fendues, et pourtant bien proportionnées et charnues, si qu'elle en couvroit son homme sous elle, mais qu'il fust petit, fort aisément, comme d'une tirasse de chien couchant.

Il y a force marys et amis parmy nos chrestiens, qui voulans en tout différer des Turcs, qui ne prennent plaisir d'arregarder le cas des dames, d'autant, disent-ils, comme je viens de dire, qu'ils n'ont nulle forme : nos chrestiens au contraire qui en ont, disent-ils, de grands contentemens à les contempler fort et se délécter en telles visions : et non-seulement se plaisent à les voir, mais à les baiser, comme beaucoup de dames l'ont dit et descouvert à leurs amants ; ainsi que dit une dame espagnole à son serviteur, qui, la saluant un jour, luy dit : *Bezo las manos y los pies, señora*[1] ; elle luy dit : *Señor, en el medio esta la mejore stacion*[2] ; comme voulant dire qu'il pouvait baiser le mitan aussi bien que les pieds et les mains. Et pour ce, disent aucunes dames que leurs marys et serviteurs y prennent quelque délicatesse et plaisir, et en ardent davantage : ainsi que j'ay ouy dire d'un très-grand prince, fils d'un grand roy de par le monde, qui avoit pour maistresse une très-grande princesse, jamais il ne la touchoit qu'il ne luy vist cela et ne la baisast plusieurs fois. Et, la première fois qu'il le fit, ce fut par la persuasion d'une très-grande dame, favorite de roy, laquelle, tous trois un jour estant ensemble, ainsi que ce prince muguettoit ainsi sa dame, luy demanda s'il n'avoit jamais veu cette belle partie dont il jouissoit. Il respondit que non : « Vous n'avez donc rien fait, dist-« elle, et ne sçavez ce que vous aymez ; vostre plaisir est imparfait, il faut « que vous le voyez. » Parquoy, ainsi qu'il s'en vouloit essayer et qu'elle en faisoit la revesche, l'autre vint par derrière, et la prit et renversa sur un lict, et la tint tousjours jusques à ce que le prince l'eust contemplée à son aise et baisée son saoul, tant qu'il le trouvoit beau et gentil ; et, pour ce, continua tousjours.

---

1. C'est-à-dire : Madame, je vous baise les pieds et les mains.
2. C'est-à-dire : Monsieur, la station du milieu est bien meilleure.

Il faudroit visiter telles dames avant de les aimer. (Voir p. 155.)

D'autres dames y a-il qui ont tant d'autres vices cachez, ainsi que j'en ay ouy parler d'une qui estoit dame de réputation, qui faisoit ses affaires fécales par le devant; et de ce j'en demandais la raison à un suffisant médecin, qui me dit : parce qu'elle avait esté percée trop jeune et d'un homme trop fourny et robuste : dont ce fut grand dommage, car c'estoit une très-belle femme et veufve, qu'un honneste gentilhomme que je sçay la vouloit espouser ; mais, en sçachant tel vice, la quitta soudain, et un autre après la prit aussitost.

J'ay ouy parler d'un gallant gentilhomme qui avoit une des belles femmes de la court et n'en faisoit cas. Un autre, n'estant si scrupuleux que luy, habitant avec elle, trouva que son cas puoit si fort qu'on ne pouvoit endurer cette senteur ; et, par ainsi, cogneut l'encloueure du mary.

J'ay ouy parler d'une autre, laquelle estant l'une des filles d'une grande princesse, qui pétoit de son devant : des médecins m'ont dit que cela se pouvoit faire à cause des vents et ventositez qui peuvent sortir par là, et même quand elles font la fricarelle. Cette fille estoit avec cette princesse lorsqu'elle vint à Moulins, la cour y estant, du temps du roy Charles neufviesme, qui en fut abreuvé, dont on en rioit bien.

D'autres y en a-il qui ne peuvent tenir leur urine, qu'il faut qu'elles ayent tousjours la petite esponge entre les jambes, comme j'en ay cogneu deux grandes, et plus que dames, dont l'une estant fille, fit l'évasion tout à trac dans la salle du bal, du temps du roi Charles neufviesme, dont fut fort scandalisée.

D'une autre grand'dame ay-je ouy parler, que, quand on luy faisoit cela, elle se compissoit à bon escient, ou sur le fait ou après, comme une jument quand elle a esté saillie : à telle falloit-il jetter le seillaud d'eau comme à la jument, pour la faire retenir.

D'autres sont si sujettes à leurs flux menstruaux, que quasi ordinairement leur nature flue comme un mouton à qui on a coupé la gorge de frais; dont leurs marys ou amants ne s'en contentent guières, pour l'assidue fréquentation que Vénus ordonne et désire en ces jeux : car, si elles en sont saines et nettes une sepmaine du mois, c'est tout; et leur font perdre le reste de l'année : si que des douze mois il n'en ont cinq ou six francs, voire moins.

Si j'en voulois raconter d'autres, je n'aurois jamais fait, et aussi que les discours en seroyent trop sallauds et desplaisants; et ce que j'en dis et dirois, ce ne seroit des femmes petites et communes, mais des grandes et moyennes dames, qui de leurs visages beaux font mourir le monde, et point le couvert.

Il n'y a pas long-temps qu'en une certaine contrée de Guyenne, une damoiselle mariée, de fort bon lieu et bonne part, ainsi qu'elle advisoit estudier ses enfants, leur précepteur, par une certaine manie et frénésie, ou, possible, pour rage d'amour qui luy vint soudain, il prit une espée qui estoit de son mary sur le lict, et luy en donna si bien, qu'il luy perça les deux cuisses et les deux labies de sa nature de part en part; dont despuis elle en cuida mourir, sans le secours d'un bon chirurgien. Son cas pouvoit bien dire qu'il avoit esté en deux diverses guerres et attaqué fort diversement. Je crois que la vue amprès n'en estoit guières plaisante, pour estre ainsi ballafré et ses aisles ainsi brisées : je les dis aisles parce que les Grecs appellent ces labies *himenœa*; les Latins le nomment *alæ*, et les François labies, lèvres, lendrons, landilles, et autres mots : mais je trouve qu'à bon droit les Latins les appellent aisles; car il n'y a animal, ny oiseau, soit-il faucon, niais ou sot, comme celui de nos fillaudes, soit-il de passage, ou hagard, ou bien dressé de nos femmes mariées ou veufves, qui aille mieux n'y ait l'aisle si viste.

Je le puis appeler aussi animal avec Rabelais, d'autant qu'il s'esmeut de soy-mesme; et, soit à le toucher ou à le voir, on le sent et on le void s'esmouvoir et remuer de luy-mesme, quand il est en appétit.

D'autres, de peur de rhumes et cathères, se couvrent dans le lict de couvre-chefs alentour de la teste, par Dieu, plus que sorcières : au partir de là, bien habillées, elles sont saffrettes commes poupines, et d'autres fardées et pintrées comme images, belles au jour, et la nuict dépeintes et très-laides.

Il faudroit visiter telles dames avant de les aymer, espouser et en jouir, ainsi que faisoit Octave César ; car avec ses amis qui faisoit despouiller aucunes grandes dames et matrosnes romaine, voire des vierges meures d'aage, et les visitoyent d'un bout à l'autre, comme si ce fussent esclaves et serves vendues par un certain maquignon [en faisant trafic], nommé Torane ; et selon qu'il les trouvoit à son gré et à son point, ny tarées, il en jouissoit.

De mesmes en font les Turcs en leur basestan en Constantinople et autres grandes villes, quand ilz acheptent des esclaves de l'un et l'autre sexe.

Or je n'en parleray plus ; encor pensé-je en avoir trop dit ; et voilà comment nous sommes bien trompez en beaucoup de veues que nous pensons et croyons très-belles.

Nous estans un jour un siége de la Rochelle, le pauvre feu de M. de Guise, qui me faisoit l'honneur de m'aymer, s'en vint me monstrer des tablettes qu'il venoit de prendre à Monsieur, frère du roy, nostre général, dans la poche de ses chausses, et me dit : « Monsieur me vient de faire un desplaisir et la « guerre pour l'amour d'une dame ; mais je veux avoir la revanche ; voyez ce « que j'ay mis dedans et lisez. » Me donnant les tablettes, je vis escrit de sa main ces quatre vers qu'il venait de faire, mais le mot de f..... y estoit tout à trac.

Si vous m'avez cogneue,
Il n'a pas tenu à moy :
Car vous m'avez bien vue nue,
Et vous ay montré de quoy.

Puis, me nommant la dame, ou pour mieux dire fille, de laquelle je me doutois pourtant, je luy dis que je m'estonnois fort qu'il ne l'eust touchée et cogneue, d'autant que les approches en avoyent esté grandes, et que le bruit en estoit par trop commun ; mais il m'asseura que non, et que ce n'avoit esté que sa faute. Je luy réplicquay : « Il falloit donc, Monsieur, ou qu'alors il « fust si las et recreu d'ailleurs, qu'il n'y pust fournir, ou qu'il fut si ravy en « la contemplation de cette beauté nue, qu'il ne se souciast de l'action. — Pos- « sible, me respondit ce prince, qu'il se pourroit faire ; mais tant y a que ce « coup il y faillit ; et je luy en fais la guerre, et je luy vais remettre ses « tablettes dans la poche, qu'il visitera selon sa coustume, et y lira ce qu'il « faut ; et amprès me voilà vangé. » Ce qu'il fit, et ne fut amprès sans en rire tous deux à bon escient, et s'en faire la guerre plaisamment ; car, pour lors, c'estoit une très-grande amitié et privauté entr'eux, bien despuis estrangement changée.

Une dame de par le monde, ou plustost fille, estant fort aymée et privée d'une très-grande princesse, estoit dans le lict se rafraischissant, comme estoit la coustume. Vint un gentilhomme la voir, qui pour elle brusloit d'amour; mais il n'en avoit autre chose. Cette dame fille estant ainsy aymée et privée de sa maistresse, s'approchant d'elle tout bellement, sans faire semblant de rien, tout à coup vint à tirer toute la couverture de dessus elle, si bien que le gentilhomme, point paresseux de ses yeux aucunement, les jeta aussitost dessus, qui vid, à ce que depuis il m'a faict le conte, la plus belle chose qu'il vid ny qu'il verra jamais, qui estoit ce beau corps nud, et ses belles parties, et cette blanche, jolie et belle charnure, qu'it pensa voir les beautez de paradis. Mais cela ne dura guières ; car tout aussitost la couverture fut tournée prendre par la dame, la fille en estant partie de là ; et de bonheur, tant plus elle se remuoit à reprendre la couverture, tant plus elle se faisoit paroistre ; ce qui n'endommageoit nullement la veue et le plaisir du gentilhomme, qui autrement ne s'empeschoit à la recouvrir ; bien sot eust esté : pourtant, tellement quellement, elle recouvra sa couverture, se remit, en se courouçant assez doucement contre la fille, et luy disant qu'elle le payeroit. La demoiselle luy dit, qui estoit un petit à l'escart : « Madame, vous m'en aviez fait une ; par-
« donnez-moy si je la vous ay rendue ; » et, passant la porte, s'en alla. Mais l'accord fut fait aussitost.

Cependant le gentilhomme se trouva si bien de telle veue, et en tel extase de plaisir et contentement, que je luy ay ouy dire cent fois qu'il n'en vouloit d'autre en sa vie, que de vivre au songer de cette ordinaire contemplation : et certes il avoit raison : car, selon la monstre de son beau visage le nonpareil et sa belle gorge dont elle a tant repeu le monde, pouvoit assez monstrer que dessous il y avoit de caché de plus exquis ; et me disoit qu'entre telles beautez, c'estoit la dame la mieux flanquée et le plus haut qu'il eust jamais veue : aussi le pouvoit-elle estre, car elle estoit de très-riche taille ; mesmes entre les beautez il faut qu'elle le soit, ny plus ny moins qu'une forteresse de frontière.

Amprès que ce gentilhomme m'eut tout conté, je ne luy peus que dire : « Vivez doncques, vivez, mon grand amy, avec cette contemplation divine
« et cette béatitude que jamais ne puissiez-vous mourir ; et moy au moins,
« avant mourir, puissé-je avoir une telle veue ! »

Ledict gentilhomme en eut pour jamais cette obligation à la damoiselle, et tousjours depuis l'honora et l'ayma de tout son cœur. Aussi luy estoit-il serviteur fort ; mais il ne l'espousa, car un autre, plus riche que luy, la luy embla, ainsi qu'est la coutume à toutes de courir aux biens.

Telles veues sont belles et agréables ; mais il se faut donner garde qu'elles ne nuisent, comme celle de la belle Diane nue au pauvre Actéon, ou bien une que je vois dire.

Un roy de par le monde ayma fort en son temps une bien belle, honneste et grand' dame veufve, si bien qu'on l'en tenoit charmé ; car peu il se soucioit des autres, voire de sa femme, sinon que par intervalles, car cette dame emportoit tousjours les plus belles fleurs de son jardin ; ce qui faschoit fort à la reine, car elle se sentoit aussi belle et agréable que serviable, et digne d'avoir de si friands morceaux ; dont elle s'en esbahissoit fort. De quoy en ayant fait sa complainte à une sienne grand' dame favorite, elle complotta avec elle d'adviser s'il y avoit tant de quoy, mesme espier par un trou le jeu que joueroient son mary et la dame. Par quoy elle advisa de faire plusieurs trous au-dessus de la chambre de ladite dame, pour voir le tout et la vie qu'ils démeneroyent tous deux ensemble : dont se mirent à tel spectacle ; mais elles n'y virent rien que très-beau, car elles y apperceurent une femme très-belle, blanche, délicate et très-fraische, moitié en chemise et moitié nue, faire des caresses à son amant, des mignardises, des follastreries bien grandes, et son amant luy rendre la pareille, de sorte qu'ils sortoient du lict, et tout en chemise se couchoient et s'esbattoyent sur le tapis velu qui estoit auprès du lict, affin d'éviter la chaleur du lict, et pour mieux en prendre le frais ; car c'estoit aux plus grandes chaleurs ; ainsi que j'ay cogneu aussi un très-grand prince qui prenoit de mesme son déduit avec sa femme, qui estoit la plus belle femme du monde, affin d'éviter le chaud que produisoient les grandes chaleurs de l'esté, ainsi que luy-mesme disoit.

Cette princesse donc, ayant veu et apperceu le tout, de dépit s'en mit à plorer, gémir, souspirer et attrister, luy semblant, et aussi le disant, que son mary ne luy rendoit le semblable, et ne faisoit les folies qu'elle luy avoit veu faire avec l'autre.

L'autre dame qui l'accompagnoit se mit à la consoler et luy remonstrer pourquoy elle s'attristoit ainsi, ou bien, puisqu'elle avoit esté si curieuse de voir telles choses, qu'il n'en falloit pas espérer de moins. La princesse ne respondit autre chose, sinon : « Hélas, ouy ! j'ay voulu voir chose que je ne « devois avoir voulu voir, puisque la veue m'en fait mal. » Toutesfois, après s'estre consolée et résolue, elle ne s'en soucia plus, et, le plus qu'elle pût, continua ce passe-temps de veue, et le convertit en risée, et, possible, en autre chose.

J'ay ouy parler d'une grand' dame de par le monde, mais grandissime, qui ne se contentant de sa lasciveté naturelle, car elle estoit grand' putain, et maryée et veufve, aussi estoit-elle fort belle, pour se provoquer et exciter davantage, elle faisoit despouiller ses dames et filles, je dys les plus belles, et se délicatoit fort à les voir; et puis elle les battoit du plat de la main sur les fesses avec de grandes claquades et plamussades, tapes assez rudes, et les filles qui avoyent délinqué quelque chose, avec de bonnes verges; et alors son contentement estoit de les voir remuer et faire les mouvements et tordions de leur corps et fesses, lesquelles, selon les coups qu'elles recevoyent, en monstroyent de bien estranges et plaisants.

Aucunes fois, sans les despouiller, les faisoit trousser en robe (car pour lors elles ne portoyent point de calsons), et les claquetoit et fouettoit sur les fesses, selon le sujet qu'elles luy donnoyent, ou pour les faire rire, ou pour plorer. Et, sur ces visions et contemplations, y aiguisoit si bien ses appétits qu'après elle les alloit passer bien souvent à bon escient avecque quelque gallant homme bien fort et robuste.

Quelle humeur de femme! Si bien qu'on dit qu'ayant une fois veu par la fenestre de son chasteau, qui visoit sur la rue, un grand cordonnier, estrangement proportionné, pisser contre la muraille dudict chasteau, elle eut envie d'une si belle et grande proportion; et de peur de gaster son fruit pour son envie, elle luy manda par un page de la venir trouver en une allée secrete de son parc, où elle s'estoit retirée, et là elle se prostitua à luy en condition qu'elle en engroissa. Voilà ce que servit la veue à cette dame.

J'ay ouy parler d'un grand aussi qui prenoit plaisir de voir ainsi sa femme nue ou habillée, et la fouetter de claquades, et la voir manier de son corps.

J'ay ouy dire à une honneste dame qu'estant fille, sa mère la fouettoit tous les jours deux fois, non pour avoir forfait, mais parce qu'elle pensoit qu'elle prenoit plaisir à la voir ainsi remuer les fesses et le corps, pour autant en prendre d'appétit ailleurs : et tant plus elle alla sur l'aage de quatorze ans, elle persista et s'y acharna de telle façon qu'à mode qu'elle l'accostoit elle la contemploit encore plus.

J'ai bien ouy dire pis d'un grand seigneur et prince, il y a plus de quatrevingts ans, qu'avant qu'aller habiter avec sa femme se faisoit fouetter, ne pouvant s'esmouvoir ny relever sa nature baissante sans ce sot remède. Je désirerois volontiers qu'un médecin excellent m'en dît la raison.

Ce grand personnage, Picus Mirandula, raconte avoir veu un certain gallant en son temps, qui, d'autant plus qu'on l'estrilloit à grands sanglades d'estrivières, c'estoit lors qu'il estoit le plus enragé après les femmes; et n'estoit jamais si vaillant après elles s'il n'estoit ainsi estrillé : après il faisoit rage. Voilà de terribles humeurs de personnes! Encore celle de la veue des autres est plus agréable que la dernière.

Moy estant à Milan, un jour on me fit un conte de bonne part : que feu M. le marquis de Pescayre, dernier mort, vice-roy en Sicile, devint grandement amoureux d'une fort belle dame ; si bien qu'un matin, pensant que son mary fust allé dehors, l'alla visiter qu'il la trouva encores au lit ; et, en devisant avec elle, n'en obtint rien que de la voir et la contempler à son aise sous le linge, et la toucher de la main. Sur ces entrefaictes survint le mary, qui n'estoit du calibre du marquis en rien, et les surprit de telle sorte que le marquis n'eut le loisir de retirer son gand, qui s'estoit perdu, je ne sçay comment, parmy les draps, comme il arrive souvent. Puis, luy ayant dit quelques mots, il sortit de la chambre ; conduit pourtant du gentilhomme, qui, amprès estre retourné, par cas fortuit trouva le gand du marquis perdu dans les draps, dont la dame ne s'en estoit point apperceue. Il le serra, et puis, faisant la mine froide à sa femme, demeura longtemps sans coucher avec elle ny la toucher ; par quoy un jour elle seule dans sa chambre, mettant la main à la plume se mit à faire ce quatrain :

> Vigna era, vigna son.
> Era podata, or piu non son :
> E non so per qual cagion
> Non mi poda il mio patron.

Et puis laissant ce quatrain escrit sur la table, le mary vint, qui vid ces vers sur la table, prend la plume et fait response :

> Vigna eri, vigna sei,
> Eri podata, e piu non sei.
> Per la granfa del leon,
> Non ti poda il tuo patron.

Et puis les laissa sur la table. Le tout fut apporté au marquis, qui fit response :

> A la vigna chez voi dite
> Io fui, e qui restai ;
> Alzai il pampano ; guardai la vite ;
> Ma, se Dio m'ajuti, non toccai.

Cela fut rapporté au mary, qui, se contentant d'une si honnorable response et juste satisfaction, reprit sa vigne et la cultiva aussi bien que devant ; et jamais mary et femme ne furent mieux.

Je m'en vois le traduire en françois, afin que chacun l'entende.

> Je suis esté une belle vigne et le suis encore.
> Je suis esté d'autresfois très-bien cultivée ;
> A st'heure je ne le suis point ; et si ne sçay
> Pourquoi mon patron ne me cultive plus.

Response

Oui, vous avez été vigne telle, et l'este encore.
Et d'autresfois bien cultivée, à st'heure plus ;
Pour l'amour de la griffe du lyon,
Vostre mary ne vous cultive plus.

Response du Marquis

A la vigne que vous autres dittes
Je suis esté certes, et y restay un peu.
J'en haussay le pampre et en regarday le raisin ;
Mais Dieu ne me puisse ayder si jamais j'y ay touché !

Par cette griffe du lion il veut dire le gand qu'il avoit trouvé esgaré entre les linceuls.

Mariane, femme d'Hérode, belle et honneste femme, son mary voulant un jour coucher avec elle en plein midy et voir à plein ce qu'elle portoit, luy refusa à plat, ce dit Josephe. Il n'usa pas de puissance de mary, comme un grand seigneur que j'ay cogneu, à l'endroit de sa femme, qui estoit des belles, qu'il assaillit ainsi en plain jour, et la mit toute nue, elle le déniant fort. Après il luy renvoya ses femmes pour l'habiller, qui la trouvèrent toute esplorée et honteuse. D'autres dames y a-il lesquelles à dessein ne font pas grand scrupule de faire à pleine veue la monstre de leur beauté, et se descouvrir nues, afin de mieux encapricier et marteller leurs serviteurs, et les mieux attirer à elles ; mais ne veulent permettre nullement la touche précieuse, au moins aucunes, pour quelque temps ; car, ne se voulans arrester en si beau chemin, passent plus outre, comme j'en ay ouy parler de plusieurs, qui ont ainsi long-temps entretenu leurs serviteurs de si beaux aspects.

Alexandre, se défiant des forces de sa chasteté, ne voulut point voir ces belles dames persiennes : Scipion, après la prise de Cartage-la-Neufve, vid cette belle fille espagnole que ses soldats luy amenèrent, et luy offrirent pour la part de son butin, laquelle estoit si excellente en beauté et en si bel aage de prise que partout où elle passoit elle animoit et admiroit les yeux de tous à la regarder, et Scipion mesme ; lequel, l'ayant saluée fort courtoisement, s'enquist de quelle ville d'Espagne elle estoit et de ses parents. Luy fut dit, entr'autres choses, qu'elle estoit accordée à un jeune homme nommé Alucius, prince des Celtibériens, à qui il la rendit, et à ses père et mère, sans la toucher ; dont il obligea la dame, les parents et le fiancé, si bien qu'ils se rendirent depuis très-affectionnez à la ville de Rome et à la république. Mais que sçait-on si dans son âme cette belle dame n'eust point désiré avoir esté un peu percée et entamée premièrement de Scipion, de luy, dis-je, qui estoit beau,

La première feste que l'empereur Galba célébra. (Voir p. 165.)

jeune, brave, vaillant et victorieux? Possible que si quelque privé ou privée des siens et des siennes luy eust demandé en foy et conscience si elle ne l'eust pas voulu, je laisse à penser ce qu'elle eust répondu, ou fait quelque petite mine approchant de l'avoir désiré, et, s'il vous plaist, si son climat d'Espagne et son soleil couchant ne la sçavoit pas rendre, et plusieurs autres dames d'aujourd'huy et de cette contrée, belles et pareilles à elle, chaudes et aspres à cela, comme j'en ay veu quantité. Ne faut donc point douter, si cette belle et honnesté fille fust esté sollicitée et requise de ce beau jeune homme Scipion, qu'elle ne l'eust pris au mot, voire sur l'autel de ses dieux prophanes.

Il est vray qu'il y a gens et gens, femmes et femmes, qui ne veulent accointance de tout le monde en cette façon : et toutes ne sont pareilles à la femme du roy Ortiagon, l'un des rois gaulois d'Asie, qui fut belle en perfection; et, ayant esté prise en sa défaite par un centenier romain, et sollicitée de son honneur, la trouvant ferme, elle qui eut horreur de se prostituer à luy, et à une personne si vile et basse, il la prit par force et violence, que la fortune et adventure de guerre luy avoit donné par droict d'esclavitude; dont bientost il s'en repentit et en eut la vengeance; car elle luy ayant promis une grande rançon pour sa liberté, et tous deux estans allez au lieu assigné pour en toucher l'argent, le fit tuer ainsi qu'il le contoit, et puis l'emporta et la teste à son mary, auquel confessa librement que celuy-là luy avoit violé véritablement sa chasteté, mais qu'elle en avoit eu la vengeance en cette façon : ce que son mary l'approuva, et l'honnora grandement. Et, depuis ce temps là, dit l'histoire, conserva son honneur jusques au dernier [jour] de sa vie avec toute sainteté et gravité : enfin elle en eut ce bon morceau, fust qu'il vinst d'un homme de peu.

Lucrèce n'en fit pas de mesme, car elle n'en tasta point, bien qu'elle fust sollicitée d'un brave roy ; en quoy elle fit doublement de la sotte, de ne luy complaire sur le champ et pour un peu, et de se tuer.

Pour tourner encore à Scipion, il ne sçavoit point encor bien le train de la guerre pour le butin et pour le pillage : car, à ce que je tiens d'un grand capitaine des nostres, il n'est telle viande au monde pour cela qu'une femme prise de guerre ; et se mocquoit de plusieurs autres ses compagnons, qui recommandoient sur toutes choses, aux assauts et surprises des villes, l'honneur des dames, mesmes aux autres lieux et rencontres : car elles ayment les hommes de guerre tousjours plus que les autres, et leur violence leur en fait venir plus d'appétit ; et puis on n'y trouve rien à redire ; le plaisir leur en demeure ; l'honneur des marys et d'elles n'en est nullement hony ; et puis les voylà bien gastées ! Et, qui plus est, sauvent les biens et les vies de leurs marys, ainsi que la belle Eunoe, femme de Bogud ou Bocchus, roy de Mauritanie, à laquelle Cæsar fit de grands biens et à son mary, non tant, faut-il croire, pour avoir suivy son party, comme Juba, roy de Bithinie, celuy de Pompée, mais parce que c'estoit une belle femme, et que Cœsar en eut l'accointance et douce jouissance.

Tant d'autres commoditez de ces amours y a-il que je passe : et toutesfois, ce disoit ce grand capitaine, ses autres grands compagnons pareils à luy s'amusans à de vieilles routines et ordonnances de guerre, veulent qu'on garde l'honneur des femmes, desquelles il faudroit auparavant sçavoir en secret et en conscience l'advis, et puis en décider : ou, possible, sont-ils du naturel de nostre Scipion, lequel ne se contentoit tenir de celuy du chien de l'ortolan, lequel, comme j'ay dit cy-devant, ne voulant manger des choux du jardin, empesche que les autres n'en mangent. Ainsi qu'il fit à l'endroit du pauvre Massinissa, lequel, ayant tant de fois hazardé sa vie pour luy et pour le peuple romain, tant peiné, sué et travaillé pour luy acquérir gloire et victoire, il luy refusa et osta la belle reine Sophonisba, qu'il avoit prise et choisie pour son principal et plus précieux butin : il la luy enleva pour l'envoyer à Rome à vivre le reste de ses jours en misérable esclave, si Massinissa n'y eust rémédié. Sa gloire en fust esté plus belle et plus ample, si elle y eust comparu en glorieuse et superbe reine, femme de Massinissa, et que l'on eust dit, la voyant passer : « Voilà l'une des belles vestiges des conquestes de Scipion; » car la gloire certes gist bien plus en l'apparence des choses grandes et hautes, que des basses.

Pour fin, Scipion en tout ce discours fit de grandes fautes, ou bien il estoit ennemy du tout du sexe fémenin, ou du tout impuissant de le contenter, bien qu'on die que sur ses vieux jours il se mit à faire l'amour à une des servantes de sa femme; ce qu'elle comporta fort patiemment, pour des raisons qui se pourroyent là-dessus alléguer.

Or, pour sortir de la digression que je viens d'en faire, et pour rentrer au plain chemin que j'avois laissé, je dis, pour faire fin à ce discours : que rien au monde n'est si beau à voir et regarder qu'une belle femme pompeusement habillée, ou délicatement déshabillée et couchée; mais qu'elle soit saine, nette, sans tare, suros ny mallandre, comme j'ay dit.

Le roy François disoit qu'un gentilhomme, tant superbe soit-il, ne sçauroit mieux recevoir un seigneur, tant grand soit-il, en sa maison ou chasteau, mais qu'il y opposast à sa veue et première rencontre une belle femme sienne, un beau cheval et un beau lévrier : car, en jettant son œil tantost sur l'un, tantost sur l'autre, et tantost sur le tiers, il ne sçauroit jamais fascher en cette maison; mettant ces trois choses belles pour très-plaisantes à voir et admirer, et en faisant cet exercice très-agréable.

La reine Isabel de Castille disoit qu'elle prenoit un très-grand plaisir de voir quatre choses : *Hombre d'armas en campo, obisbo puesto en pontifical, linda dama en la cama, y ladron en la horca* : « Un homme d'armes sur les « champs, un évesque en son pontifical, une belle dame dans un lit, et un larron « au gibet. »

J'ay ouy raconter à feu M. le cardinal de Lorraine le Grand, dernier décédé, que lorsqu'il alla à Rome vers le pape Paul IV, pour rompre la trefve faite avec l'empereur, il passa à Venise, où il fut très-honorablement receu, il n'en faut point doubter, puisqu'il estoit un si grand favory d'un si grand roy. Tout ce grand et magnifique sénat alla au devant de luy; et, passant par le grand canal, où toutes les fenestres des maisons estoyent bordées de toutes les femmes de la ville, et des plus belles, qui estoyent là accourues pour voir cette entrée, il y en eut un des plus grands qui l'entretenoit sur les affaires de l'Estat, et lui en parloit fort : mais, ainsi qu'il jettoit fort ses yeux fixement sur ces belles dames, il lui dit en son patois langage : « Monseigneur, je croy « que vous ne m'entendez, et avez raison; car il y a bien plus de plaisir et « différence de voir ces belles dames à ces fenestres, et se ravir en elles, que « d'ouyr parler un fascheux vieillard comme moy, et parlast-il de quelque

« grande conqueste à vostre advantage. » M. le cardinal, qui n'avoit faute d'esprit et de mémoire, luy respondit de mot à mot tout ce qu'il avoit dit, laissant ce bon vieillard fort satisfait de luy, et en admirable estime qu'il eut de luy qui, pour s'amuser à la veue de ces belles dames, il n'avoit rien oublié ny obmis de ce qu'il luy avoit dit.

Qui aura veu la cour de nos roys François, Henry second, et autres rois ses enfants, advouera bien, quel qu'il soit, et eust-il veu tout le monde, n'avoir rien veu jamais de si beau que nos dames qui ont estée en leur cour, et de nos reines, leurs femmes et mères et sœurs; mais plus belle chose encor eust-il veu, ce dit quelqu'un, si le grand'père de maistre Gonnin eust vescu, qui, par ses inventions, illusions et sorcelleries et enchantements, les eust pû représenter dévestues et nues, comme l'on dit qu'il le fit une fois en quelque compagnie privée, que le roy François lui commanda : car il estoit un homme très-expert et subtil en son art; et son petit-fils, qu'avons veu, n'y entendoit rien au prix de lui.

Je pense que cette veue seroit aussi plaisante comme fut jadis celle des dames égiptiennes en Alexandrie, à l'accueil et réception de leur grand Dieu Apis, au devant duquel elles alloyent en très-grande cérémonie, et levant leurs robbes, cottes et chemises, et les retroussant le plus haut qu'elles pouvoyent, les jambes fort eslargies et escarquillées, leur montroyent leur cas tout à fait : et puis, ne le revoyoient plus; pensez qu'elles cuidoyent l'avoir bien payé de cela. Qui en voudra voir le conte, lise Alexan, ab Alex., au sixiesme livre des *Jours joviaux*. Je pense que telle veue en estoit bien plaisante, car pour lors les dames d'Alexandrie estoyent belles, comme encores sont aujourd'huy.

En Suisse, les hommes et femmes sont pesle-mesle aux bains et estuves sans faire aucun acte déshonneste, et en sont quittes en mettant un linge devant : s'il est bien délié, encor peut-on voir chose qui plaist ou déplaist, selon le beau ou laid.

Avant que finir ce discours, si diray-je encor ce mot. En quelles tentations et récréations de veue pouvoyent entrer aussi ces jeunes seigneurs, chevaliers, gentilshommes, plébéans et autres Romains, le temps passé, le jour que se célébroit la feste de Flora à Rome, laquelle on dit avoir esté la plus gentille et la plus triomphante courtisanne qu'oncques exerça le putanisme dans Rome, voire ailleurs. Et qui plus la recommandoit en cela, c'est qu'elle estoit de bonne maison et de grande lignée; et, pour ce, telles dames de si grande estoffe voluntiers plaisent plus, et la rencontre en est plus excellente que des autres.

Aussi cette dame Flora eut cela de bon et de meilleur que Lays, qui s'abandonnoit à tout le monde comme une bagasse, et Flora aux grands ; si bien que sur le seuil de sa porte elle avoit mis cet escriteau : « Rois, princes, dictateurs, « consuls, censeurs, pontifes, questeurs, ambassadeurs, et autres grands « seigneurs, entrez, et non d'autres. »

Lays se faisoit tousjours payer avant la main, et Flora point, disant qu'elle faisoit ainsi avec les grands, afin qu'ils fissent de mesme avec elle comme grands et illustres, et aussi qu'une femme d'une grande beauté et haut lignage sera tousjours autant estimée qu'elle se prise : et si ne prenoit sinon ce qu'on luy donnoit, disant que toute dame gentille devoit faire plaisir à son amoureux pour amour, et non pour avarice, d'autant que toutes choses ont certains prix, fors l'amour.

Pour fin, en son temps elle fit si gentiment l'amour, et se fit si bravement servir que quand elle sortoit de son logis quelquefois pour se proumener en ville, il y avoit assez à parler d'elle pour un mois, tant pour sa beauté, ses belles et riches parures, ses superbes façons, sa bonne grâce, que pour la grande suitte de courtisans et serviteurs et grands seigneurs qui estoyent avec elle, et qui la suivoyent et accompagnoyent comme vrays esclaves ; ce qu'elle enduroit fort patiemment. Et les ambassadeurs estrangers, quand ils s'en retournoyent en leurs provinces, se plaisoyent plus à faire des contes de la beauté et singularité de la belle Flora que de la grandeur de la république de Rome, et surtout de sa grande libéralité, contre le naturel pourtant de telles dames ; mais aussi estoit-elle outre le commun, puisqu'elle estoit noble.

Enfin elle mourut si riche et si opulente, que la valeur de son argent, meubles et joyaux, estoit suffisante pour refaire les murs de Rome, et encor pour désengager la république. Elle fit le peuple romain son héritier principal, et pour ce, luy fut édifié dans Rome un temple très-somptueux, qui de Flore fut appelé Florian.

La première feste que l'empereur Galba célébra jamais fut celle de l'amoureuse Flora, en laquelle estoit permis aux Romains et Romaines de faire toutes les desbauches, déshonnestetez, sallauderies et débordemens à l'envy dont se pourroyent adviser ; en sorte qu'on estimoit plus saincte et la plus gallante celle qui, ce jour là, faisoit plus de la dissoleue et de la déshonneste et débordée.

Pensez qu'il ny avoit ny fiscaigne (que les chambrières et esclaves mores dansent les dimanches, à Malthe, en pleine place devant le monde), ny sarabande qui en approchast, et qu'elles ny oublioyent ny mouvement ny remuements lascifs, ny gestes paillards, ny tordions bizarres. Et qui en pouvoit excogiter de plus dissolus et débordez, tant plus gallante estoit la dame ; d'autant que telle opinion estoyt parmy les Romains, que, qui alloit au temple de cette déesse en habit et geste et façon plus lascive et paillarde, auroit mesme grâce et oppulents biens que Flora avoit eu.

Il y a assez là à gloser qui voudra ; je le laisse aux bons gallants. Qu'on lise Suétone, Pausianas grec et Manilius latin, aux livres qu'ils ont fait des dames illustres, amoureuses et fameuses, on verra tout.

Ce conte encor, et puis plus :

Il se lit que les Lacédémoniens allèrent une fois pour mettre le siége devant Messène, à quoy les Mecéniens les prévindrent, car ils sortirent d'abord sur eux les uns et les autres, tirèrent et coururent à Lacédomone, pensant la surprendre et la piller cependant qu'ils s'amusoient devant leur ville, mais ils furent valleureusement repoussez et chassez par les femmes qui estoyent demeurées : ce que sçachans, les Lacédémoniens rebroussèrent chemin et tournèrent vers leur ville; mais de loin ils descouvrent leurs femmes toutes en armes, qui avoyent donné la chasse, dont ils furent en allarme ; mais elles se firent aussitost à eux cognoistre, et leur raconter leur fortune; dont ils se mirent de joye à les baiser, embrasser et carresser, de telle sorte que, perdans toute honte, et sans avoir la patience d'oster les armes, ny eux ny elles, leur firent cela bravement en mesme place qu'il les rencontrèrent, où l'on put voir choses et autres, et ouïr un plaisant son et cliquetis d'armes et d'autre chose. En mémoire de quoy ils firent bastir un temple et simulachre à la déesse Vénus, qu'ils appellèrent *Vénus l'armée*, au contraire de tous les autres, qui la peignent toute nue. Voilà une plaisante cohabitation, et un beau sujet, de peindre Vénus armée, et de l'appeler ainsi!

Il se void souvent parmy les gens de guerre, mesme aux prises des villes par assauts, force soldats tous armés jouir des femmes, n'ayans le loisir et la patience de se désarmer pour passer leur rage et appétit, tant ils sont tentés; mais de voir le soldat armé habiter avec la femme armée, il s'en void peu. Il se faut là-dessus songer le plaisir qui s'en peut ensuivre, et quel plus grand pouvoit estre en ce beau mystère, ou pour l'action, ou pour la veue, ou pour la sonnerie des armes. Cela gist en l'imagination qu'on en pourroit faire, tant pour les agents que pour les arregardans qui estoyent là pour lors.

Or, c'est assez; faisons fin : j'eusse fait ce discours plus ample de plusieurs exemples, mais je craignois que, pour estre trop lascif, j'en eusse encouru mauvaise réputation.

Si faut-il qu'après avoir tant loué les belles femmes, que je fasse le conte d'un Espagnol qui voulant mal à une femme, me la dépeignit un jour comme il falloit, et me dit : « Voyez là : elle est comme une lampe vieille et toute grais-
« seuse d'huyle d'église; de forme et façon, elle ressemble un armoire
« grand et vague et mal basti ; la couleur et la grâce comme d'un masque mal

« peint; la taille comme une cloche de monastère ou meule de moulin; le
« visage comme d'un idole du temps passé; le regard et l'aller comme un
« fantosme antique qui va de nuict : de sorte que je craindrois autant de la
« rencontrer de nuict comme de voir une mandragore. Jésus! Jésus! Dieu
« m'en garde de telle rencontre! Elle ne se contente pas d'avoir pour hoste
« ordinaire chez soy le proviseur de l'évesque, ny se contente de la desmesurée
« conversation du vicaire, ny de la continue visite du gardien, ny de
« l'ancienne amitié du doyen, sinon qu'à cette heure de nouveau elle a pris
« en main celuy qui demande pour les âmes du purgatoire, et ce pour achever
« sa noire vie. »

Voilà comment l'Espagnol, qui a si bien dépeint les trente beautez d'une dame, comme j'ay dit cy-dessus en ce discours, quand il veut, la sçait bien déprimer.

DISCOURS TROISIÈME

Sur la beauté de la belle jambe, et de la vertu qu'elle a.

Entre plusieurs belles beautez que j'ay veu louer quelques fois parmy nous autres courtisans, et autant propres à attirer à l'amour, c'est qu'on estime fort une belle jambe à une belle dame; dont j'ay veu plusieurs dames en avoir gloire, et soin de les avoir et entretenir belles. Entre autres, j'ay ouy raconter d'une très-grande princesse de par le monde, que j'ay cogneue, laquelle aymoit une de ses dames pardessus toutes les siennes, et la favorisait pardessus les autres, seulement parce qu'elle lui tiroit ses chausses si bien tendues et en accommodoit la grève, et mettoit si proprement la jarretière, et mieux que toute autre; de sorte qu'elle estoit fort advancée auprès d'elle; mesme luy fit de bons biens. Et par ainsi, sur cette curiosité qu'elle avoit d'entretenir sa jambe ainsi belle, faut penser que ce n'estoit pour la cacher sous sa juppe, ny son cotillon ou sa robbe, mais pour en faire parade quelquesfois avec de beaux callesons de toille d'or et d'argent, ou d'autre estoffe, très-proprement et mignonnement faits, qu'elle portoit d'ordinaire : car l'on ne se plaist point tant en soy, que l'on n'en vueille faire part à d'autres de la veue et du reste.

Cette dame aussi ne se pouvoit pas excuser, en disant que c'estoit pour plaire à son mary, comme la plupart d'elles le disent, et mesmes les vieilles, quand elles se font si pimpantes et gorgiases, encores qu'elles soyent vieilles; mais cette-cy estoit veufve. Il est vrai que du temps de son mary elle faisoit de mesme, et pour ce ne voulut discontinuer par amprès, l'ayant perdu.

J'ay cogneu force belles, honnestes dames et filles, qui sont autant curieuses de tenir ainsi précieuses et propres et gentilles leurs belles jambes : aussi elles en ont raison ; car il y gist plus de lasciveté qu'on ne pense.

J'ay ouy parler d'une très-grande dame, du temps du roy François, et très-belle, laquelle, s'estant rompu une jambe, et se l'estant fait rabiller, elle trouva qu'elle n'estoit pas bien, et estoit demeurée toute torte : elle fut si résolue, qu'elle se la fit rompre une autre fois au rabilleur, pour la remettre en son point, comme auparavant ; et la rendre aussi belle et aussi droite. Il y en eut quelqu'une qui s'en esbahit fort ; mais à celle une autre belle dame fort entendue fit réponse et luy dit : « A ce que vois, vous ne sçavez pas « quelle vertu amoureuse porte en soy une belle jambe.

J'ay cogneu autrefois une fort belle et honneste fille de par le monde, laquelle estant fort amoureuse d'un grand seigneur, pour l'attirer à soy et en escroquer quelque bonne pratique, et n'y pouvant parvenir, un jour estant en une allée de parc, et le voyant venir, elle fit semblant que sa jarretière luy tomboit ; et, se mettant un peu à l'escart, haussa sa jambe, et se mit à tirer sa chausse et rabiller sa jarretière. Ce grand seigneur l'advisa fort, et en trouva la jambe très-belle ; et s'y perdit si bien que cette jambe opéra en luy plus que n'avoit fait son beau visage ; jugeant bien en soy que ces deux belles colonnes soustenoient un beau bastiment ; et depuis l'advoua-il à sa maîtresse, qui en disposa après comme elle voulut. Notez cette invention et gentille façon d'amour.

J'ay ouy parler aussi d'une belle et honneste dame, surtout fort spirituelle, de plaisante et bonne humeur, laquelle, se faisant un jour tirer sa chausse à son valet de chambre, elle lui demanda s'il n'entroit point pour cela en ruth, tentation et concupiscence[1] encor dit-elle et franchit le mot tout outre. Le vallet, pensant bien dire, pour le respect qu'il luy portoit, luy respondit que non. Elle soudain haussa la main et luy donna un grand soufflet. « Allez, dit-elle, « vous ne me servirez jamais plus ; vous estes un sot, je vous donne vostre « congé. »

Il y a force vallets de filles aujourd'hui qui ne sont si continents, en levant, habillant et chaussant leurs maîtresses : il y a aussi des gentilshommes qui n'eussent fait ce trait, voyant un si bel appas.

Ce n'est d'aujourd'huy seulement que l'on a estimé la beauté des belles jambes et beaux pieds, car c'est une mesme chose ; mais du temps des

---

[1] On en a dit autant de Mademoiselle, cousine germaine de Louis XIV, à cela près qu'à ceux de ses pages à qui ses charmes donnaient de la tentation elle donnait quelques louis pour pouvoir se satisfaire ailleurs.

(Qui estoit lors fille de la reine Eléonore. (Voy. p. 172.)

Romains, nous lisons que Lucius Vitellius, père de l'empereur Vitellius, estant fort amoureux de Massalina, et désirant estre en grâce avec son mary par son moyen, la pria un jour de luy faire cet honneur de luy accorder un don. L'emperière luy demanda : « Eh quoi? — C'est, madame, dit-il, qu'il vous « plaise qu'un jour je vous déchausse vos escarpins. » Massalina, qui estoit toute courtoise pour ses sujets, ne luy voulut refuser cette grâce, et, l'ayant déchaussée, en garda un escarpin et le porta tousjours sur soy entre la chemise et la peau, le baisant le plus souvent qu'il pouvoit, adorant ainsi le beau pied de sa dame par l'escarpin, puisqu'il ne pouvoit avoir à sa disposition le pied naturel ny la belle jambe.

Vous avez le milord d'Angleterre des *Cent Nouvelles* de la reine de Navarre, qui porta de mesme le gand de sa maistresse à son costé, et si bien enrichy. J'ay cogneu force gentilshommes qui, premier que porter leurs bas de soye, prioient les dames et maistresses de les essayer et les porter devant eux quelques huict ou dix jours, du plus que du moins, et puis les portoyent en très-grand' vénération et contentement d'esprit et de corps.

J'ay cogneu un seigneur de par le monde, qui estant sur la mer avec une très-grande dame des plus belles du monde, qui, voyageant par son pays, et d'autant que ses femmes estoyent malades de la marette, et par ce très-mal disposées pour la servir, le bonheur fut pour luy qu'il fallut qu'il la couchast et levast ; mais en la couchant et levant, la chaussant et la deschaussant, il en devint si amoureux qu'il s'en cuida désespérer, encor qu'elle luy fust proche : comme certes la tentation en est par trop extresme, et il n'y a nul si mortifié qui ne s'en esmeut.

Nous lisons de la femme de Néron, Popea Sabina, qui estoit la plus favorite des siennes, laquelle, outre qu'elle fust la plus profuse en toutes sortes de superfluitez, d'ornemens, de parures, de pompes et de ses coustemens d'habits, elle portoit des escarpins et pianelles toutes d'or. Cette curiosité ne tendoit pas pour cacher son pied ny sa jambe à Néron, son cocu de mary : luy seul n'en avoit pas tout le plaisir ny la vue ; il y en avoit bien d'autres. Elle pouvoit bien avoir cette curiosité pour elle, puisqu'elle faisoit ferrer les pieds de ses juments, qui traisnoyent son coche, de fers d'argent.

J'ay veu discourir et faire question quelle jambe estoit plus tentative et attrayante, ou la nue, ou la couverte et chaussée ? Plusieurs croyent qu'il n'y a que le naturel mesme, quand elle est bien faitte au tour de la perfection, et selon la beauté que dit l'Espagnol que j'ay dit ci-devant, et qu'elle est bien blanche, belle et bien polie, et monstrée à propos dans un beau lict ; car autrement, si une dame la vouloit monstrer toute nue en marchant ou autrement, et des soulliers aux pieds, quand bien elle seroit la plus pompeusement habillée du monde, elle ne seroit jamais trouvée bien décente ny belle, comme une qui seroit bien chaussée d'une belle chausseure de soye de couleur ou de filet blanc, comme on fait à Fleurance pour porter à l'esté, dont j'ay veu d'autres fois nos dames en porter, avant le grand usage que nous avons eu depuis des chausses de soye ; et après faudroit qu'elle fust tirée et tendue comme la peau d'un tabourin, et puis attachée ou avec esguillettes ou autrement, selon la volonté et l'humeur des dames : puis faut accompagner le pied d'un bel escarpin blanc, et d'une mule de velours noir ou d'autre couleur, ou bien d'un beau petit patin, tant bien fait que rien plus, comme j'en ay veu porter à une très-grande dame de par le monde, des mieux faits et le plus mignonnement.

En quoy faut adviser aussi la beauté du pied ; car s'il est par trop grand, il n'est plus beau ; s'il est par trop petit, il donne mauvaise opinion et signifiant de sa dame, d'autant qu'on dit : *petit pied, grand c...*, ce qui est un peu odieux : mais il faut qu'il soit un peu médiocre, comme j'en ay veu plusieurs qui en ont porté grandes tentations et mesme quand leurs dames le faisoyent sortir et paroistre à demy hors du cotillon, et le faisoyent remuer et frétiller par certains petits tours et remuements lascifs, estans couvers d'un beau petit patin peu liégé, et d'un escarpin blanc pointu et point quarré par le devant ; et le blanc est le plus beau. Mais ces petits patins et escarpins sont pour les grandes et hautes femmes, non pour les courtaudes et nabottes, qui ont leurs grands chevaux de patins liégez de deux pieds : autant vaudroit voir remuer cela comme la massue d'un géant ou la marotte d'un fou.

J'ay leu dans un livre espagnol, intitulé el *Viage del Principe* [1], qui fut celuy que fit le roy d'Espagne en ses Païs-Bas, du temps de l'empereur Charles son père, entr'autres beaux recueils qu'il receut parmy ses riches et opulentes villes, ce fut de la reine d'Hongrie en sa belle ville de Bains dont le proverbe fut : *Mas brava que las fiestas de Bains* [2].

Entre autres magnificences fut que, durant le siège d'un chasteau qui fut battu en feinte, et assiégé en forme de place de guerre (je le descris ailleurs), elle fit un jour un festin, sur tous autres, à l'empereur son bon frère, à la reine Eléonor sa sœur, au roy son nepveu, et à tous les seigneurs, chevalliers et dames de la cour. Sur la fin du festin comparut une dame, accompagnée de six nimphes oréades, vestues à l'antique, à la nimphale et mode de la vierge chasseresse, toutes vestues d'une toille d'argent et vert et un croissant au front, tout couvert de diamants, qu'ils sembloyent imiter la lueur de la lune, portant chacune son arc et ses flesches en la main, et leurs carquois fort riches au costé, leurs bottines de mesme toille d'argent, tant bien tirées que rien plus. Et ainsi entrèrent en la salle, menans leurs chiens après elles ; et présentèrent à l'empereur, et luy mirent sur sa table toute sorte de venaison en pasté, qu'elles avoyent pris en leur chasse.

Et, après vint Palès, la déesse des pasteurs, avec six nimphes napées vesteues toutes de blanc, de toille d'argent, avec les garnitures de mesme en la teste, toutes couvertes de perles, et avoyent aussi des chausses de pareille toille avec l'escarpin blanc, qui portèrent de toute sorte de laitage, et le posèrent devant l'empereur.

Puis, pour la troisiesme bande, vint la déesse Pommona, avec ses nimphes najades, qui portèrent le dernier service du fruict. Et cette déesse estoit la fille de dona Béatrix Pacecho, comtesse d'Antremont, dame d'honneur de la reine Eléonor, laquelle pouvoit avoir alors que neuf ans. C'est elle qui est aujourd'huy madame l'admiralle de Chastillon, que M. l'admiral espousa en secondes nopces ; laquelle fille et déesse apporta avec ses compagnes, toutes

1 Le voyage du Prince.
2 Plus magnifique que les fêtes des Bains.

sortes de fruicts qui se pouvoyent alors trouver, car c'estoit en été, des plus beaux et plus exquis, et les présenta à l'empereur avec une harangue si éloquente, si belle et prononcée de si bonne grâce, qu'elle s'en fit fort aymer et admirer de l'empereur et de toute l'assemblée, veu son jeune aage, que dès lors on présagea d'elle qu'elle seroit ce qu'elle est aujourd'huy, une belle, sage, honneste, vertueuse, habille et spirituelle dame.

Elle estoit pareillement habillée à la nimphale comme les autres, vesteues de toille d'argent et blanc, chaussées de mesmes, et garnies à la teste de force pierreries; mais c'estoyent toutes esmeraudes, pour représenter en partie la couleur du fruit qu'elles apportoyent : et outre le présent du fruict, elle en fit un à l'empereur et au roy d'Espagne d'un rameau de victoire tout esmaillé de vert, les branches toutes chargées de grosses perles et pierreries, ce qui estoit fort riche à voir et inestimable; à la reine Eléonor un esventail, avec un mirouer dedans, tout garni de pierreries de grande valeur.

Certes, cette princesse et reine d'Hongrie monstroit bien qu'elle estoit une honneste dame en tout, et qu'elle sçavoit son entregent aussi bien que le mestier de la guerre; et, à ce que j'ay ouy dire, l'empereur avoit un grand contentement et soulagement d'avoir une si honneste sœur et digne de luy.

Or, l'on me pourroit objecter pourquoy j'ai fait cette digression en forme de discours. C'est pour dire que toutes ces filles qui avoyent joué ces personnages avoyent esté choisies et prises pour les plus belles d'entre toutes celles des reines de France et d'Hongrie et madame de Lorraine, qui estoyent françoises, italiennes, flamendes, allemandes et lorraines; parmy lesquelles n'y avoit faute de beauté; et Dieu sçait si la reine de Hongrie avoit esté curieuse d'en choisir des plus belles et de meilleure grâce.

Madame de Fontaine-Chalandry, qui est encor en vie, en sçauroit bien que dire, qui estoit lors fille de la reine Eléonor, et des plus belles : on l'appeloit aussi la belle Torcy, qui m'en a bien conté. Tant y a que je tiens d'elle et d'ailleurs que les seigneurs, gentilshommes et cavalliers de cette cour s'amusèrent à regarder et contempler les belles jambes, grèves et beaux petits pieds de ces dames; car vesteues ainsi à la nimphale, elles estoyent courtement habillées, et en pouvoyent faire une très-belle monstre, plus que leurs beaux visages, qu'ils pouvoyent voir tous les jours, mais non leurs belles jambes. Dont aucuns en vindrent plus amoureux par la monstre et veue d'icelles belles jambes, que non pas de leurs belles faces; d'autant qu'au dessus des belles colonnes coustumièrement il y a de belles cornices de frizes, des beaux architraves, riches chapiteaux, bien pollis et entaillez.

Si faut-il que je fasse encor cette digression et que j'en passe ma fantaisie, puisque nous sommes sur les feintes et représentations. Quasi en même temps que ces belles festes se faisoyent ez Païs-Bas, et surtout à Bains, sur la réception du roy d'Espagne, se fit l'entrée du roy Henry, tournant de visiter son pays de Piedmont et ses garnisons, à Lion, qui certes fut des belles et plus triomphantes, ainsi que j'ay ouy dire à d'honnestes dames et gentilshommes de la cour qui y estoyent.

Or, si cette feinte et représentation de Diane et de sa chasse fut trouvée belle en ce royal festin de la reine de Hongrie, il s'en fit une à Lion qui fut bien autre et mieux imitée; car, ainsi que le roy marchoit, venant à rencontrer un grand obélisque à l'antique, à costé de la main droite il rencontra de mesmes un préau ceint, sur le grand chemin, d'une muraille de quelque peu plus de six pieds de hauteur, et ledit préau aussi haut de terre; lequel avoit esté distinctement remply d'arbres de moyenne fustaye, entreplantez de taillis espais, et à force touffes d'autres petits arbrisseaux, avec aussi force arbres fruictiers. Et en cette petite forest s'esbattoyent force petits cerfs tous en vie, biches, chevreuils, toutesfois privez. Et lors Sa Majesté entr'ouyt aucuns cornets et trompettes sonner; et tout aussitost apperceut venir à travers de ladicte forest Diane chassant avec ses compagnes et vierges forestières, elle tenant à la main un riche arc turquois, avec sa trousse pendante au costé, accoustrée en atour de nymphe, à la mode que l'antiquité nous le représente encor; son corps estoit vestu avec un demy bas à six grands lambeaux ronds de toile d'or noire, semée d'estoilles d'argent, les manches et le demeurant de satin cramoisy avec profilure d'or, troussée jusqu'à demy jambe, descouvrant sa belle jambe et grève, et ses botines à l'antique de satin cramoisy, couvertes de perles en broderie : ses cheveux estoyent entrelassez de gros cordons de riches perles, avec quantité de pierreries et joyaux de grand'valeur; et au-dessus du front un petit croissant d'argent, brillant de menus petits diamants : car d'or ne fust esté si beau ni si bien représentant le croissant naturel, qui est clair et argentin.

Ses compagnes estoyent accoustrées de diverses façons d'habits et de taffetas rayez d'or, tant plein que vuide, le tout à l'antique, et de plusieurs autres couleurs à l'antique, entremeslées tant pour la bizarreté que pour la gayeté; les chausses et botines de satin; leur teste adornée de mesmes à la nimphale, avec force perles et pierreries.

Aucunes conduisoyent des limiers, petits levriers, espaigneuls et autres chiens en laisse, avec des cordons de soye blanche et noire, couleurs du roy pour l'amour d'une dame du nom de Diane qu'il aimoit : les autres accompagnoient et faisoyent courre les chiens courans qui faisoyent grand bruit. Les autres portoyent de petits dards de brésil, le fer doré avec de petites et gentilles houpes pendantes, de soye blanche et noire, les cornets et trompes ornées d'or et d'argent pendantes en escharpes, à cordons de fil d'argent et soye noire.

Et ainsi qu'elles apperceurent le roy, un lion sortit du bois, qui estoit privé et fait de longue main à cela, qui se vint jetter à ses pieds de ladite déesse, luy faisant feste ; laquelle le voyant ainsi doux et privé, le prit avec un gros cordon d'argent et de soye noire, et sur l'heure le présenta au roy ; et, s'approchant avec le lion jusques sur le bord du mur du préau joignant le chemin, et à un pas près de Sa Majesté, luy offrit ce lion par un dixain en rime, telle qui se faisoit de ce temps, mais non pourtant trop mal limée et sonnante ; et par icelle rime, qu'elle prononça de fort bonne grâce, sous ce lion doux et gracieux luy offroit sa ville de Lion, toute douce, gracieuse et humiliée à ses loix et commandements.

Cela dit et fait de fort bonne grâce, Diane et toutes ses compagnes luy firent une humble révérence, qui, les ayant toutes regardées et saluées de bon œil, monstrant qu'il avoit très-agréables leurs chasses et les en remerciant de bon cœur, se partit d'elles et suivit son chemin de son entrée. Or notez que cette Diane et toutes ses belles compagnes estoyent les plus apparentes et belles femmes mariées, veufves et filles de Lion, où il n'y en a point de faute, qui jouèrent leur mystère si bien et de si bonne sorte que la pluspart des princes, seigneurs, gentilshommes et courtisans, en demeurèrent fort ravis. Je vous laisse à penser s'ils en avoyent raison.

Madame de Valentinois, dite Diane de Poictiers, que le roy servoit, au nom de laquelle cette chasse se faisoit, n'en fut pas moins contente, et en ayma toute sa vie fort la ville de Lion ; aussi estoit-elle leur voisine, à cause du duché de Valentinois qui en est fort proche.

Or, puisque nous sommes sur le plaisir qu'il y a de voir une belle jambe, il faut croire, comme j'ay ouy dire, que non le roy seulement, mais tous ces gallants de la cour, prindrent un merveilleux plaisir à contempler et mirer celles de ces belles nimphes, si follastrement accoustrées qu'elles en donnoient autant ou plus de tentation pour monter au second étage, que d'admiration et de sujet à louer une si gentille invention.

Pour laisser donc nostre digression et retourner où je l'avois prise, je dis que nous avons veu faire en nos cours et représenter par nos reynes, et principalement par la reine-mère, de fort gentils ballets ; mais d'ordinaire, entre nous autres courtisans, nous jettions nos yeux sur les pieds et jambes des dames qui les représentoyent, et prenions par dessus tous très-grand plaisir leur voir porter leurs jambes si gentiment, et démener et frétiller leurs pieds si affettement que rien plus ; car leurs cottes et robes estoyent bien plus courtes que de l'ordinaire, mais non pourtant si bien à la nimphale, ny si hautes comme il le falloit et qu'on eust désiré. Néantmoins nos yeux s'y baissoyent un peu, et mesme quand on dansoit la volte, qui, en faisant volleter la robbe, monstroit tousjours quelque chose agréable à la veue, dont j'en ay veu plusieurs s'y perdre et s'en ravir entre eux-mesmes.

Ces belles dames de Sienne, au commencement de la révolte de leur ville et république, firent trois bandes des plus belles et des plus grandes dames qui fussent. Chaque bande montoit à mille, qui estoit en tout trois mille ; l'une vestue de taffetas violet, l'autre de blanc, et l'autre incarnat, toutes habillées à la nimphale d'un fort court accoustrement, si bien qu'à plein elles monstroyent la belle jambe, et belle grève ; et firent ainsi leurs monstres par la ville devant tout le monde, et mesme devant M. le cardinal de Ferrare et M. de Termes, lieutenants généraux de nostre roy Henry ; toutes résolues et promettans de mourir pour la République et pour la France, et toutes prestes de mettre la main à l'œuvre pour la fortification de la ville, comme desjà elles avoyent la fascine sur l'espaule ; ce qui rendit en admiration tout le monde. Je mets ce conte ailleurs, où je parle des femmes généreuses ; car il touche l'un des plus beaux traits qui fust jamais fait parmy galantes dames.

Pour ce coup, je me contenteray de dire que j'ai ouy raconter à plusieurs gentilshommes et soldats, tant françois qu'estrangers, mesme à aucuns de la ville, que jamais chose du monde plus belle ne fut veue, à cause qu'elles estoyent toutes grandes dames, et principales citadines de ladicte ville les unes plus belles que les autres, comme l'on sçait qu'en cette ville la beauté n'y manque point parmy les dames, car elle y est très-commune. Mais s'il faisoit beau voir leurs beaux visages, il faisoit bien autant beau voir et contempler leurs belles jambes et grèves, par leurs gentiles chaussures tant bien tirées et accommodées, comme elles sçavent très-bien faire, et aussi qu'elles s'estoyent fait faire leurs robes fort courtes, à la nymphale, afin de plus légèrement marcher : ce qui tentoit et eschauffoit les plus refroidis et mortifiez ; et ce que faisoit bien autant de plaisir aux regardans estoit que les visages estoyent bien veus tousjours et se pouvoyent voir, mais non pas ces belles jambes et grèves ; et ne fut sans raison qui inventa cette forme d'habiller à la nymphale : car elle produit beaucoup de bons aspects et belles œillades : car si l'accoustrement en est court, il est fendu par les costez, ainsi que nous voyons encore par ces belles antiquitez de Rome, qui en augmente davantage la veuë lascive.

Mais aujourd'hui les belles dames et filles de l'isle de Cio, quoy et qui les rend aimables? certes ce sont bien leurs beautez et leurs gentillesses, mais aussi leurs gorgiases façons de s'habiller, et surtout leurs robes fort courtes, qui monstrent à plein leurs belles jambes et belles grèves et leurs pieds affettez et bien chaussez.

Sur quoy il me souvient qu'une fois à la cour, une dame de fort belle et riche taille, contemplant une magnifique et belle tapisserie de chasse où Diane et toute sa bande de vierges chasseresses y estoyent fort naïfvement représentées, et toutes vesteues monstroyent leurs beaux pieds et belles jambes, elle avoit une de ses compagnes auprès d'elle, qui estoit de fort basse et de petite taille, qui s'amusoit aussi avec elle à regarder icelle tapisserie; elle luy dit : « Hà ! « petite, si nous nous habillions toutes de cette façon, vous le perdriez comp- « tant, et n'auriez grand avantage, car vos gros patins vous descouvriroient: « et n'auriez jamais telle grâce en vostre marcher, ny à monstrer vostre jambe « comme nous autres qui avons la taille grande et haute : par quoy il vous « faudroit cacher et ne paroistre guières. Remerciez donc la saison et les robbes « longues que nous portons, qui vous favorisent beaucoup et qui vous « couvrent vos jambes si dextrement, qu'elles ressemblent, avec vos grands « et hauts patins d'un pied de hauteur, plustost une massue qu'une jambe ; « car, qui n'auroit de quoy à se battre, il ne faudroit que vous couper une « jambe et la prendre par le bout et du costé de vostre pied chaussé et hanté « dans vos patins ; on feroit rage de bien battre. »

Cette dame avoit beaucoup de sujet de dire telles parolles, car la plus belle jambe du monde, si elle est ainsi enchâssée dans ces gros patins, elle perd du tout sa beauté, d'autant que ce gros pied bot luy rend une déformité par trop grande; car si le pied n'accompagne la jambe en belle chaussure et gentille forme, tout n'en vaut rien. Parquoy les dames qui prennent ces grands et gros lourdauts de patins pensent embellir et enrichir leurs tailles et par elles s'en faire mieux aymer et paroistre ; mais de l'autre costé elles appauvrissent leur belle jambe et belle grève, qui vaut bien autant en son naturel qu'une grande taille contrefaitte.

Aussi, le temps passé, le pied beau portoit une telle lasciveté en soy, que plusieurs dames romaines prudes et chastes, au moins qui le vouloyent contrefaire, et encor aujourd'huy plusieurs autres en Italie, à l'imitation du vieux temps, font autant de scrupule de le monstrer au monde comme leurs visages, et le cachent sous leurs grandes robbes le plus qu'elles peuvent afin qu'on ne les voye pas; et conduisent en leur marcher si sagement, discrètement et compassément, qu'il ne passe jamais devant la robbe.

Je sçay un gentilhomme fort gallant et honneste, qui, pour avoir veu à Rheims, au sacre du roy dernier, la belle jambe, chaussée d'un bas de soye blanc, d'une belle et grande dame veufve et de haute taille, par dessous les eschaffauts que l'on fait pour les dames à voir le sacre, en devint si espris, que depuis il se cuida désespérer d'amour ; et ce que n'avoit pu faire le beau visage, la belle jambe et la belle grève le firent : aussi cette dame méritoit bien

VIES DES DAMES GALANTES 177

J'ai cogneu une abbesse de Tarascon. (Voir. p. 182).

en toutes ses belles parties de faire mourir un honneste gentilhomme. J'en ay tant cogneu d'autres pareils en cette humeur.

Tant y a, pour fin, ainsi que j'ay veu tenir pour maxime à plusieurs gallants courtisans, mes compagnons, la monstre d'une belle jambe et d'un beau pied est fort dangereuse à ensorceler les yeux lascifs à l'amour ; et m'estonne que plusieurs bons escrivains, tant de nos poëtes qu'autres, n'en ont escrit des louanges, comme ilz ont fait d'autres parties de leur corps. De moy, j'en eusse escrit davantage ; mais j'aurois peur que, pour trop louer ces parties du corps, l'on m'objiçast que je ne me souciasse guières des autres, et aussi qu'il me faut escrire d'autres sujets, et ne m'est permis de m'arrester tant sur un.

Par quoy je fais fin en disant ce petit mot : « Pour Dieu, mesdames, ne « soyez si curieuses à vous faire paroistre grandes de taille et vous monstrer « autres, que vous n'advisiez à la beauté de vos jambes, lesquelles vous avez « belles, au moins aucunes ; mais vous en gastez le lustre par ces hauts patins

« et grands chevaux. Certes il vous en faut bien ; mais si démesurément, vous
« en dégoustez le monde plus que ne pensez. »

Sur ce discours louera qui voudra les autres beautez de la dame, comme ont fait plusieurs poëtes ; mais une belle jambe, une grève bien façonnée et un beau pied, ont une grande faveur et pouvoir à l'empire d'amour.

DISCOURS QUATRIÈME

Sur aucunes dames vieilles qui aiment autant faire l'amour comme les jeunes.

Puisque j'ay parlé cy-devant des vieilles dames qui ayment à roussiner, je me suis mis à faire ce discours. Par quoy j'accommence, et dis qu'un jour moy, estant à la cour d'Espagne, devisant avec une fort honneste et belle dame, mais pourtant un peu aagée, me dit ces mots : *Que ningunas damas lindas, o alo menos pocas, se hazen viejas de la cinta hasta abaxo* ; « que
« nulles dames belles, ou au moins peu, se font vieilles de la ceinture jusques
« en bas. » Sur quoy je luy demanday comment elle l'entendoit, si c'estoit ou pour la beauté du corps de cette ceinture en bas, qu'elle n'en diminuast aucunement par la vieillesse, ou pour l'envie et l'appétit de la concupiscence qui vinssent à ne s'en esteindre n'y s'en refroidir par le bas aucunement. Elle respondit qu'elle l'entendoit et pour l'un et pour l'autre ; « car, quand à la pic-
« queurre de la chair, disoit-elle, ne faut pas penser que l'on s'en guérisse que
« par la mort, quoyqu'il semble que l'aage y vueille répugner ; d'autant que
« toute belle femme s'ayme extresmement, et en s'aymant ce n'est point pour
« elle, mais pour autruy ; et nullement ressemble à Narcisus, qui, fat qu'il estoit,
« aymé de soy, et de soy-mesme amoureux, abhorroit toutes autres amours. »

La belle femme ne tient rien de cette humeur ; ainsi que j'ay ouy raconter d'une très-belle dame, laquelle s'aymant et se plaisant fort bien souvent seule et à part soy, dans son lict se mettoit toute nue, et en toutes postures se contemploit, s'admiroit et s'arregardoit lascivement, en se maudissant d'estre vouée à un seul qui n'estoit digne d'un si beau corps, entendant son mary nullement égal à elle. Enfin elle s'enflama tellement par telles contemplations et visions qu'elle dit adieu à sa chasteté et à son sot vœu marital, et fit amour et serviteur nouveau.

Voilà donc comme la beauté allume le feu et la flame d'une dame, qui la transporte à ceux qu'elle veut puis après, soit aux maris ou aux serviteurs, pour les mettre en usage ; aussi qu'un amour en amène un autre. De plus, estant ainsi belle et recherchée de quelqu'un, et qu'elle ne desdaigne de respondre, la voilà troussée ; ainsi que Lays disoit que toute femme qui ouvre la bouche pour dire quelque response douce à son amy, le cœur s'y en va et s'ouvre de mesmes.

D'avantage, toute belle et honneste femme ne refuse jamais louange qu'on luy donne ; et si une fois elle se plaist ou permette d'être louée en sa beauté, bonnes grâces et gentille façon, ainsi que nous autres courtisans avons accoustumé de faire pour le premier assaut de l'amour, quoyqu'il tarde, avec la continue nous l'emportons.

Or est-il que toute belle femme s'estant une fois essayée au jeu d'amour ne le désapprend jamais, et la continue luy est toujours très-agréable et douce ; ny plus ny moins que, quand l'on a accoustumé une bonne viande, on se fasche fort de la laisser ; et tant plus on va sur l'âge, tant est-elle meilleure pour la personne, ce disent les médecins : aussi tant plus la femme va sur l'aage, tant plus est friande d'une bonne chair qu'elle a accoustumé ; et si sa bouche d'en haut y prend de la saveur, sa bouche d'en bas aussi en prend bien autant, et la friandise ne s'en oublie jamais ny ne se lasse par la charge des ans, ouy plustost bien par une longue maladie, ce disent les médecins, ou autres accidents ; que si l'on s'en fasche pour quelque temps, pourtant on la reprend bien.

L'on dit aussi que tous exercices décroissent et diminuent par l'aage, qui oste la force aux personnes pour les faire valoir, fors celuy de Vénus, qui se pratique très-doucement, sans peine et sans travail, dans un mol et beau lict et très-bien à l'aise. Je parle pour la femme et non pour l'homme, à qui pour cela tout le travail et corvée eschoit en partage. Luy donc, privé de ce plaisir, s'en abstient de bonne heure, encor que ce soit en dépit de luy ; mais la femme, en quelque age qu'elle soit, reçoit en soy, comme une fournaise, tout feu et toute matière ; j'entends si on luy en veut donner : mais il n'y a si vieille monture, si elle a désir d'aller et vueille estre piquée, qui ne trouve quelque chevaucheur malautru ; et quand bien même une dame aagée n'en sçauroit chevir bonnement, et n'en trouveroit à point comme en ses jeunes ans, elle a de l'argent et des moyens pour en avoir au prix du marché, et de bons, comme j'ay ouy dire. Toutes marchandises qui coustent faschent fort à la bourse, contre l'opinion d'Héliogabale, qui tant plus il acheptoit les viandes chères, tant meilleures les trouvoit-il, fors la marchandise de Vénus, laquelle tant plus couste, tant plus plaist, pour le grand désir que l'on a de faire bien valoir la besoigne et denrée que l'on aura acheptée ; et le tallent que l'on a en main, on le fait valoir au triple, voire au centuple, si l'on peut.

Ce fut ce que dit une courtisanne espagnole à deux braves cavaliers espagnols qui prindrent querelle pour elle, et sortans de son logis mirent les espées aux mains et se commencèrent à battre : elle mit la teste à la fenestre, et s'escria à eux : *Señores, mis amores se ganan con oro y plata non con hierro* : « Mes amours se gaignent avec de l'or et de l'argent, et non avec le fer. »

J'ay ouy parler d'une grande dame, qui rencontroit le mot aussi bien que dame de son temps, laquelle, voyant un jour un jeune gentilhomme qui avoit les mains très-blanches, elle luy demanda ce qu'il faisoit pour les avoir telles : il respondit, en riant et gaussant, que le plus souvent qu'il pouvoit il les frottoit de sperme. « Voilà, dit-elle, donc un malheur pour moy, car il y a plus de « soixante ans que j'en lave mon cas (le nommant tout à trac), il est aussi « noir que le premier jour : et si je le lave encore tous les jours. »

J'ay ouy parler d'une dame d'assez bonnes années, laquelle se voulant remarier, en demanda un jour l'advis à un médecin, fondant ses raisons sur ce qu'elle estoit très-humide et remplie de toutes mauvaises humeurs, qui luy estoient venues et l'avoyent entretenues depuis qu'elle estoit veufve ; ce qui ne luy estoit arrivé du temps de son mary, d'autant que, par les assidus exercices qu'ils faisoyent ensemble, ces humeurs s'asséchoient et consommoyent. Le médecin, qui estoit bon compagnon, et qui luy voulut en cela complaire, luy conseilla de se remarier, et de chasser les humeurs de son corps de cette façon, et qu'il valloit mieux estre seiche qu'humide. La dame pratiqua ce conseil, et l'approuva très-bien, toute surannée qu'elle estoit ; mais je dys avec un mary et un amoureux nouveau, qui l'aymoit bien autant pour l'amour du bon argent que du plaisir qu'il tiroit d'elle : encor qu'il y ait plusieurs dames aagées avec lesquelles on prend bien autant de plaisir, et y fait aussi bon et meilleur qu'avec les plus jeunes, pour en sçavoir mieux l'art et la façon, et en donner le goust aux amants.

Horace fait mention d'une vieille, laquelle s'agitoit et se mouvoit, quand elle venoit là, de telle façon et si rudement et inquiètement, qu'elle faisoit trembler non seulement le lict, mais toute la maison. Voilà une gente vieille ! Les Latins appellent s'agiter ainsi et s'esmouvoir, *subare a sue*, qu'est à dire une porque ou truye.

Nous lisons de l'empereur Caligula, de toutes ses femmes qu'il eut il ayma Cezonnia, non tant pour sa beauté qu'elle eut, n'y d'aage florissant, car elle y estoit desjà fort avancée, mais à cause de sa grande lasciveté et paillardise qui estoit en elle, et la grande industrie qu'elle avoit pour l'exercer, que la vieille saison et pratique luy avoit apportée, laissant toutes les autres femmes, encor qu'elles fussent plus belles et plus jeunes que celle-là ; et la menoit ordinairement aux armées avec luy, habillée et armée en garçon, et chevauchant de mesme, costé à costé de luy, jusques à la monstrer souventes fois à ses amis toute nue, et leur faire voyr ses tours de souplesse et de paillardise.

Il falloit bien dire que l'aage n'eust rien diminué en cette femme de beau et de lascif, puisqu'il l'aymoit tant. Néantmoins, avec tout ce grand amour qu'il luy portoit, bien souvent, quand il l'embrassoit et touchoit à sa belle gorge, il ne se pouvoit empescher de luy dire, tant il estoit sanglant : « Voilà une « belle gorge, mais aussi il est bien en mon pouvoir de la faire couper. » Hélas ! la pauvre femme fut de mesme avec luy occis d'un coup d'espée à travers le corps par un centenier, et sa fille brisée et accravantée contre une muraillée, qui ne pouvoit mais de la meschanceté de son père.

Il se lit encor de Julia, marastre de Caracalla, empereur, estant un jour quasi par négligence nue de la moitié du corps, et Caracalla la voyant, il ne dit que ces mots : « Hà ! que j'en voudrois bien, s'il m'estoit permis ! » Elle soudain respondit : « S'il vous plaist, ne savez-vous pas que vous estes empe- « reur, et que vous donnez les loix et non pas les recevez ? » Sur ce bon mot et bonne volonté, il l'espousa et se coupla avec elle.

Pareilles quasi parolles furent données à un de nos trois rois derniers, que je ne nommeray point. Estant espris et devenu amoureux d'une forte belle et honneste dame, après luy avoir jetté des premières pointes et paroles d'amour, luy en fit un jour entendre sa volonté plus au long, par un honneste et trèshabile gentilhomme que je sçay, qui, luy portant le petit poulet, se mit en son mieux dire pour la persuader de venir là. Elle, qui n'estoit point sotte, se défendit le mieux qu'elle put, par force belles raisons qu'elle sceut bien alléguer, sans oublier surtout le grand, ou, pour mieux dire, le petit point d'honneur. Somme, le gentilhomme, après force contestations, luy demanda, pour fin, ce qu'elle vouloit qu'il dist au roy. Elle, ayant un peu songé, tout à coup, comme d'une désespérée, profféra ces mots : « Que vous luy direz ? dit-elle, « autre chose sinon que je sçay bien qu'un refus ne fut jamais prof- « fitable à celuy ou à celle qui le fait à son roy ou à son souverain, et que « bien souvent, usant de sa puissance, il sçait plustost prendre et commander « que de requérir et prier. » Le gentilhomme, se contentant de cette response, la porte aussitost au roy, qui prit l'occasion par le poil et va trouver la dame en sa chambre, laquelle, sans trop grand effort de lutte, fut abattue. Cette response fut d'esprit, et d'envie d'avoir à faire à son roy. Encore qu'on die qu'il ne fait pas bon se jouer ny avoir à faire avec son roy, il s'en faut ce point, dont on ne s'en trouve jamais mal, si la femme s'y conduit sagement et constamment.

Philippes-Maria, duc troisiesme de Milan, espousa en secondes nopces Beatricine, veufve de feu Facin Cane, estant fort vieille ; mais elle luy porta pour maryage quatre cens mille escus, sans les autres meubles, bagues et joyaux, qui montoyent à un haut prix, et qui effaçoient sa vieillesse : non-obstant laquelle, fut soubçonnée de son mary d'aller ribauder ailleurs, et pour tel soubçon la fit mourir. Vous voyez si la vieillesse luy fit perdre le goust du jeu d'amour. Pensez que le grand usage qu'elle en avoit luy en donnoit encor l'envie.

Constance, reine de Sicile, qui, dès sa jeunesse et toute sa vie, n'avoit bougé vestale du cul d'un cloistre en chasteté, venant à s'émanciper au monde en l'aage de cinquante ans, qui n'estoit pas belle pourtant et toute décrépite, voulut taster de la douceur de la chair et se marier ; et engrossa d'un enfant en l'aage de cinquante-deux ans, duquel elle voulut enfanter publiquement dans les prairies de Palerme, y ayant fait dresser une tente et un pavillon exprès, afin que le monde n'entrast en doute que son fruict fust apposté : qui fut un des grands miracles que on ait veu depuis saincte Elizabeth. L'*Histoire de Naples* pourtant dit qu'on le réputa supposé. Si fut-il pourtant un grand personnage ; mais ce sont-ils ceux-là, la pluspart des braves, que les bastards, ainsi que me dit un jour un grand.

J'ay cogneu une abbesse de Tarrascon, sœur de madame d'Usez, de la maison de Tallard, qui se défroqua et sortit de religion en l'aage de plus de cinquante ans, et se maria avec le grand Chanay qu'on a veu grand joueur à la cour.

Force autres religieuses ont fait de tels tours, soit en mariage ou autrement, pour taster de la chair en leur aage très-meur. Si telles font cela, que doivent donc faire nos dames, qui y sont accoustumées dez leurs tendres ans ? La vieillesse les doit-elle empescher qu'elles ne tastent ou mangent quelquefois de bons morceaux, dont elles en ont pratiqué l'usance si longtemps ? Et que deviendroyent tant de bons potages restaurens, bouillons composez, tant d'ambre gris, et autres drogues escaldatives et confortatives pour eschauffer et conforter leur estomac vieil et froid ? Dont ne faut douter que telles compositions, en remettant et entretenant leur débile estomach, ne facent encor autre seconde opération sous bourre, qui les eschauffent dans le corps et leur causent quelque chaleur vénérienne, qu'il faut par amprès expulser par la cohabitation et copulation, qui est le plus souverain remède qui soit, et le plus ordinaire, sans y appeler autrement l'advis des médecins, dont je m'en rapporte à eux. Et qui meilleur est pour elles, est : qu'estant aagées et venues sur les cinquante ans, n'ont plus de crainte d'engroisser, et lors ont plainière et toute ample liberté de se jouer et recueillir les arrérages des plaisirs, que, possible, aucunes n'ont osé prendre de peur de l'enfleure de leur traistre ventre : de sorte que plusieurs y en a-il qui se donnent plus de bon temps en leurs amours depuis cinquante ans en bas, que de cinquante ans en avant.

J'ay eu d'autres fois un frère puisné qu'on appelloit le capitaine Bourdeille, l'un des braves et vaillants capitaines de son temps. Il faut que je die cela de luy, encor qu'il fust mon frère, sans offenser la louange que je luy donne : les combats qu'il a faits aux guerres et aux estaquades en font foy ; car c'estoit le gentilhomme de France qui avoit les armes mieux en la main : aussi l'appelloit-on en Piedmont l'un des Rodomonts de là. Il fut tué à l'assaut de Hedin, à la dernière reprise.

Il fut dédié par ses père et mère aux lettres ; et pour ce il fut envoyé à l'age de dix-huict ans en Italie pour estudier, et s'arresta à Ferrare, pour ce que madame Renée de France, duchesse de Ferrare, aymoit fort ma mère ; et pour ce le retint là pour vacquer à ses études, car il y avoit université. Or, d'autant qu'il estoit nay ny propre, il n'y vacquoit guières, ains plustost s'amusa à faire la cour et l'amour : si bien qu'il s'amouracha fort d'une damoiselle françoise veufve, qui estoit à madame de Ferrare, qu'on appelloit mademoiselle de la Roche [1], et en tira de la jouissance, s'entre-aymant si fort l'un et l'autre, que mon frère, ayant été rappellé de son père, le voyant mal propre pour les lettres, fallut qu'il s'en retournast.

Elle qui l'aymoit, et qui craignoit fort qu'il ne luy mésadvint, parce qu'elle sentoit fort de Luther, qui voguoit pour lors, pria mon frère de l'emmener avec luy en France, et en la cour de la reine de Navarre, Marguerite, à qui elle avoit esté, et l'avoit donnée à madame Renée lorsqu'elle fut mariée et s'en alla en Italie. Mon frère, qui estoit jeune et sans aucune considération, estant bien aise de cette bonne compagnie, la conduisit jusques à Paris, où estoit pour lors la reine, qui fut fort aise de la voir, car c'estoit la femme qui avoit le plus d'esprit et disoit des mieux, et estoit une veufve belle et accomplie en tout.

Mon frère, après avoir demeuré quelques jours avec ma grand'mère et ma mère, qui estoit lors en sa cour, s'en retourna voir son père. Au bout de quelque temps, se desgoustant fort des lettres, et ne s'y voyant propre, les quitte tout à plat et s'en va aux guerres de Piedmont et de Parme, où il acquist beaucoup d'honneur. Il les pratiqua l'espace de cinq à six mois sans venir en sa maison ; au bout desquels vint voir sa mère, qui estoit lors à la cour avec la reine de Navarre, qui se tenoit lors à Pau, à laquelle il fit la révérence ainsi qu'elle tournoit de vespres. Elle, qui estoit la meilleure princesse du monde, luy fit une fort bonne chère, et, la prenant par la main, le

---

1. La Mothe.

pourmena par l'église environ une heure ou deux, luy demandant force nouvelles des guerres du Piedmont et d'Italie, et plusieurs autres particularitez; auxquelles mon frère respondit si bien, qu'elle en fut satisfaitte (car il disoit des mieux) tant de son esprit que de son corps, car il estoit très-beau gentilhomme, et de l'aage de vingt-quatre ans. Enfin, après l'avoir entretenu assez de temps, et ainsi que la nature et la complexion de cette honnorable princesse estoit de ne desdaigner les belles conversations et entretien des honnestes gens, de propos en propos, tousjours en se pourmenant, vint précisément arrester coy mon frère sur la tumbe de mademoiselle de La Roche, qui estoit morte il y avoit trois mois; puis le prit par la main et luy dit : « Mon cousin » (car ainsi l'appelloit-elle, d'autant qu'une fille d'Albret avoit esté mariée en nostre maison de Bourdeille ; mais pour cela je n'en mets pas plus grand pot au feu, n'y n'en augmente davantage mon ambition), « ne sen-
« tez-vous point rien mouvoir sous vous et sous vos pieds? — Non, madame,
« respondit-il. — Mais, songez-y bien, mon cousin, » luy répliqua-t-elle. Mon
« frère luy respondit : « Madame, j'y ay bien songé, mais je ne sens rien mou-
« voir; car je marche sur une pierre bien ferme. — Or, je vous advise », dit lors la reine, sans le tenir plus en suspens, « que vous estes sur la tumbe et
« le corps de mademoiselle de La Roche, qui est icy dessous vous enterrée,
« que vous avez tant aymée. Puisque les âmes ont du sentiment après nostre
« mort, ne faut douter que cette honneste créature, morte de frais, ne se soit
« esmue aussitost que vous avez esté sur elle. Et si vous ne l'avez senty à
« cause de l'espaisseur de la tombe, ne faut douter qu'en soy ne soit plus
« esmeue et ressentie. Et d'autant que c'est un pieux office d'avoir souvenance
« des trespassez, et mesme de ceux que l'on a aymez, je vous prie luy
« donner un *Pater noster* et un *Ave Maria*, et un *De profundis*, et l'ar-
« rousez d'eau béniste; et vous acquerrez le nom de très-fidel amant et d'un
« bon chrétien. Je vous lairray donc pour cela, » et part et s'en va. Feu mon frère ne faillit à ce qu'elle avoit dit, et puis l'alla trouver, qui luy en fit un peu la guerre, car elle estoit commune en tout bon propos et y avoit bonne grâce.

Ces propos gentils me font souvenir d'un épitaphe d'une courtisanne qui est enterrée à Nostre-dame de Populo, où il y a ces mots : *Queso, viator, ne me diutius calcatam amplius calces* : « Passant, m'ayant tant de fois foul-
« lée et trepée, je te prie ne me treper ny ne me fouler plus. » Le mot latin a plus de grâce. Je mets tout cecy plus pour risée que pour autre chose.

J'ay ouy parler d'une fort belle et honneste dame qui disoit un jour à son serviteur : « Je ne sçay que désormais m'apportera plus grande incommodité
« la vieillesse (car elle avoit cinquante-cinq ans); mais, Dieu mercy ! je ne le

Madame de Nemours jadis en son avril la beauté du monde. (Voir p. 192).

« fis jamais si bien comme je le fais, et n'y pris jamais tant de plaisir. Que si
« cecy dure et continue jusqu'à mon extresme vieillesse, je ne m'en soucie
« d'elle autrement, ny ne plains point le temps passé. »

Or, touchant l'amour et la concupiscence, j'ay allégué icy et ailleurs assez
d'exemples, sans en tirer davantage sur ce sujet. Venons maintenant à l'autre
maxime, touchant cette beauté des belles femmes, qui ne se diminue par vieillesse de la ceinture jusques en bas.

Certes, sur cela, cette dame espagnole allégua plusieurs belles raisons et
gentilles comparaisons, accomparant ces belles dames à ces beaux, vieux et
superbes édifices qui ont esté, desquels la ruine en demeure encor belle;
ainsi que l'on voit à Rome, en ces orgueilleuses antiquitez, les ruines de ces
beaux pallais, ces superbes colissées et grands termes, qui monstrent bien
encore quels ils ont esté, donnent encore admiration et terreur à tout le monde,
et la ruine en demeure admirable et espouvantable; si bien que sur ces ruines
on y bastit encor de très-beaux édifices, monstrant que les fondements en sont
meilleurs et plus beaux que sur d'autres nouveaux; ainsi que l'on voit souvent
aux massonneries que nos bons architectes et massons entreprennent; et s'ilz

trouvent quelques vieilles ruines et fondemens, ils bastissent aussitost dessus, et plustost que sur de nouveaux.

Davantage, disoit cette dame espagnole, ne void-on pas souvent les sommets des hautes tours par les vents, les orages et les tonnerres estre emportez, desraudez et gastez, et le bas en demeurer sain et entier? car tousjours à telles hauteurs telles tempestes s'addressent ; mesmes les vents marins minent et mangent les pierres d'en haut, et les concavent plustost que celles du bas, pour n'y estre si exposées que celles d'en haut.

De mesme, plusieurs belles dames perdent le lustre et la beauté de leurs beaux visages par plusieurs accidents ou de froid ou de chaud, ou de soleil ou de lune, et autres, et, qui pis est, de plusieurs fards qu'elles y applicquent, pensans se rendre plus belles, et gastent tout ; au lieu qu'aux parties d'embas n'y applicquent autre fard que le naturel spermatic, n'y sentant ny froid, ny pluye, ny vent, ny soleil, ny lune, qui n'y touchent point.

Si la chaleur les importune, s'en sçavent bien garantir et se raffraischir ; de mesmes remédient au froid en plusieurs façons. Tant d'incommoditez et peines y a-il à garder la beauté d'en haut, et peu à garder celle d'en bas ; si bien qu'encore qu'on ait veu une belle femme se perdre par le visage, ne faut présumer qu'elle soit perdue par le bas, et qu'il n'y reste encor quelque chose de beau et de bon, et qu'il n'y fait point mauvais bastir.

J'ay ouy conter d'une grande dame qui avoit esté très-belle et bien adonnée à l'amour : un de ses serviteurs anciens l'ayant perdue de veue l'espace de quatre ans, pour quelque voyage qu'il entreprit, duquel retournant, et la trouvant fort changée de ce beau visage qu'il lui avoit veu autresfois, et par ce en devint si fort dégousté et reffroidy qu'il ne la voulut plus attacquer, ny renouveller avec elle le plaisir passé. Elle le recogneut bien, et fit tant qu'elle trouva moyen qu'il la vinst voir dans son lict ; et pour ce, un jour elle contrefit de la malade, et luy l'estant venue voir sur jour, elle luy dit : « Monsieur, je sçay
« bien que vous me desdaignez à cause de mon visage changé par mon aage ;
« mais tenez, voyez » (et sur ce elle luy descouvrit toute la moitié du corps nud
« en bas) « s'il y a rien de changé là. Si mon visage vous a trompé, cela ne vous
« trompe pas. » Le gentilhomme la contemplant, et la trouvant par là aussi belle et nette que jamais, entra aussitost en appétit, et mangea de la chair qu'il pensoit estre pourrie et gastée. « Et voylà, dit la dame, monsieur, voylà
« comme vous autres estes trompés ! Une autre fois, n'adjoutez plus de foy aux
« menteries de nos faux visages ; car le reste de nos corps ne les ressemble
« pas tousjours. Je vous apprens cela. »

Une dame comme celle-là, estant ainsi changée de beau visage, fut en si grand'collère et despit contre luy, qu'elle ne le voulut oncques plus jamais mirer dans son miroir, disant qu'il en estoit indigne ; et se faisoit coiffer à ses femmes, et, pour récompense, se miroit et s'arregardoit par les parties d'en bas, y prenant autant de délectation comme elle avoit fait par le visage autresfois.

J'ay ouy parler d'une autre dame, qui, tant qu'elle couchoit sur jour avec son amy, elle couvroit son visage d'un beau mouchoir blanc d'une fine toille de Hollande, de peur que, la voyant au visage, le haut ne refroidist et empeschast la batterie du bas, et ne s'en dégoustast; car il n'y avoit rien à dire au bas du beau passé. Sur quoy il y eut une fort honneste dame, dont j'ay ouy parler, qui rencontra plaisamment, à laquelle un jour son mary luy demandant pourquoy son poil d'en bas n'estoit devenu blanc et chenu comme celuy de la teste : « Ah ! dit-elle, le meschant traistre qu'il est, qui a fait la folie, ne s'en
« ressent point, ny ne la boit point. Il la fait sentir et boire à autres de mes
« membres et à ma teste; d'autant qu'il demeure tousjours sans changer, et
« en mesme estat et vigueur, en mesme disposition, et surtout en mesme
« chaud naturel, et à mesme appétit et santé; et non des autres membres, qui
« en ont pour luy des maux et des douleurs, et mes cheveux qui en sont
« devenus blancs et chenus. »

Elle avoit raison de parler ainsi ; car cette partie leur engendre bien des douleurs, des gouttes et des maux, sans que leur gallant du milan s'en sente, et, par trop estre chaudes à cela, ce disent les médecins, deviennent ainsi chenues. Voilà pourquoy les belles dames ne vieillissent jamais par là en toutes les deux façons.

J'ay ouy raconter à aucuns qui les ont pratiquées, jusques aux courtizannes, qui m'ont asseuré n'en avoir veu guières de belles estre venues vieilles par là ; car tout le bas et milan, et cuisses et jambes, avoyent le tout beau, et la volonté et la disposition pareille au passé. Mesmes j'en ouy parler à plusieurs marys qui trouvoyent leurs vieilles (ainsi les appelloyent-ils) aussi belles par le bas que jamais, en vouloir, en gaillardise, en beauté, et aussi volontaires et n'y trouvoyent rien de changé que le visage, et aymoyent autant coucher avec elles qu'en leurs jeunes ans.

Au reste, combien y a-il d'hommes qui ayment des vieilles dames pour monter dessus, plustost que sur des jeunes: tout ainsi comme plusieurs qui ayment mieux des vieux chevaux, soit pour le jour d'un bon affaire, soit pour le manège et pour le plaisir, qui ont esté si bien appris en leur jeunesse qu'en leur vieillesse vous n'y trouverez rien à dire, tant ils sont bien esté dressez, et ont continué leur gentille addresse.

Aux premières guerres, feu M. le Prince prit dans Mun vingt-deux chevaux qui servoient là d'estalons, pour s'en servir en ses guerres; et les départit aux uns et aux autres des seigneurs qui estoyent avec luy, s'en estant réservé sa part; dont le brave Avaret eut un courcier que M. le connétable avoit donné au roy Henry, et l'appelloit-on *le Compère*. Tout vieuxqu'il estoit, jamais n'en fut veu un meilleur; et son maistre le fit trouver en de bons combats, qui luy servit très-bien. Le capitaine Bourdet eut le Turc, sur lequel le feu roy Henry fut blessé et tué, que feu M. de Savoye luy avoit donné; et l'appelloit-on *le Malheureux*, et s'appelloit ainsi quand il fut donné au roy, ce qui fut un très-mauvais présage pour le roy. Jamais ne fut si bon en sa jeunesse comme il fut en sa vieillesse; aussi son maistre, qui estoit un des vaillants gentilshommes de la France, le faisoit bien valloir. Bref, tout tant qu'il y en eut de ces estalons, jamais l'aage n'empescha qu'ils ne servissent bien à leurs maistres, à leur prince et à leur cause. Ainsi sont plusieurs chevaux vieux qui ne se rendent jamais : aussi dit-on que jamais bon cheval ne devint rosse.

De mesme sont plusieurs dames, qui en leur vieillesse vallent bien autant que d'autres en leur jeunesse, et donnent bien autant de plaisir, pour avoir esté en leur temps très-bien apprises et dressées; et volontiers telles leçons malaisément s'oublient : et ce qui est le meilleur, c'est qu'elles sont fort libérales et larges à donner pour entretenir leurs chevaliers et cavalcadours, qui prennent plus d'argent et veulent plus grand entretien pour monter sur une vieille monture que sur une jeune; qui est au contraire des escuyers, qui n'en prennent tant des chevaux dressez que des jeunes et à dressez : ainsi la raison en cela le veut.

Une question sur le sujet des dames aagées ay-je veu faire, à sçavoir : quelle gloire plus grande y a-il à débaucher une dame aagée et en jouir, ou une jeune. A aucuns ay-je ouy dire que c'est pour la vieille. Et disoyent que la folie et la chaleur qui est en la jeunesse sont de soy assez toutes desbauchées et aisées à perdre; mais la sagesse et la froideur qui semble estre en la vieillesse, mal aisément se peuvent-elles corrompre; et qui les corrompt en est en plus belle réputation.

Aussi cette fameuse courtisanne Lays se vantoit et se glorifioit fort de quoy les philosophes alloyent si souvent la voir et apprendre à son eschole, plus que de tous autres jeunes gens et fols qui allassent. De mesme Flora se glorifioit de voir venir à sa porte de grands sénateurs romains, plustost que de jeunes fols chevalliers. Ainsi me semble-il que c'est grand'gloire de vaincre la sagesse qui pourroit estre aux vieilles personnes, pour le plaisir et contentement.

Je m'en rapporte à ceux qui l'ont expérimenté, dont aucuns ont dit : qu'une monture dressée est plus plaisante qu'une farouche et qui ne sçait pas seulement trotter. Davantage, quel plaisir et quel plus grand aise peut-on avoir en l'âme, quand on voit entrer dans une salle du bal, dans une des chambres de la reine, ou dans une église, ou autre grande assemblée, une dame aagée de grand'qualité *de alta guisa* [1], comme dit l'Italien, et mesme une dame d'honneur de la reine ou d'une princesse, ou une gouverneur d'une fille d'un roy, reine ou grande princesse, ou gouvernante des damoiselles ou filles de la cour, que l'on prend et l'on met en cette digne charge pour la tenir sage? On la verra qui fait la mine de la prude, de la chaste, de la vertueuse, et que tout le monde la tient ainsi pour telle, à cause de son aage; et, quand on songe en soy, et qu'on le dit à quelque sien fidèle et confident : « La voyez-« vous là en sa façon grave, sa mine sage et desdaigneuse et froide, qu'on « diroit qu'elle ne feroit pas mouvoir une seule goutte d'eau? Hélas! quand « je la tiens couchée en son lict, il n'y a girouette au monde qui se « remue et se revire si souvent et si agilement que font ses reins et ses « fesses. »

Nous lisons que jadis plusieurs empereurs romains se sont fort délectez à desbaucher et repasser ainsi ces grandes dames d'honneur et de réputation, autant pour le plaisir et contentement, comme certes il y en a plus qu'en des inférieures, que pour la gloire et honneur qu'ils s'attribuoyent de les avoir desbauchées et suppéditées : ainsi que j'en ai cogneu de mon temps plusieurs seigneurs, princes et gentilshommes, qui s'en sont sentis très-glorieux et très-contents dans leur âme, pour avoir fait de mesme.

Jules Cæsar et Octavie, son successeur, sont esté fort ardents à telles conquestes, ainsi que j'ay dit ci-devant; et après eux Calligula, lequel, conviant à ses festins les plus illustres dames romaines avec leurs maris, les contemplant et considérant fort fixement, mesmes avec la main leur levoit la face, si aucunes de honte la baissoyent pour se sentir dames d'honneur et de réputation, ou bien d'autres qui voulussent les contrefaire, et des forts prudes et chastes, comme certainement y en pouvoit avoir peu ès temps de ces empereurs dissolus, mais il falloit faire la mine et en estre quitte pour cela; autrement le jeu ne fust esté bon, comme j'en ay veu faire de mesmes à plusieurs dames. Celles après qui plaisoyent à ce monsieur l'empereur, les prenoit privément et publiquement près de leurs maris, et les sortans de la salle, les menoit en une chambre, où il en tiroit d'elles son plaisir ainsi qu'il luy plaisoit; et puis les retournoit en leur place se rasseoir; et devant toute l'assemblée louoit leurs beautez et singularitez qui estoyent en elles cachées, les spécifient de part en part; et celles qui avoyent quelques tares, laideurs et deffectuositez, ne les

---

1. De haute appparence.

céloit nullement, ainsi les descrioit et les déclaroit, sans rien déguiser ny cacher.

Néron fut aussi curieux, qui pis est encor, de voir sa mère morte, la contempler fixement et manier tous ses membres, louant les uns et vitupérant les autres.

J'en ay ouy conter de mesme d'aucuns grands seigneurs chrestiens, qui ont bien cette mesme curiosité envers leurs mères mortes.

Ce n'estoit pas tout de ce Calligula : car il racontoit leurs mouvemens, leurs façons lubriques, leurs maniemens et leurs airs qu'elles observoyent en leur manège, et surtout de celles qui avoyent esté sages et modestes, ou qui les contrefaisoyent ainsi à table : car, si à la couche elles en vouloyent faire de mesme, ne faut point doubter si le cruel ne les menassoit de mort si elles ne faisoyent tout ce qu'il vouloit pour le contenter, et crainte de mourir ; et puis après les scandalisoit ainsi qu'il luy plaisoit, aux despens et risée commune de ces pauvres dames, qui, pensans estre tenues fort chastes et sages, comme il y en pouvoit avoir, ou faire des hypocrites, et contrefaire les *donne da ben*, estoyent tout à trac divulguées et réputées bonnes vesses et ribaudes ; ce qui n'estoit pas mal employé de les descouvrir pour telles qu'elles ne vouloyent qu'on les cogneust.

Il se lit qu'Artaxercez, entre toutes ses femmes qu'il eut, celle qu'il ayma le plus fut Astazia, qui estoit fort aagée, et toutesfois très-belle, qui avoit esté putain de son feu frère Daire. Son fils en devint fort amoureux, tant elle estoit belle nonobstant l'aage, qu'il la demanda à son père en partage, aussi bien que la part du royaume. Le père, par jalousie qu'il en eut, et qu'il participast avec luy de ce bon boucon, la fit prestresse du Soleil, d'autant qu'en Perse celles qui ont tel estat se vouent du tout à la chasteté.

Nous lisons dans l'*Histoire de Naples* que Ladislaus, Hongre et roy de Naples, assiégea dans Tarente la duchesse Marie, femme de feu Rammondelo de Balzo, et, après plusieurs assauts et faits d'armes, la prit par composition avec ses enfans, et l'espousa, bien qu'elle fust aagée, mais très-belle, et l'emmena avec soy à Naples : elle fut appellée la reine Marie, fort aymée de lui et chérie.

J'ay veu madame la duchesse de Valentinois, en l'aage de soixante-dix ans, aussi belle de face, aussi fraische et aussi aymable comme en l'aage de trente ans : aussi fut-elle fort aymée et servie d'un des grands rois et valeureux du monde. Je le peux dire franchement, sans faire tort à la beauté de cette dame ; car toute dame aymée d'un grand roy, c'est signe que perfection abonde et habite en elle qui la fait aymer : aussi la beauté donnée des cieux ne doit estre espargnée aux demy-dieux.

Je vis cette dame, six mois avant qu'elle mourust, si belle encor, que je ne sçache cœur de rocher qui ne s'en fust esmeu, encore qu'auparavant elle s'estoit rompue une jambe sur le pavé d'Orléans, allant et se tenant à cheval aussi dextrement et dispostement comme elle avoit fait jamais; mais le cheval tomba et glissa sous elle ; et, pour telle rupture et maux et douleurs qu'elle endura, il eust semblé que sa belle face s'en fust changée ; mais rien moins que cela, car sa beauté, sa grâce, sa majesté, sa belle apparence, estoyent toutes pareilles qu'elle avoit tousjours eu. Et surtout elle avoit une très-grande blancheur, et sans se farder aucunement; mais on dit bien que tous les matins elle usoit de quelques bouillons composez d'or potable et autres drogues, que je ne sçay pas comme les bons médecins et subtils apoticaires. Je croy que si cette dame eust encor vescu cent ans, qu'elle n'eust jamais vieilly, fust du visage, tant il estoit bien composé, fust du corps, caché et couvert, tant il estoit de bonne trempe et belle habitude. C'est dommage que la terre couvre ces beaux corps !

J'ay veu madame la marquise de Rothelin, mère à madame la douairière princesse de Condé et de feu M. de Longueville, nullement offencée en sa beauté, ny du temps, ny de l'aage, et s'y entretenir en aussi belle fleur qu'en la première, fors que le visage luy rougissoit un peu sur la fin ; mais pourtant ses beaux yeux, qui estoyent des nompareils du monde, dont madame sa fille en a hérité, ne changèrent oncques, et aussi prests à blesser que jamais.

J'ay veu madame de la Bourdesière, despuis en secondes nopces mareschale d'Aumont, aussi belle sur ses vieux jours que l'on eust dist qu'elle estoit en ses plus jeunes ans ; si bien que ses cinq filles, qui ont esté des belles, ne l'effaçoient en rien. Et volontiers, si le choix fust esté à faire, eust-on laissé les filles pour prendre la mère ; et si avoit eu plusieurs enfans. Aussi étoit-ce la dame qui se contregardoit le mieux, car elle estoit ennemie mortelle du serain et de la lune, et les fuyoit le plus qu'elle pouvoit ; le fard commun, pratiqué de plusieurs dames, luy estoit incogneu.

J'ay veu, qui est bien plus, madame de Mareuil, mère de madame la marquise de Mézières et grand-mère de la Princesse-Dauphin, en l'aage de cent ans, auquel elle mourut, aussi droite, aussi fraische, aussi dispote, saine et belle qu'en l'aage de cinquante ans : ç'avoit esté une très-belle femme en sa jeune saison.

Sa fille, madame ladite marquise, avoit esté telle, et mourut ainsi, mais non si aagée de vingt ans, et la taille luy appétissa un peu. Elle estoit tante de madame de Bourdeille, femme à mon frère aisné, qui luy portait pareille vertu ; car, encor qu'elle eust passé cinquante-trois ans et ait eu quatorze enfans, on diroit, comme ceux qui la voyent sont de meilleur jugement que moy et l'asseurent, que ces quatre filles qu'elle a auprès d'elle se monstrent ses sœurs : aussi void-on souvent plusieurs fruicts d'hyver, et de la dernière saison, se parangonner à ceux d'esté, et se garder, et estre aussi beaux et savoureux, voire plus.

Madame l'admiralle de Brion, et sa fille, madame de Barbezieux, ont esté aussi très-belles en vieillesse.

L'on me dit dernièrement que la belle Paule de Thoulouze, tant renommée de jadis, est aussi belle que jamais, bien qu'elle ait quatre-vingts ans ; et n'y trouve-on rien changé, ny en sa haute taille ny en son beau visage.

J'ay veu madame la présidente Conte, de Bourdeaux, tout de mesme et en pareil aage, et très-aimable et désirable : aussi avoit-elle beaucoup de perfections. J'en nommerois tant d'autres, mais je n'en pourrois faire la fin.

Un jeune cavallier espagnol parlant d'amour à une dame aagée, mais pourtant encor belle, elle luy respondit : *A mis completas desta manera me habla V. M.* ? « Comment à mes complies me parlez-vous ainsi ? » Voulant signifier par les complies son aage et déclin de son beau jour, et l'approche de sa nuict. Le cavallier luy respondit : *Sus completas valen mas y son mas graciosas que las horas de prima de qualquier otra dama*. « Vos complies vallent « plus, et sont plus belles et gracieuses que les heures de prime de quelque « autre dame qui soit. » Cette allusion est gentille.

Un autre parlant de mesme d'amour à une dame aagée, et l'autre lui remonstrant sa beauté flestrie, qui pourtant ne l'estoit trop, il luy respondit : *A las visperas se conoce la fiesta*. « A vespres la feste se connoist. »

On void encore aujourd'huy madame de Nemours, jadis en son avril la beauté du monde, faire affront au temps, encor qu'il efface tout. Je la puis dire telle, et ceux qui l'ont veue avec moy, que ç'a esté la plus belle femme, en ses jours verdoyans, de la chrestienté. Je la vis un jour danser, comme j'ay dit ailleurs, avec la reine d'Ecosse, elles deux toutes seules ensembles et sans autres dames de compagnie, et ce par caprice, que tous ceux et celles qui les advisoient danser ne sceurent juger qui l'emportoit en beauté ; et euston dit, ce dit quelqu'un, que c'estoyent les deux soleils assemblez qu'on lit dans Pline avoir apparu autresfois pour faire esbahir le monde. Madame de Nemours, pour lors madame de Guise, monstroit la taille plus riche ; et s'il m'est loisible ainsi le dire sans offenser la reine d'Ecosse, elle avoit la majesté plus grave et apparente, encor qu'elle ne fust reine comme l'autre ; mais elle estoit petite-fille de ce grand roy père du peuple, auquel elle ressembloit en beaucoup de traits de visage, comme je l'ay veu pourtrait dans le cabinet de la reine de Navarre, qui monstroit bien en tout quel roy il estoit.

Les Italiens mesprisans une femme qui a eu plusieurs enfans, l'appellent

S'accomoda du tout à ses volontez et plaisirs. (Voir p. 202.).

scrofa, qui est à dire une truye ; mais celles qui en produisent de beaux, braves et généreux, comme cette princesse a fait, sont à louer, et sont indignes de ce nom, mais de celuy de bénistes de Dieu.

Je puis faire cette exclamation : Quelle mondaine et merveilleuse inconstance, que la chose qui est la plus légère et inconstante, au temps fait la résistance, qu'est la belle femme ! Ce n'est pas moy qui le dis ; j'en serois bien marry, car j'estime fort la constance d'aucunes femmes, et toutes ne sont inconstantes : c'est d'un autre de qui je tiens cette exclamation. J'alléguerois encore volontiers des dames estrangères, aussi bien que de nos françoises, belles en leur automne et hyver ; mais pour ce coup je ne mettray en ce rang que deux.

L'une, la reine Elisabeth d'Angleterre qui règne aujourd'huy, qu'on m'a dit estre encor aussi belle que jamais. Que si elle est telle, je la tiens pour une très-belle princesse ; car je l'ay veue en son esté et en son automne. Quant à son hyver, elle y approche fort, si elle n'y est ; car il y a long-temps que je ne l'ay veue. La première fois que je la vis, je sçay l'aage qu'on lui donnoit alors. Je crois que ce qui l'a maintenue si long-temps en sa beauté, c'est qu'elle n'a jamais esté mariée, ny a supporté le faix de mariage, qui est fort onéreux, et mesmes quand l'on porte plusieurs enfants. Cette reine est à louer en toutes sortes de louanges, n'estoit la mort de cette brave, belle et rare reine d'Escosse, qui a fort souillé ses vertus.

L'autre princesse et dame estrangère est madame la marquise de Gouast, donne Marie d'Arragon, laquelle j'ay veue une très-belle dame sur sa dernière saison ; et je vous le vois dire par un discours que j'abbrégeray le plus que je pourray.

Lorsque le roy Henry mourut, un mois après mourut le pape Paul quatriesme, Caraffe, et pour l'élection d'un nouveau fallut que tous les cardinaux s'assemblassent. Entr'autres partit de France le cardinal de Guise ; et alla à Rome par mer avec les galères du roy, desquelles estoit général M. le grand prieur de France, frère dudit cardinal, lequel, comme bon frère, le conduisit avec seize gallères. Et firent si bonne diligence et avec si bon vent en poupe, qu'ils arrivèrent en deux jours et deux nuicts à Civita-Vecchia, et de là à Rome, où estant, M. le grand prieur voyant qu'on n'estoit pas encor prest de faire nouvelle élection (comme de vray elle demeura trois mois à faire), et par conséquent de retourner son frère, et que ses gallères ne faisoyent rien au port, il s'advisa d'aller jusques à Naples voir la ville et y passer son temps.

A son arrivée donc, le vice-roy, qui estoit lors le duc d'Alcala, le receut comme si ce fust esté un roy. Mais avant que d'y arriver salua la ville d'une fort belle salve qui dura long-temps ; et la mesme luy fut rendue de la ville et des chasteaux, qu'on eust dit que le ciel tonnoit estrangement durant cette salve. Et tenant ses gallères en bataille et en joly, et assez loin, il envoya dans un esquif M. de l'Estrange, de Languedoc, fort habille et honneste gentilhomme qui parloit fort bien, vers le vice-roy, pour ne luy donner l'allarme, et luy demander permission (encore que nous fussions en bonne paix, mais pourtant nous ne venions que de frais de la guerre) d'entrer dans le port, pour voir la ville et visiter les sépulchres de ses prédécesseurs qui estoyent là enterrez, et leur jeter de l'eau béniste et prier Dieu sur eux.

Le vice-roy accorda très-librement. M. le grand prieur donc s'avança et recommença la salve aussi belle et furieuse que devant, tant des canons de courcie des seize gallères que des autres pièces et d'arquebusades, tellement que tout estoit en feu ; et puis entra dans le môle fort superbement, avec plus d'estandarts, de banderolles, de flambans de taffetas cramoisy, et la sienne de damas, et tous les forçats vestus de velours cramoisy, et les soldats de sa garde de mesme, aevc mandilles couvertes de passement d'argent, desquels estoit capitaine le capitaine Geoffroy, Provençal, brave et vaillant capitaine, et bien que l'on trouva nos gallères françoises très-belles lestes et bien espalverades et surtout la *Realle*, à laquelle n'y avoit rien à redire; car ce prince estoit en tout très-magnifique et libéral.

Estant donc entré dans le môle en un si bel arroy, il prit terre et tous nous autres avec luy, où le vice-roy avoit commandé de tenir prests des chevaux et des coches pour nous recueillir et conduire en la ville; comme de vray nous y trouvasmes cent chevaux, coursiers, genets, chevaux d'Espagne, barbes et autres, les uns plus beaux que les autres, avec des housses de velours toutes en broderie, les unes d'or et les autres d'argent. Qui vouloit monter à cheval montoit, qui en coche montoit, car il y en avoit une vingtaine des plus belles et riches et des mieux attelées, et traisnées par des coursiers les plus beaux qu'on eust sceu voir. Là se trouvèrent aussi force grands princes et seigneurs, tant du Règne qu'Espagnols, qui receurent M. le grand prieur, de la part du vice-roy, très-honnorablement. Il monta sur un cheval d'Espagne, le plus beau que j'aye veu il y a longtemps, que depuis le vice-roy luy donna; et se manioit très-bien, et faisoit de très-belles courbettes, ainsi qu'on parloit de ce temps. Luy, qui estoit un très-bon homme de cheval, et aussi bon que de mer, il le fit très-beau voir là-dessus : et il le faisoit très-bien valloir et aller, et de fort bonne grâce, car il estoit l'un des beaux princes qui fust de ce temps là et des plus agréables, et des plus accomplis, et de fort haute et belle taille et bien dénouée; ce qui n'advient guières à ces grands hommes. Ainsi il fut conduit par tous ces seigneurs et tant d'autres gentilshommes, chez le vice-roy, lequel l'attendoit, et luy fit tous les honneurs du monde, et logea en son palais, et le festoya fort sumptueusement, et luy et sa troupe : il le pouvoit bien faire, car il luy gaigna vingt mille escus à ce voyage. Nous pouvions bien estre avec luy deux cens gentilshommes, que capitaines des gallères et autres ; nous fumes logez chez la pluspart des grands seigneurs de la ville, et très-magnifiquement.

Dès le matin, sortans de nos chambres, nous rencontrions des estaffiers si bien créez qui se venoyent présenter aussitost et demander ce que nous voulions faire et où voulions aller et pourmener. Et si voulions chevaux ou coches, soudain, aussitost nostre volonté dite aussitost accomplie. Et alloyent quérir les montures que voulions, si belles, si riches et si superbes, qu'un roy s'en fust contenté; et puis accommencions et accomplissions nostre journée ainsi qu'il plaisoit à chacun. Enfin nous n'estions guières gastez d'avoir faute de plaisirs et délices en cette ville : ne faut dire qu'il n'y en eust, car je n'ay jamais veu ville qui en fust plus remplie en toute sorte ; il n'y manque que la familière, libre et franche conversation d'avec les dames d'honneur et réputation, car d'autres il y en a assez. A quoi pour ce coup sceut très-bien remédier madame la marquise del Gouast, pour l'amour de laquelle ce discours se fait, car toute courtoise et plène de toute honnesteté, et pour la grandeur de sa maison, ayant ouy renommer M. le grand prieur des perfections qui estoyent en luy, et l'ayant veu passer par la ville à cheval et recogneu, comme de grand à grand cela est deu communément, elle, qui estoit toute grande en tout, l'envoya visiter un jour par un gentilhomme fort honneste et bien créé, et luy manda que, si son sexe et la coutume du païs luy eussent permis de le visiter, volontiers elle y fust venue fort librement pour luy offrir sa puissance, comme avoyent fait tous les grands seigneurs du royaume; mais le pria de prendre ses excuses en gré, en luy offrant et ses maisons, et ses chasteaux, et sa puissance.

M. le grand prieur, qui estoit la mesme courtoisie, la remercia fort, comme il devoit; et luy manda qu'il luy iroit baiser les mains incontinent après disner ; à quoy il ne fallit avec sa suite de tous nous autres qui estions avec luy. Nous trouvasmes la marquise dans sa salle avec ses deux filles, donne Antonine, et l'autre donne Hiéronime ou donne Joanne (je ne sçaurois bien le dire, car il ne m'en souvient plus), avec force belles dames et damoiselles, tant bien en point et de si belle et bonne grâce que, hormis nos cours de France et d'Espagne, volontiers ailleurs n'ai-je point veu plus belle troupe de dames.

Madame la marquise salua à la françoise et receut M. le grand prieur avec un très-grand honneur ; et luy en fit de mesmes, encore plus humble, *con mas gran sosiego*, comme dit l'Espagnol.

Au départir, madame la marquise ayant sceu de M. le grand prieur le séjour, d'un quinze jours qu'il vouloit faire là, luy dit : « Monsieur, quand vous ne
« sçaurez que faire et qu'aurez faute de passe-temps, lorsqu'il vous plaira
« venir céans vous me ferez beaucoup d'honneur, et y serez le très-bien venu
« comme en la maison de madame vostre mère ; vous priant de disposer de
« celle-cy de mesme et ainsi que la sienne, et y faire ny plus ny moins. J'ay ce
« bonheur d'estre aymée et visitée d'honnestes et belles dames de ce royaume
« et de cette ville, autant que dame qui soit ; et d'autant que vostre jeunesse
« et vertu porte que vous aymez la conversation des honnestes dames, je les
« prieray de se rendre icy plus souvent que de coustume, pour vous tenir
« compagnie et à toute cette belle noblesse qui est avec vous. Voilà mes deux
« filles auxquelles je commanderay, encores qu'elles ne soyent si accomplies
« qu'on diroit bien, de vous tenir compagnie à la françoise, comme de rire,
« danser, jouer, causer librement, modestement et honnestement, comme
« vous faites à la cour de France, à quoy je m'offrirois volontiers ; mais il
« fascheroit fort à un prince jeune, beau et honneste comme vous estes,
« d'entretenir une vieille surannée, fascheuse et peu aymable comme moy,

« car volontiers jeunesse et vieillesse ne s'accordent guières bien ensemble? »

M. le grand prieur luy releva aussitost ces mots, en luy faisant entendre que la vieillesse n'avoit rien gaigné sur elle, et que malaisément il ne passeroit pas celuy-là, et que son autonne surpassoit tous les printemps et estez qui estoyent en cette salle ; comme de vray, elle se monstroit encor une très-belle dame et fort aymable, voire plus que ses deux filles, toutes belles et jeunes qu'elles estoyent ; si avoit-elle alors près de soixante bonnes années. Ces deux petits mots que M. le grand prieur donna à madame la marquise luy pleurent fort, selon que nous pusmes cognoistre à son visage riant, à sa parole et à sa façon.

Nous partismes de là extresmement bien édifiez de cette dame, et surtout M. le grand prieur, qui en fust aussitost espris, ainsi qu'il nous le dit. Il ne faut donc douter si cette belle dame et honneste, et sa belle troupe de dames convia M. le grand prieur tous les jours d'aller à son logis ; car si on n'y alloit l'après-disnée on y alloit le soir. M. le grand prieur prit pour sa maistresse sa fille aisnée, encor qu'il aymast mieux la mère ; mais ce fut *per adumbrar la cosa* [1].

Il se fit force couremens de bague, où M. le grand prieur emporta le prix, force ballets et danses. Bref, cette belle compagnie fut cause que, luy ne pensant séjourner que quinze jours, nous y fusmes pour nos six sepmaines, sans nous y fascher nullement, car nous y avions nous autres aussi bien fait des maistresses comme nostre général. Encore y eussions-nous demeuré davantage, sans qu'un courrier vint du roy son maistre, qui lui porta nouvelles de la guerre eslevée en Escosse ; et pour ce falloit mener et faire passer ses galères de levant en ponant, qui pourtant ne passèrent de huict mois après.

Ce fut à se départir de ces plaisirs délicieux, et de laisser la bonne et gentille ville de Naples ; et ne fut à M. nostre général et à tous nous autres sans grandes tristesses et regrets, mais nous faschant fort de quitter un lieu où nous nous trouvions si bien.

Au bout de six ans, ou plus, nous allasmes au secours de Malte. Moy estant à Naples, je m'enquis si madite dame la marquise estoit encor vivante ; on me dit qu'ouy, et qu'elle estoit en la ville. Soudain je ne faillis de l'aller voir ; et fus aussitost recogneu par un vieux maistre d'hostel de céans, qui l'alla dire à madite dame que je luy voulois baiser les mains. Elle, qui se ressouvint de mon nom de Bourdeille, me fit monter en sa chambre et la voir. Je la trouvay qui gardoit le lict, à cause d'un petit feu vollage qu'elle avoit d'un costé de joue. Elle me fit, je vous jure, une très-bonne chère. Je ne la trouvay

---

1. Pour voiler la chose.

que fort peu changée, et encore si belle qu'elle eust bien fait commettre un péché mortel, fust ou de volonté ou de fait.

Elle s'enquit fort à moy des nouvelles de feu M. le grand prieur, et d'affection, et comme il estoit mort, et qu'on luy avoit dit qu'il avoit esté empoisonné, maudissant cent fois le malheureux qui avoit fait le coup. Je luy dis que non, et qu'elle ostast cela de sa fantaisie, et qu'il estoit mort d'un purisy faux et sourd qu'il avoit gaigné à la bataille de Dreux, où il avoit combattu comme un César tout le jour; et le soir à la dernière charge, s'estant fort eschauffé au combat, et suant, se retirant le soir qu'il geloit à pierre fendre, se morfondit; et se couva sa maladie, dont il mourut un mois ou six sepmaines après.

Elle monstroit, par sa parole et sa façon, de le regretter fort. Et notez que, deux ou trois ans auparavant, il avoit envoyé deux gallères en cours sous la charge du capitaine Beaulieu, l'un de ses lieutenans de gallères. Il avoit pris la bandière de la reine d'Escosse, qu'on n'avoit jamais veue vers les mers de levant, ni cogneue, dont on estoit fort esbahy; car, de prendre celle de France, n'en falloit point parler, pour l'alliance entre le Turc. M. le grand prieur avoit donné charge au dict capitaine Beaulieu de prendre terre à Naples, et de visiter de sa part madame la marquise et ses filles auxquelles trois il envoyoit force présens de toutes les petites singularitez qui estoyent lors à la cour et au Palais, à Paris et en France; car ledit sieur grand prieur estoit la mesme libéralité et magnificence : à quoi né faillit le capitaine Beaulieu, et de présenter le tout, qui fut très-bien receu, et pour ce fut récompensé d'un beau présent.

Madame la marquise se ressentoit si fort obligée de ce présent, et de la souvenance qu'il avoit encor d'elle, qu'elle me le réitéra plusieurs fois, dont elle l'en ayma encore plus. Pour l'amour de luy, elle fit encore une courtoisie à un gentilhomme gascon, qui estoit lors aux gallères de M. le grand prieur, lequel, quand nous partismes, demeura dans la ville, malade jusqu'à la mort. La fortune fut si bonne pour luy, que, s'addressant à ladite dame en son adversité, elle le fit si bien secourir qu'il eschappa; et le prit en sa maison, et s'en servit, que, venant à vacquer une capitainerie, en un de ses chasteaux, elle la luy donna, et luy fit espouser une femme riche.

Aucuns de nous autres ne sceumes qu'estoit devenu le gentilhomme, et le pensions mort, sinon lorsque nous fismes ce voyage de Malte, il se trouva un gentilhomme qui estoit cadet de celuy dont j'ay parlé, qui, un jour sans y penser, parlant à moy de la principale occasion de son voyage, qui estoit pour chercher nouvelles d'un sien frère qui avoit esté à M. le grand prieur, et estoit resté malade à Naples il y avoit plus de six ans, et que depuis il n'en avoit jamais sceu nouvelles, il m'en alla souvenir ; et depuis m'enquis de ses nouvelles aux gens de madame la marquise, qui m'en contèrent, et de sa bonne fortune : soudain je le rapportay à son cadet, qui m'en remercia fort ; et vint avec moy chez madite dame, qui en prit encor plus de langue, et l'alla voir où il estoit.

Voilà une belle obligation, pour une souvenance d'amitié qu'elle avoit encore, comme j'ay dit ; car elle m'en fit encore meilleure chère ; et m'entretint fort du bon temps passé, et de force autres choses qui faisoyent trouver sa compagnie très-belle et très-aymable ; car elle estoit de très-beau et bon devis, et très-bien parlante.

Elle me pria cent fois ne prendre autre logis ny repas que le sien, mais je ne le voulus jamais, n'ayant esté mon naturel d'estre importun ny coquin. Je l'allois voir tous les jours pour sept ou huict jours que nous y demeurasmes, et y estois très-bien venu, et sa chambre m'estoit toujours ouverte sans difficulté.

Quand je luy dis à Dieu, elle me donna des lettres de faveur à son fils, M. le marquis de Pescayre, général pour lors en l'armée espagnole : outre ce, elle me fit promettre qu'au retour je passerois pour la revoir, et ne prendre autre logis que le sien.

Le malheur fut tant pour moy, que les gallères qui nous tournèrent ne nous mirent à terre qu'à Terracine, d'où nous allasmes à Rome, et ne peus tourner en arrière ; et aussi que je m'en voulois aller à la guerre de Hongrie ; mais, estans à Venise, nous sceusmes la mort du grand sultan Soliman. Ce fut là où je maudis cent fois mon malheur que ne fusse retourné aussi bien à Naples, où j'eusse bien passé mon temps. Et possible, par le moyen de madite dame la marquise j'y eusse rencontré une bonne fortune, fust par mariage ou autrement ; car elle me faisoit ce bien de m'aymer.

Je croy que ma malheureuse destinée ne le voulut, et me voulut encore ramener en France pour y estre à jamais malheureux, et où jamais la bonne fortune ne m'a monstré bon visage, sinon par apparence et beau semblant d'estre estimé gallant homme de bien et d'honneur prou, mais de moyens et de grades point comme aucuns de mes compagnons, voire d'autres plus bas, lesquels j'ay veu qu'ils se fussent estimez heureux que j'eusse parlé à eux dans une cour, dans une chambre de roy ou de reine, ou une salle, encore à costé ou sur l'espaule, qu'aujourd'huy je les vois advancez comme potirons et fort aggrandis, bien (que) je n'aye affaire d'eux et ne les tienne plus grands que moy ny que je leur voulusse déférer en rien de la longueur d'une ongle.

Voilà mon conte achevé de cette honnorable dame ; elle est morte en une très-grande réputation d'avoir esté une très-belle et honneste dame, et d'avoir laissé après elle une belle et généreuse lignée, comme M. le marquis son aisné, don Juan, don Carlos, don Cesare d'Avalos, que j'ay tous veus et desquels j'en ay parlé ailleurs; les filles de mesme ont ensuivy les frères. Or, je fais fin à mon principal discours.

DISCOURS CINQUIÈME

Sur ce que les belles et honnestes dames ayment les vaillants hommes, et les braves hommes ayment les dames courageuses.

Il ne fut jamais que les belles et honnestes dames n'aymassent les gens braves et vaillans, encore que de leur nature elles soyent poltronnes et timides : mais la vaillance a telle vertu à l'endroit d'elles, qu'elles l'ayment. Que c'est que de se faire aymer de son contraire, maugré son naturel ! Et qu'il ne soit vray, Vénus qui fut jadis la déesse de beauté, de toute gentillesse et honnesteté, estant à mesme, dans les cieux et en la cour de Jupiter pour choisir quelque amoureux gentil et beau et pour faire cocu son bonhomme de mary Vulcan, n'en alla aucun choisir des plus mignons, des plus fringans ny des plus frizés, de tant qu'il y en avoit, mais choisit et s'amouracha du dieu Mars, dieu des armées et des vaillances, encor qu'il fust tout sallaud, tout suant de la guerre d'où il venoit, et tout noircy de poussière, et mal propre ce qu'il se peut, sentant mieux son soldat de guerre que son mignon de cour ; et, qui pis est encor, bien souvent, possible, tout sanglant revenant des batailles, couchoit-il avec elle sans autrement se nettoyer et parfumer.

La généreuse belle reine Pantasilée, la renommée luy ayant faict à sçavoir les valeurs et vaillances du preux Hector, et ses merveilleux faits d'armes qu'il faisoit devant Troye sur les Grecqs, au seul bruit s'amouracha de luy tant que, par un désir d'avoir un si vaillant chevallier des enfans, c'est-à-dire filles qui succédassent à son royaume, s'en alla le trouver à Troye ; et le voyant, le contemplant et l'admirant, fit tout ce qu'elle peut pour se mettre en grâce avec luy, non moins par les armes qu'elle faisoit, que par sa beauté, qui estoit très-rare ; et jamais Hector ne faisoit saillie sur ses ennemis qu'elle ne l'y accompagnast, et ne se mêlast aussi avant qu'Hector là où il faisoit le plus chaud ; si que l'on dit que, plusieurs fois, faisant de si grandes prouesses, elle en faisoit esmerveiller Hector, tellement qu'il s'arrestoit tout court comme ravy souvent au milieu des combats les plus forts, et se mettoit un peu à

Ainsi qu'il avoit sauté à son espée, la dame se mit à rire. (Voir p. 207.)

l'escart pour voir et contempler mieux à son aise cette brave reine à faire de si beaux coups.

De là en avant il est à penser au monde ce qu'ils firent de leurs amours, et s'ils les mirent à exécution : le jugement en peut estre bientost donné. Mais tant y a, que leur plaisir ne peut pas durer longuement ; car elle, pour mieux complaire à son amoureux, se précipitoit si ordinairement aux hasards, qu'elle fut tuée à la fin parmy la plus forte et plus cruelle meslée. Aucuns disent pourtant qu'elle ne vid pas Hector et qu'il estoit mort devant qu'elle arrivast, dont arrivant et sçachant la mort, entra un si grand dépit et tristesse pour avoir perdu le bien de sa veue qu'elle avoit tant désiré et pourchassé de si loingtain païs, qu'elle s'alla perdre volontairement dans les plus sanglantes batailles, et mourut, ne voulant plus vivre puisque n'avoit peu voir l'objet valleureux qu'elle avoit le mieux choisi et plus aymé.

De mesme en fit Tallestride, autre reine des Amazones, laquelle traversa un grand païs, et fit je ne sçay combien de lieues pour aller trouver Alexandre le Grand, luy demandant par mercy, ou à la pareille (de ce bon temps que l'on faisoit, et le donnoit-on pour la pareille) coucha avec luy pour avoir de la lignée d'un si grand et généreux sang, l'ayant ouy tant estimer ; ce que volontiers Alexandre luy accorda ; mais bien gasté et dégousté s'il eust faict autrement, car ladicte reine étoit bien aussi belle que vaillante. Quintus Curtius, Orose et Justin l'asseurent, et qu'elle vint trouver Alexandre avec trois cens dames à sa suitte, tant bien en point et de si bonne grâce, portans leurs armes, que rien plus. Et fit ainsi la révérence à Alexandre avec un très-grand honneur ; et demeura l'espace de treize jours et de treize nuicts avec lui, s'accomoda du tout à ses volontez et plaisirs, luy disant pourtant tousjours que si elle en avoit une fille, qu'elle la garderoit comme un très-précieux trésor ; si elle en avoit un fils, qu'elle luy envoyeroit, pour la haine extresme qu'elle portoit au sexe masculin, en matière de régner et avoir aucun commandement parmy elles, selon les loix introduites en leurs compagnies depuis qu'elles tuèrent leurs marys.

Ne faut douter là-dessus que les autres dames, et sous-dames n'en firent de mesme, et ne se firent couvrir aux autres capitaines et gens d'armes dudit Alexandre ; car, en cela, il falloit faire comme la dame.

La belle vierge Camille, belle et généreuse, et qui servoit si fidellement Diane, sa maistresse, parmy les forests et les bois, en ses chasses, ayant senti le vent de la vaillance de Turnus, et qu'il avoit à faire avec un vaillant homme aussi, qui estoit Énéas, et qui luy donnoit de la peine, choisit son party ; et le vint trouver, seulement avec trois fort honnestes et belles dames de ses compagnes, qu'elle avoit esleu pour ses grandes amies et fidèles confidentes, et tribades pensez, et pour friquarelle ; et pour l'honneur en tous lieux s'en servoit, comme dit Virgile en ses *Enéides* ; et s'appelloyent l'une Armie la vierge et la vaillante, et l'autre Tulle, et la troisiesme Tarpée, qui sçavoit bien bransler la picque ou le dard, en deux façons diverses, pensez, et toutes trois filles d'Italie.

Camille donc vint ainsi avec sa belle petite bande (aussi dit-on : petit et beau et bon) trouver Turnus, avec lequel elle fit de très-belles armes ; et s'advança si souvent et se mesla parmy les vaillants Troyens, qu'elle fut tuée, avec un très-grand regret de Turnus, qui l'honnoroit beaucoup, tant pour sa beauté que pour son bon secours. Ainsi ces dames belles et courageuses alloyent rechercher les braves et vaillants, les secourans en leurs guerres et combats.

Bocace, en son livre des *Illustres malheureux*, fait un conte d'une duchesse de Furly, nommée Romilde, laquelle, ayant perdu son mary, ses terres et son bien, que Caucan, roy des Avarois, luy avoit tout pris, et réduite à se retirer avec ses enfants dans son chasteau de Furly, là où il l'assiégea ; mais un jour qu'il s'en approchoit pour le recognoistre, Romiide, qui estoit sur le haut d'une tour, le vid, et se mit fort à le contempler et longuement ; et le voyant si beau, estant en la fleur de son aage, monté sur un beau cheval, et armé d'un harnois très-superbe, et qu'il faisoit tant de beaux exploicts d'armes, et ne s'espargnoit non plus que le moindre soldat des siens, en devint incontinent passionnément amoureuse ; et, laissant arrière le deuil de son mary et les affaires de son chasteau et de son siège, luy manda par un messager que, s'il la vouloit prendre en mariage, qu'elle luy rendroit la place dez le jour que les nopces seroient célébrées. Le roy Caucan la prit au mot. Le jour donc compromis venu, elle s'habille pompeusement de ses plus beaux et superbes habits de duchesse, qui la rendirent d'autant plus belle, car elle l'estoit très-fort ; et estant venue au camp du roy consommer le mariage, (le roy), afin qu'on ne le pust blasmer qu'il n'eust tenu sa foy, se mit toute la nuict à contenter la duchesse eschauffée. Puis le lendemain au matin, estant levé, fit appeller douze soldats avarois des siens, qu'il estimoit les plus forts et roides compaignons, et mit Romilde entre leurs mains pour en faire leur plaisir l'un après l'autre : laquelle repassèrent toute une nuict tant qu'ils purent ; et, le jour venu, Caucan, l'ayant fait appeller, luy ayant fait force reproches de sa lubricité et dit force injures, la fit empaler par sa nature, dont elle en mourut. Acte cruel et barbare certes, de traitter ainsi une si belle et honneste dame, au lieu de la reconnoistre, la récompenser et traitter en toute sorte de courtoisie, pour la bonne opinion qu'elle avoit eu de sa générosité, de sa valeur et de son noble courage, et l'avoir pour cela aymé !

Bandel, dans ses *Histoires tragiques*, en raconte une, qui est la plus belle que j'aye jamais leu, d'une duchesse de Savoye, laquelle un jour, sortant de sa ville de Thurin, et ayant ouy une pellerine espagnole qui alloit à Lorette pour certain vœu, s'escrier et admirer sa beauté, et dire tout haut que, si une belle et parfaitte dame estoit mariée avec son frère le seigneur de Mendozze, qui estoit si beau, si brave, si vaillant, qu'ils se pourroit bien dire partout que les deux plus beaux pairs du monde estoyent couplez ensemble, la duchesse, qui entendoit très-bien la langue espagnole, ayant en soy très-bien engravez et remarquez ces mots dans son âme, s'y mit aussi à engraver l'amour ; si bien que par un tel bruit elle devint tant passionnée du seigneur de Mendozze qu'elle ne cessa jamais, jusques à ce qu'elle eust projetté un feint pellerinage à Sainct-Jacques pour voir son amoureux sitost conceu. Et, s'estant acheminée en Espagne, et pris le chemin par la maison du seigneur de Mendozze, eut temps et loisir de contenter et de rassasier sa veue de l'objet beau qu'elle avoit esleu ; car la sœur du seigneur de Mendozze, qui accompagnoit la duchesse, avoit adverty son frère d'une telle et si noble et belle venue : à quoy il ne faillit d'aller au devant d'elle bien en point, monté sur un beau cheval d'Espagne, avec une si belle grâce que la duchesse eut occasion de se contenter de la renommée qui luy avoit esté rapportée, et l'admira fort, tant pour sa beauté que pour sa belle façon, qui monstroit à plain la vaillance qui estoit en luy, qu'elle estimoit bien autant que les autres vertus et accomplissemens et perfections, présageant dès lors qu'un jour elle en aurait bien affaire, ainsi que par après il luy servit grandement en l'accusation fausse que le comte Pancalier fit contre sa chasteté. Toutesfois, encor qu'elle le tint brave et courageux pour les armes, si fut-il pour ce coup couard en amours ; car il se monstra si froid et si respectueux envers elle qu'il ne luy fit nul assaut de paroles amoureuses, ce qu'elle aymoit le plus, et pourquoy elle avoit entrepris son voyage : et, pour ce, dépitée d'un tel froid respect, ou plustost de telles couardises d'amours, s'en partit le lendemain d'avec luy, non si contente qu'elle eust voulu.

Voilà comment les dames quelquefois ayment bien autant les hommes hardis pour l'amour comme pour les armes, non qu'elles vueillent qu'ils soyent effrontez et hardis, impudents et sots, comme j'en ay cogneu ; mais il faut qu'ils tiennent en cela le *medium*.

J'ay cogneu plusieurs qui ont perdu beaucoup de bonnes fortunes pour tels respects, dont j'en ferois de bons contes si ne craignois m'esgarer trop de mon discours ; mais j'espère les faire à part : si diray-je cettui-cy.

J'ay ouy conter d'autres fois d'une dame, et des très-belles du monde, laquelle, ayant de mesme ouy renommer un prince pour brave et vaillant, et qu'il avoit desjà en son jeune aage fait et parfait de grands exploicts d'armes, et surtout gaigné deux grandes et signalées batailles contre ses ennemis [1], eut grand désir de le voir ; et pour ce fit un voyage en la province où pour lors il y faisoit séjour, sous quelque autre prétexte que je ne diray point. Enfin elle s'achemina ; mais, et qu'est-il impossible à un brave cœur amoureux ? elle le void et contemple à son aise, car il vint fort loing au devant d'elle, et la reçoit avec tous les honneurs et respects du monde, ainsi qu'il devoit à une si grande, belle et magnanime princesse, et trop, comme dit l'autre ; car il luy en arriva de mesme comme au seigneur de Mendozze et à la duchesse de Savoye : et tels respects engendrèrent pareils dépits et mécontentemens. Si bien qu'elle partit d'avec luy non si bien satisfaitte comme elle y estoit venue. Possible qu'il y eust perdu son temps et qu'elle

---

1. Le duc d'Anjou, depuis Henri III.

n'eust obéy à ses volontez ; mais pourtant l'essay n'en fust esté mauvais, ains fort honnorable, et l'en cust-on estimé davantage.

De quoy sert donc un courage hardi et généreux, s'il ne se monstre en toutes choses, et mesme en amours comme aux armes, puisqu'armes et amours sont compagnes, marchent ensemble et ont une mesme simpathie, ainsi que le dit le poëte : « Tout amant est gendarme, et Cupidon a son camp et ses armes aussi bien que Mars. » M. de Ronsard en a fait un beau sonnet dans ses premières *Amours*.

Or, pour tourner encor aux curiositez qu'ont les dames de voir et aymer les gens généreux et vaillants, j'ay ouy raconter à la reyne d'Angleterre Elisabeth, qui règne aujourd'huy, un jour, elle estant à table, faisant souper avec elle M. le grand prieur de France, et de la maison de Lorraine, et M. d'Amville, aujourd'huy M. de Montmorency et connestable, parmy ce devis de table, et s'estant mis sur les louanges du feu roy Henry deuxiesme, le loua fort de ce qu'il estoit brave, vaillant et généreux, et, en usant de ce mot, *fort martial*, et qu'il l'avoit bien monstré en toutes ses actions ; et que pour ce, s'il ne fust mort si tost, elle avoit résolu de l'aller voir en son royaume, et avoit fait accommoder et apprester ses gallères pour passer la France et toucher entre leurs deux mains la foy et la paix. « Enfin c'estoit une de mes en-« vies de le voir ; je croy qu'il ne m'en eust refusée, car, disoit-elle, mon « humeur est d'aymer les gens vaillants ; et veux mal à la mort d'avoir « ravy un si brave roy au moins avant que je ne l'aye veu. »

Cette mesme reyne, quelque temps après, ayant ouy tant renommer M. de Nemours des perfections et valleurs qui estoyent en luy, fut curieuse d'en demander des nouvelles à feu M. de Rendan, lorsque le roy François second l'envoya en Escosse faire la paix devant le Petit-Lit qui estoit assiégé. Et ainsi qu'il luy en eust conté bien au long, et toutes les espèces de ses grandes et belles vertus et vaillances, M. de Rendan, qui s'entendoit en amours aussi bien qu'en armes, cogneut en elle et son visage quelque estincelle d'amour ou d'affection, et puis en ses paroles une grande envie de le voir. Par quoy, ne se voulant arrester en si bon chemin, fit tant envers elle de sçavoir, s'il la venoit voir, s'il seroit le bien venu et receu, ce qu'elle l'en asseura, et par là présuma qu'ilz pourroyent venir en maryage.

Estant donc de retour de son ambassade à la cour, en fit au roy et à M. de Nemours tout le discours ; à quoy le roy commanda et persuada à M. de Nemours d'y entendre : ce qu'il fit, avec une très-grande joye s'il pouvoit parvenir à un si beau royaume par le moyen d'une si belle, si vertueuse et honneste reine.

Pour fin, les fers se mirent au feu : par les beaux moyens que le roy luy donna, il fit de fort grands préparatifs et très-superbes et beaux appareils, tant d'habillemens, chevaux, armes, bref, de toutes choses exquises, sans y rien obmettre (car je vis tout cela), pour aller parestre devant cette belle princesse, n'oubliant surtout d'y mener toute la fleur de la jeunesse de la cour ; si bien que le fol Greffier, rencontrant là-dessus, disoit : que c'estoit *la fleur des febves*, par là, brocardant la follastre jeunesse de la cour.

Cependant M. de Lignerolles, très-hàbile et accort gentilhomme, et lors fort favory de M. de Nemours son maistre, fus dépesché vers ladite reine, qui s'en retourna avec une responce belle et très-digne de s'en contenter et de presser et avancer son voyage. Et me souvient qu'à la cour on tenoit le mariage quasi pour fait : mais nous nous donnasmes la garde que, tout à coup, ledit voyage se rompit et demeura court, et avec une très-grande despense, très vaine et inutile pourtant.

Je dirois, aussi bien qu'homme de France, à quoy il tint que cette rupture se fit, sinon qu'en passant, ce seul mot : que d'autres amours, possible, luy serroient plus le cœur et le tenoient plus captif et arresté ; car il estoit si accomply en toutes choses et si adroit aux armes et aux autres vertus, que les dames à l'envy volontiers l'eussent couru à force, ainsi que j'en ay veu de plus fringantes et plus chastes, qui rompoient bien leur jeusne de chasteté pour luy.

Nous avons, dans les *Cent Nouvelles* de la reine de Navarre Marguerite, une très-belle histoire de cette dame de Milan, qui, ayant donné assignation à feu M. de Bonnivet, depuis amiral de France, une nuict attira ses femmes de chambre avec des espées nues pour faire bruit sur le degré, ainsi qu'il seroit prest à se coucher : ce qu'elles firent très-bien, suivant en cela le commandement de leur maistresse, qui, de son costé, fit de l'effrayée et craintive, disant que c'estoyent ses beaux frères qui s'estoyent apperceus de quelque chose, et qu'elle estoit perdue, et qu'il se cachast sous le lict ou derrière la tapisserie. Mais M. de Bonnivet, sans s'effrayer, prenant sa cape à l'entour du bras et son espée en l'autre, il dit : « Et où sont-ils ces braves frères qui me vou- « droyent faire peur ou mal? Quand ils me verront, ils n'oseront regarder seu- « lement la pointe de mon espée. » Et, ouvrant la porte et sortant, ainsi qu'il vouloit commencer à charger sur ce degré, il trouva ces femmes avec leur tintamarre, qui eurent peur et se mirent à crier et confesser le tout. M. de Bonnivet, voyant que ce n'estoit que cela, les laissa et recommanda au diable, et se rentre en la chambre, et ferme la porte sur luy, et vint trouver sa dame, qui se mit à rire et l'embrasser, et luy confesser que c'estoit un jeu apposté par elle, et l'assurer que, s'il eust fait du poltron et n'eust montré en cela sa vaillance, de laquelle il avoit le bruit, que jamais il n'eust couché avec elle. Et, pour s'estre montré ainsi généreux et assuré, elle l'embrassa et le coucha auprès d'elle; et toute la nuict ne faut point demander ce qu'ils firent; car c'estoit l'une des belles femmes de Milan, et après laquelle il avoit eu beaucoup de peine à la gaigner.

J'ay cogneu un brave gentilhomme, qui un jour, estant à Rome couché avec une gentille dame romaine, son mary absent, luy donna une pareille allarme, et fit venir une de ses femmes en sursaut l'advertir que le mary tournoit des champs. La femme, faisant de l'estonnée, pria le gentilhomme de se cacher dans un cabinet, autrement elle estoit perdue. « Non, non, dit « le gentilhomme, pour tout le bien du monde je ne ferois pas cela; mais s'il « vient je le tueray. » Ainsi qu'il avoit sauté à son espée, la dame se mit à rire et confesser avoir fait cela à poste pour l'esprouver, si son mary luy vouloit faire mal, ce qu'il feroit et la défendroit bien.

J'ay cogneu une très-belle dame, qui quitta tout à trac un serviteur qu'elle avoit, pour ne le tenir vaillant; et le changea en un autre qui ne le ressembloit, mais estoit craint et redouté extresmement de son espée, qui estoit des meilleurs qui se trouvassent pour lors.

J'ay ouy faire un conte à la cour aux anciens, d'une dame qui estoit à la cour, maistresse de feu M. de Lorge, le bon homme, en ses jeunes ans, l'un des vaillants et renommez capitaines de gens de pied de son temps. Elle, ayant ouy dire tant de bien de sa vaillance, un jour que le roy François premier faisoit combattre des lions en sa cour, voulut faire preuve s'il estoit tel qu'on luy avoit fait entendre; et pour ce, laissa tumber un de ses gants dans le parc des lions, estans en leur plus grande furie; et là-dessus pria M. de Lorge de l'aller quérir, s'il l'aymoit tant comme il disoit. Luy, sans s'estonner, met sa cappe au poing et l'espée à l'autre main, et s'en va asseurément parmy ces lions recouvrer le gand. En quoy la fortune luy fut si favorable, que, faisant tousjours bonne mine et monstrant d'une belle asseurance la pointe de son espée aux lions, ilz ne l'osèrent attacquer. Et ayant recouru le gand, il s'en retourna devers sa maistresse et luy rendit; en quoy elle et tous les assistans l'en estimèrent bien fort. Mais on dit que, de beau dépit, M. de Lorge la quitta pour avoir voulu tirer son passe-temps de luy et de sa valeur de cette façon. Encore dit-on qu'il luy jetta par beau dépit le gand au nez; car il eust mieux voulu qu'elle luy eust commandé cent fois d'aller enfoncer un bataillon de gens de pied, où il s'estoit bien appris d'y aller, que non de combattre des bêtes dont le combat n'en est guères glorieux. Certes tels essays ne sont ny beaux ny honnestes, et les personnes qui s'en aydent sont fort à réprouver.

J'ay ouy dire qu'il en arriva tout de mesme à feu M. de Genlis, qui mourut en Allemagne, menant les troupes huguenottes aux troisiesmes troubles;

car, passant un jour la rivière devant le Louvre avec sa maistresse, elle laissa tomber dans l'eau son mouchoir, qui estoit beau et riche, exprès, et luy dit qu'il se jettast dedans pour luy recourre. Luy, qui ne sçavoit nager que comme une pierre, se voulut excuser; mais elle, luy reprochant que c'estoit un couard amy, et nullement hardy, sans dire garre se jetta à corps perdu dedans, et, pensant avoir le mouchoir, se fust noyé s'il ne fust esté aussitost secouru d'un autre batteau.

Je croy que telles femmes, par tels essais, se veulent défaire ainsi gentiment de leurs serviteurs, qui, possible, les ennuyent. Il vaudrait mieux qu'elles leur donnassent de belles faveurs, et les prier, pour l'amour d'elles, les porter aux lieux honnorables de la guerre, et faire preuve de leur valeur, ou les y pousser davantage, que non pas faire de ces sottises que je viens de dire, et que j'en dirois une infinité.

Il me souvient que, lorsque nous allasmes assiéger Rouen aux premiers troubles, madamoiselle de Piennes, l'une des honnestes filles de la cour, estant en doubte que feu M. de Gergeay ne fust esté assez vaillant pour avoir tué luy seul, et d'homme à homme, le feu baron d'Ingrande, qui estoit un des vaillans gentilshommes de la cour, pour esprouver sa valeur; luy donna une faveur d'une escharpe qu'il mit en son habillement de teste: et, ainsi qu'on vint pour reconnoistre le fort de Saincte-Catherine, il donna si courageusement et vaillamment dans une trouppe de chevaux qui estoyent sortis hors de la ville qu'en bien combattant il eut un coup de pistollet dans la teste, dont il mourut roide mort sur la place: en quoy ladite damoiselle fut satisfaite de sa valeur, et s'il ne fust mort ce coup, ayant si bien fait, elle l'eust espousé; mais, doutant un peu de son courage, et qu'il avoit mal tué ledit baron, ce luy sembloit, elle voulut voir cette expérience, ce disoit-elle. Et certes, encor qu'il y ait beaucoup d'hommes vaillants de leur nature, les dames les y poussent encore davantage; et, s'ils sont lasches et froids, elles les meuvent et eschauffent.

Nous en avons un très-bel exemple de la belle Agnez, laquelle, voyant le roy Charles VIIe ennamouraché d'elle et ne se soucier que de luy faire l'amour, et mol et lasche, ne tenir compte de son royaume, luy dit un jour que, lorsqu'elle estoit encores jeune fille, un astrologue luy avoit prédit qu'elle seroit aymée et servie de l'un des plus vaillants et courageux roys de la chrestienté; que, quand le roy luy fit cet honneur de l'aymer, elle pensoit que ce fust ce roy valleureux qui luy avoit esté prédit; mais, le voyant si mol, avec si peu de soin de ses affaires, elle voyoit bien qu'elle estoit trompée, et que ce roy si courageux n'estoit pas luy, mais le roi d'Angleterre, qui faisoit de si belles armes, et luy prenoit tant de belles villes à sa barbe. « Dont, dit-elle au

Et allèrent tous deux à Rome se faire couronner en grand'magnificence. (Voy. p. 210.)

« roy, je m'en vais le trouver, car c'est celuy duquel entendoit l'astrologue. » Ces paroles picquèrent si fort le cœur du roy, qu'il se mit à plorer ; et de là en avant, prenant courage, et quittant sa chasse et ses jardins, prit le frain aux dents ; si bien que, par son bonheur et vaillance, chassa les Anglois de son royaume.

Bertrand du Guesclin, ayant espousé sa femme, madame Tiphaine, se mit du tout à la contenter et laisser le train de la guerre, luy qui l'avoit tant pratiquée auparavant, et qui avoit acquis tant de gloire et louange ; mais elle luy en fit une réprimende et remonstrance : qu'avant leur mariage on ne parloit que de luy et de ses beaux faits, et que désormais on luy pourroit reprocher à elle-mesme une telle discontinuation de son mary ; qui portoit un très-grand préjudice à elle et à son mary, d'estre devenu un si grand casanier ; dont elle ne cessa jamais, jusques à ce qu'elle luy eust remis son premier courage, et renvoyé à la guerre, où il fit encor mieux que devant.

La quatriesme fille du comte de Provence, beau-père de sainct Louis, et femme à Charles, comte d'Anjou, frère dudict roy, magnanime et ambitieuse qu'elle estoit, se faschant de n'estre que simple comtesse d'Anjou et de Provence, et qu'elle seule de ses trois sœurs, dont les deux estoyent reynes et l'autre impératrice, ne portoit autre tiltre que de dame et comtesse, ne cessa jamais, jusques à ce qu'elle eust prié, pressé et importuné son mary d'avoir et de conquester quelque royaume. Et firent si bien qu'ilz furent esleus par le pape Urbain, roy et reine des Deux-Sicilles; et allèrent tous deux à Rome avec trente gallères se faire couronner par Sa Sainteté, en grand' magnificence, roy et reine de Jérusalem et de Naples, qu'il conquesta après, tant par ses armes valeureuses que par les moyens que sa femme luy donna, vendant toutes ses bagues et joyaux pour fournir aux frais de la guerre : et puis après régnèrent assez paisiblement et longuement en leurs beaux royaumes conquis.

Longtemps après, une de leurs petites-filles, descendue d'eux et des leurs, Ysabeau de Lorraine, fit, sans son mary René, semblable trait; car, luy estant prisonnier entre les mains de Charles, duc de Bourgogne, elle, estant princesse, sage et de grand' magnanimité et courage, le royaume de Sicile et de Naples leur estant escheu par succession, assembla une armée de trente mille hommes; et elle-mesme la mena, et conquesta le royaume et se saisit de Naples.

Je nommerois une infinité de dames qui ont servi de telles façons beaucoup à leurs maris, et qu'elles, estant hautes de cœur et d'ambition, ont poussé et encouragé leurs maris à se faire grands, acquérir des biens et des grandeurs et richesses. Aussi est-ce le plus beau et le plus honorable que d'en avoir par la pointe de l'espée.

J'en ay cogneu beaucoup en nostre France et en nos cours, qui, plus poussez de leurs femmes quasi que de leur volontez, ont entrepris et parfait de belles choses.

Je me souviens qu'à la bataille de Dreux feu M. des Bordes, brave et gentil cavallier s'il en fust de son temps, estant lieutenant de M. de Nevers, dit avant comte d'Eu, prince aussi très-accomply, ainsi qu'il fallut aller à la charge pour enfoncer un bataillon de gens de pied qui marchoit droit à l'avant-garde où commandoit feu M. de Guise le Grand, et que le signal de la charge fut donné, ledict des Bordes, monté sur un turc gris, part tout aussitost, enrichy et garny d'une fort belle faveur que sa maistresse luy avoit donnée (je ne la nommeray point, mais c'estoit l'une des belles et honnestes filles, et des grandes de la cour); et en partant, il dit : « Hà ! je m'en vois « combattre vaillamment pour l'amour de ma maistresse, ou mourir glo- « rieusement. » A ce il ne faillit ; car, ayant percé les six premiers rangs, mourut au septiesme, porté par terre. A vostre advis, si cette dame n'avoit bien employé sa belle faveur et si elle s'en devoit desdire pour luy avoir donnée ?

M. de Bussi a esté le jeune homme qui a aussi bien fait valoir les faveurs de ses maistresses que jeune homme de son temps, et mesmes de quelques-unes que je sçay, qui méritoyent plus de combats, d'exploits de guerre, de coups d'espée, que ne fit jamais la belle Angélique des paladins et chevalliers de jadis, tant chrestiens que Sarrasins; mais je luy ay ouy dire souvent qu'en tant de combats singuliers et guerres et rencontres générales (car il en a fait prou) où il s'est jamais trouvé et qu'il a jamais entrepris, ce n'estoit point tant pour le service de son prince ny pour ambition, que pour la gloire seule de complaire à sa dame. Il avoit certes raison, car toutes les ambitions du monde ne vallent pas tant que l'amour et la bienveillance d'une belle et honneste dame et maistresse.

Et pourquoy tant de braves chevalliers errants de la Table-Ronde et tant de valleureux paladins de France du temps passé ont entrepris tant de guerres, tant de voyages lointains, tant fait de belles expéditions, sinon pour l'amour des belles dames qu'ils servoyent ou vouloyent servir? Je m'en rapporte à nos palladins de France, nos Rollands, nos Renauds, nos Ogiers, nos Olliviers, nos Yvons, nos Richards, et une infinité d'autres. Aussi c'estoit un bon temps et bien fortuné; car, s'ilz faisoyent quelque chose de beau pour l'amour de leurs dames, leurs dames, nullement ingrates, les en sçavoyent bien récompenser, quand ils se venoyent rencontrer, ou donner le rendez-vous, dans les forests, dans des bois, ou près des fontaines ou en quelques belles prairies. Et voilà le guerdon des vaillantises que l'on désire des dames!

Or, il y a une demande : pourquoy les femmes ayment tant ces vaillants hommes? Et comme j'ay dit au commencement, la vaillance a cette vertu et force de se faire aymer à son contraire. Davantage, c'est une certaine inclination naturelle qui pousse les dames pour aymer la générosité, qui est certainement cent fois plus aymable que la couardise : aussi toute vertu se fait plus aymer que le vice.

Il y a aucunes dames qui ayment ces gens ainsi pourveus de valeur, d'autant qu'il leur semble que, tout ainsi qu'ils sont braves et adroits aux armes et au métier de Mars, qu'ils le sont de mesmes à celuy de Vénus.

Cette règle ne faut en aucuns. Et de fait ils le sont, comme fut jadis César, le vaillant du monde, et force autres braves que j'ay cogneu, que je tais. Et tels y ont bien toute autre force et grâce que des ruraux et autres gens d'autre profession; si bien qu'un coup de ces gens là en vaut quatre des autres; je dis envers les dames qui sont modestement lubriques, mais non pas envers celles qui le sont sans mesure, car le nombre leur plaist. Et si cette règle est bonne quelquefois en aucuns de ces gens, et selon l'humeur d'aucunes femmes, elle faut en d'autres ; car il se trouve de ces vaillants qui sont tant rompus de l'harnois et des grandes corvées de la guerre, qu'ils n'en peuvent plus quand il faut venir à ce doux jeu, de sorte qu'ils ne peuvent contenter leurs dames ; dont aucunes, et plusieurs y en a, qui aymeroyent mieux un bon artisan de Vénus, frais et bien émoulu, que quatre de ceux de Mars, ainsi allebrenez.

J'en ay cogneu force de ce sexe féminin et de cette humeur ; car enfin, disent-elles, il n'y a que de bien passer son temps et en tirer la quintessence, sans avoir acception de personnes. Un bon homme de guerre est bon, et le fait beau voir à la guerre ; mais s'il ne sçait rien faire au lict, disent-elles, un bon gros vallet, bien à séjour, vaut bien autant qu'un beau et vaillant gentilhomme lassé.

Je m'en rapporte à celles qui en ont fait l'essay et le font tous les jours ; car les reins du gentilhomme, tant gallant et brave soit-il, estant rompus et froissez de l'harnois qu'ils ont tant porté sur eux, ne peuvent fournir à l'appointement, comme les autres qui n'ont jamais porté peine ny fatigue.

D'autres dames y a-il qui ayment les vaillants, soyent pour maris, soyent pour serviteurs, afin qu'ils débattent et soutiennent mieux leurs honneurs et leurs chastetez, si aucuns médisans il y en a qui les veullent souiller de paroles ; ainsi que j'en ay veu plusieurs à la cour, où j'y ay cogneu d'autres fois une fort belle et grande dame, que je ne nommeray point, estant fort sujette aux médisances, quitta un serviteur fort favory qu'elle avoit, le voyant mol à départir de la main et ne braver et ne quereller, pour en prendre un autre qui estoit un escalabreux, brave et vaillant, qui portoit sur la pointe de son espée l'honneur de sa dame, sans qu'on y osast aucunement toucher.

D'autres dames ay-je cogneu qui ont quitté des hommes pusilanimes, encores qu'ils fussent bien riches, pour aymer et espouser des gentilshommes qui n'avoient que l'espée et la cappe, pour manière de dire ; mais ilz estoient valleureux et généreux, et avoyent espérance, par leurs valeurs et générositez, de parvenir aux grandeurs et aux estats, encore certes que ce ne soyent pas les plus vaillants qui le plus souvent y parviennent, en quoy on leur fait tort pourtant ; et bien souvent void-on les couards et pusilanimes y parvenir : mais qu'il soit, telle marchandise ne paroist point sur eux comme quand elle est sur les vaillants.

Je scay deux honnestes gentilshommes compagnons, pour lesquels deux fort honnestes dames, et non certes de petite qualité, ayant fait pour eux une partie un jour à Paris, et s'aller pourmener en un jardin, chacune, y estant, se sépara à l'escart l'une de l'autre, avec un chacun son serviteur, en chacune son allée, qui estoit si couverte de belles treilles que le jour quasi ne s'y pouvoit voir, et la fraischeur y estoit gracieuse. Il y eut un des deux, hardy, qui, cognoissant cette partie n'avoir esté faitte pour se pourmener et prendre le frais, et selon la contenance de sa dame qu'il voyoit brusler en feu, et d'autre envie que de manger des muscats qui estoyent en la treille, et selon aussi les parolles eschauffées, affectées et follastres, ne perdit si belle occasion ; mais, la prenant sans aucun respect, la mit sur un petit lict qui estoit fait de gazons et mottes de terre ; il en jouit fort doucement sans qu'elle dist autre chose, sinon : « Mon Dieu ! que voulez-vous faire ? N'estes-vous pas le « plus grand fol et estrange du monde ? Et si quelqu'un vient, que dira-on ? « Mon Dieu ! ostez-vous. » Mais le gentilhomme, sans s'estonner, continua si bien qu'il en partit si content, et elle et tout, qu'ayant fait encor trois ou quatre tours d'allée, ilz recommencèrent une seconde charge. Puis, sortants de là en une autre allée ouverte, ils virent d'autre costé l'autre gentilhomme et l'autre dame, qui se pourmenoient ainsi qu'ils les y avoient laissez auparavant. A quoy la dame contente dit au gentilhomme content : « Je croy « qu'un tel aura fait du sot, et qu'il n'aura fait à sa dame autre entretien que « de paroles, de discours et de pourmenades. » Donc, tous quatre s'assemblans, les deux dames se vindrent à demander de leurs fortunes. La contente respondit qu'elle se portoit fort bien elle, et que pour le coup elle ne sçauroit pas mieux porter. La mécontente de son costé dit qu'elle avoit eu affaire avec le plus grand sot, et le plus couard amant qui s'estoit jamais veu ; et sur tout les deux gentilshommes les virent rire et crier entr'elles deux en se pourmenant : « O le sot ! ô le couard ! ô monsieur le respectueux ! » Sur quoy le gentilhomme content dit à son compaignon : « Voylà nos dames qui parlent « bien à vous, elles vous fouettent ; vous trouverez que vous avez fait trop du « respectueux et du badin. » Ce qu'il advoua : mais il n'estoit plus temps, car l'occasion n'avoit plus de poil pour la prendre. Toutesfois, ayant cogneu sa faute, au bout de quelque temps il la répara par quelque certain autre moyen que je dirois bien.

J'ay cogneu deux grands seigneurs et frères, et tous deux bien parfaits et bien accomplis, qui, aymans deux dames, mais il y en avoit bien une plus grande que l'autre en tout ; et estans entrez en la chambre de cette grande dame qui gardoit pour lors le lict, chacun se mit à part pour entretenir sa dame. L'un entretint la grande avec tous les respects, tous les baisemains humbles qu'il put, et paroles d'honneur et respectueuses, sans faire jamais aucun semblant de s'approcher de près ny vouloir forcer la roque. L'autre frère, sans cérémonie d'honneur ny de paroles, prit la dame à un coing de fenestre, et luy ayant tout d'un coup escerté ses calleçons qui estoyent bridez (car il estoit bien fort), luy fit sentir qu'il n'aymoit point à l'espagnole,

par les yeux ny par les gestes de visage, ny par paroles, mais par le vray et propre point et effet qu'un vray amant doit souhaitter : et ayant achevé son prix-fait, s'en part de la chambre ; et en partant, dit à son frère, assez haut que sa dame l'ouyt : « Mon frère, si vous ne faites comme moy vous ne faittes
« rien ; et vous dy que vous pouvez estre tant brave et hardy ailleurs que
« vous voudrez, mais si en ce lieu vous ne monstrez vostre hardiesse, vous
« estes déshonnoré ; car vous n'estes icy en lieu de respect, mais en lieu où vous
« voyez vostre dame qui vous attend. » Et par ainsi laissa son frère, qui pourtant pour l'heure retint son coup et le remit à une autre fois : ce ne fut pourtant que la dame l'en estimast davantage, ou qu'elle luy attribuast une trop grande froideur d'amour, ou faute de courage, ou inhabileté de corps : si l'avoit pourtant monstré assez ailleurs, soit en guerre, soit en amours.

La feue royne mère fit une fois jouer une fort belle comédie en italien, pour un mardy gras, à Paris, à l'hostel de Reins, que Cornelio Fiasco, capitaine des gallères, avoit inventé. Toute la cour s'y trouva, tant hommes que dames, et force autres de la ville. Entre autres choses, il fut représenté un jeune homme qui avoit demeuré caché toute une nuict dans la chambre d'une trèsbelle dame et ne l'avoit nullement touchée ; et ayant raconté cette fortune à son compagnon, il luy demanda : *Ch'avete fatto* [1]? L'autre respondit : *Niente* [2]. Sur cela son compagnon luy dit : *Ah! poltronazzo, senza cuore! non havete fatto niente! che maldita sia la tua poltronneria!*

Après que ladite comédie fut jouée, le soir, ainsi que nous en estions en la chambre de la reine et que nous discourions de cette comédie, je demanday à une fort belle et honneste dame, que je ne nommeray point, quels plus beaux traits elle avoit observé et remarqué en la comédie, qui luy eussent pleu le plus. Elle me dit tout naïvement : « Le plus beau trait que j'ai trouvé, c'est
« que l'autre a respondu au jeune homme, qui s'appelloit Lucio, qui luy avoit
« dit *che non haveva fatto niente: Ah poltronazzo! non havete fatto*
« *niente! che maldita sia la tua poltronneria!* »

Voilà comme cette dame qui me parloit estoit de consente avec l'autre qui luy reprochoit sa poltronnerie, et qu'elle ne l'estimoit nullement d'avoir esté si mol et lasche ; ainsi comme plus à plain elle et moy nous en discourusmes des fautes que l'on fait sur le sujet de ne prendre le temps et le vent quand il vient à point, comme fait le bon marinier. Si faut-il que je fasse encore ce conte, et le mesle, tout plaisant et bouffon qu'il est, parmy les autres sérieux.

1. Qu'avez-vous fait?
2. Rien.
3. Ah! poltron, sans cœur ! vous n'avez rien fait ! que maudite soit votre poltronnerie.

J'ai donc ouy conter à un honneste gentilhomme mien amy, qu'une dame de son pays, ayant plusieurs fois monstré de grandes familiaritez et privautez à un sien vallet de chambre, qui ne tendoient toutes qu'à venir à ce point, ledit vallet, point fat et sot, un jour d'esté trouvant sa maistresse par un matin à demy endormie dans son lict toute nue, tournée de l'austre costé de la ruelle, tenté d'une si grande beauté, et d'une fort propre posture et aisée pour l'investir et s'en accommoder, estant elle sur le bord du lit, vint doucement et investit la dame, qui, se tournant, vid que c'estoit son vallet qu'elle désiroit ; et, toute investie qu'elle estoit, sans autrement se désinvestir ny remuer, ny se défaire, ny dépestrer de sa prise tant soi peu, ne fit que luy dire, tournant la teste, et se tenant ferme de peur de ne rien perdre : « Monsieur le sot, qui « est-ce qui vous a fait si hardy de le mettre là ? » Le vallet lui respondit en toute révérence : « Madame, l'osteray-je ? — Ce n'est pas ce que je vous dis, « monsieur le sot, » luy respondit la dame. « Je vous dis : qui vous a fait si « hardy de le mettre là ? » L'autre retournoit tousjours à dire : « Madame, « l'osteray-je ? et si vous voulez, je l'osteray. » Et elle à redire : « Ce n'est « pas ce que je vous dis encore, monsieur le sot. » Enfin, et l'un et l'autre firent ces mesmes répliques et dupliques par trois ou quatre fois, sans se débaucher autrement de leur besogne, jusques à ce qu'elle fust achevée, dont la dame s'en trouva mieux que si elle eust commandé à son gallant de l'oster, ainsi qu'il luy demandoit. Et bien servit à elle de persister en sa première demande sans varier, et au gallant en sa réplique et duplique : et par ainsi continuèrent leurs coups et cette rubrique long-temps après ensemble ; car il n'y a que la première fournée ou la première pinte chère, dit-on.

Voilà un beau vallet et hardy ! Et à tels hardis, comme dit l'Italien, il faut dire : *A bravo cazzo mai non manca favor.*

Or par ainsi vous voyez qu'il y en a plusieurs qui sont braves, hardis et vaillants, aussi bien pour les armes que pour les amours ; d'autres qui le sont en armes et non en amours ; d'autres qui le sont en amours et non aux armes, comme estoit ce marault de Pâris, qui eust bien la hardiesse et vaillance de ravir Héleine à son pauvre mari de cocu Ménélaus, et coucher avec elle, et non de se battre avec luy devant Troye.

Voilà aussi pourquoy les dames n'ayment les vieillards, ne ceux qui sont trop avancez sur l'aage, d'autant qu'ils sont fort timides en amours et vergogneux à demander ; non qu'ilz n'ayent des concupiscences aussi grandes que les jeunes, voire plus, mais non pas les puissances. Et c'est ce que dit une fois une dame espagnole : que les vieillards ressembloient beaucoup de personnes qui, quand elles voyent les rois en leurs grandeurs, dominations et autoritez, ils souhaitteroient fort d'estre comme eux, non pas qu'ilz osassent attenter rien contre eux pour les déposséder de leurs royaumes et prendre leurs places; et disoit-elle : *Y a penas es nascido el deseo, quendo se muere luego;* « qu'à peine le désir est né qu'il meurt aussitost. » Aussi les vieillards, quand ils voyent de beaux objets, ilz n'osent les attaquer, *porque los viejo naturalmente son temerosos; y amor y temor no se caben en un saco*; « car les vieillards sont craintifs fort naturellement; et l'amour et la crainte « ne se trouvent jamais bien dans un sac. » Aussi ont-ils raison ; car ils n'ont armes ny pour offenser ny pour défendre, comme des jeunes gens, qui ont la beauté : et aussi, comme dit le poëte : rien n'est malséant à la jeunesse, quelque chose qu'elle face ; aussi, dit un autre : il n'est point beau de voir un vieil gendarme ny un vieil amoureux.

Or c'est assez parlé sur ce sujet; parquoy je fais fin et n'en dis plus, sinon que j'adjousteray un autre nouveau sujet, faisant et approchant quasi à ce sujet, qui est que : tout ainsi que les hommes ayment les hommes braves, vaillants et généreux, les hommes ayment pareillement les dames braves de cœur et généreuses. Et comme tout homme généreux et courageux est plus aymable et admirable qu'un autre, aussi de mesme en est toute dame illustre, généreuse et courageuse; non que je vueille que cette dame face les actes d'un homme, ny qu'elle s'agendarme comme un homme, ainsi que j'en ay veu, cogneu et ouy parler d'aucunes qui montoient à cheval comme un homme, portoyent leur pistollet à l'arçon de la selle, et le tiroient, et faisoient la guerre comme un homme.

J'en nommerois bien une qui, durant ces guerres de la Ligue, en a fait de mesme. Ce desguisement est démentir le sexe. Outre qu'il n'est beau et bien séant, il n'est permis, et porte plus grand préjudice qu'on ne pense : ainsi que mal en prit à cette gente pucelle d'Orléans, laquelle en son procez fut fort calomnié de cela, et en partie cause de son sort et sa mort. Voilà pourquoy je ne veux ny estime trop tel garçonnement. Mais je veux et ayme une dame qui monstre son brave et valleureux courage, estant en adversité et en bon besoin, par de beaux actes féminins qui approchent fort d'un cœur masle. Sans emprunter les exemples des généreuses dames de Rome et de Sparte de jadis, qui ont en cela excédé toutes autres, ilz sont assez manifestes et apposez à nos yeux ; j'en veux escrire de nouveaux et de nos temps.

Pour le premier, et à mon gré le plus beau que je sçache, ce fut celuy de ces belles, honnestes et courageuses dames de Sienne, alors de la révolte de leur ville contre le joug insupportable des Impériaux : car, après que l'ordre y fut establi pour la garde, les dames, en estant mises à part pour n'estre propres à la guerre comme les hommes, voulurent monstrer un par-dessus, et qu'elles sçavoyent faire autre chose que de besogner à leurs ouvrages du jour et de la

Dont mal pourtant très-grand luy en fust arrivé sans la faveur de Roger. (Voy. p. 219.)

nuict; et, pour porter leur part du travail, se départirent d'elles-mesmes en trois bandes; et, un jour de Saint-Anthoine, au mois de janvier, comparurent en public trois des plus belles, grandes et principales de la ville, en la grande place (qui est certes très-belle), avec leurs tambours et enseignes.

La première étoit la signora Forteguerra, vestue de violet, son enseigne et sa bande de mesme parure, avec une devise de ces mots : *Pur che sia il vero.* Et estoyent toutes ces dames vestues à la nimphale, d'un court accoustrement qui en descouvroit et monstroit mieux la belle grève. La seconde estoit la signora Piccolomini, vestue d'incarnat, avec sa bande et enseigne de mesme, avec la croix blanche, et la devise en ces mots : *Pur che no l'habbia tutto.* La troisiesme estoit la signora Livia Fausta, vestue toute à blanc, avec sa bande et enseigne blanche, en laquelle estoit une palme, et la devise en ces mots : *Pur che l'habbia.*

A l'entour et à la suite de ces trois dames, qui sembloyent trois déesses, y avoit bien trois mille dames, que gentillesfemmes bourgeoises qu'autres, d'apparence toutes belles, ainsi bien parées de leurs robes et livrées toutes, ou de satin, de taffetas, de damas ou autres draps de soye, et toutes résolues de vivre ou mourir pour la liberté. Et chacune portoit une fascine sur l'espaule à un fort que l'on faisoit, crians : *France! France!* dont M. le cardinal de Ferrare et M. de Termes, lieutenants du roy, en furent si ravis d'une chose si rare et belle qu'ils ne s'amusèrent à autre chose qu'à voir, contempler, admirer et louer ces belles et honnestes dames : comme de vray j'ay ouy dire à aucunes et aucuns qui y estoyent, que jamais rien ne fut si beau. Et Dieu sçait si les belles dames manquent en cette ville, et en abondance, sans spéciauté.

Les hommes, qui, de leur bonne volonté, estoyent fort enclins à leur liberté, en furent davantage poussez par ce beau trait, ne voulans en rien céder à leurs dames pour cela : tellement que tous à l'envy, gentilshommes, seigneurs, bourgeois, marchands, artisans, riches et pauvres, tous accoururent au fort à en faire de mesme que ces belles, vertueuses et honnestes dames; et en grande émulation, non-seulement les séculiers, mais les gens d'église, poussèrent tous à cette œuvre. Et au retour du fort, les hommes à part et les dames aussi rangées en bataille en la place auprès du pallais de la Seigneurie, allèrent l'un après l'autre, de main en main, saluer l'image de la Vierge Marie, patronne de la ville, en chantant quelques himnes et cantiques à son honneur, par un si doux air et agréable armonie que, partie d'aise, partie de pitié, les larmes tomboient des yeux à tout le peuple; lequel, après avoir receu la bénédiction de M. le révérendissime cardinal de Ferrare, chacun se retira en son logis, tous et toutes en résolution de faire mieux à l'advenir.

Ha! belles et braves dames, vous ne deviez jamais mourir, non plus que vostre los, qui à jamais ira de conserve avec l'immortalité, non plus aussi que cette belle et gentille fille de vostre ville, laquelle, en vostre siège, voyant son frère un soir détenu mallade en son lict et fort mal disposé pour aller en garde, le laissant dans le lit, tout coyement se dérobe de luy, prend ses armes et ses habillemens, et, comme la vraye effigie de son frère, paroist en garde; et pour son frère fut prise ainsi et incogneue par la faveur de la nuict. Gentil trait, certes! car, bien qu'elle se fust garçonnée et gendarmée, ce n'estoit pourtant pour en faire une continuelle habitude, que pour cette fois faire un bon office à son frère. Aussi dit-on que nul amour est égale à la fraternelle, et qu'aussi, pour un bon besoin, il ne faut rien espargner pour monstrer une gente générosité de cœur, en quelque endroit que ce soit.

Je croy que le corporal qui lors commandoit à l'esquade où estoit cette belle fille, quand il sceut ce trait, fut bien marry qu'il ne l'eust mieux recogneue, pour mieux publier sa louange sur le coup, ou bien pour l'exempter de la sentinelle, ou du tout pour s'amuser d'en contempler la beauté, sa grâce et sa façon militaire; car ne faut point douter qu'elle ne s'estudiast en tout à la contrefaire.

Certes, on ne sçauroit trop louer ce beau trait, et mesme sur un si juste sujet pour le frère. Tel en fit ce gentil Richardet, mais pour divers sujets, quand, après avoir ouy le soir sa sœur Bradamante discourir des beautez de cette belle princesse d'Espagne, et de ses amours et désirs vains, après qu'elle fut couchée, il prit ses armes et sa belle cotte, et s'en déguise pour parestre sa sœur, tant ils estoyent de semblance de visage et beauté ; et après, sous telle forme, tira de cette belle princesse ce qu'à sa sœur son sexe luy avoit dénié ; dont mal pourtant très-grand luy en fust arrivé sans la faveur de Roger, qui, le prenant pour sa maistresse Bradamante, le garantit de mort.

Or j'ay oui dire à M. de la Chapelle des Ursins, qui lors estoit en Italie, et qui fit le rapport de si beau trait de ces dames siennoises au feu roy Henry, [qu']il le trouva si beau, que la larme à l'œil il jura que, si Dieu lui donnoit un jour la paix ou la trefve avec l'empereur, qu'il iroit par ses gallères en la mer de Toscane, et de là à Sienne, pour voir cette ville si affectée à soy et à son party, et la remercier de cette brave et bonne volonté, et surtout pour voir ces belles et honnestes dames et leur en rendre grâces particulières.

Je croy qu'il n'y eust pas failly, car il honnorait fort les belles et honnestes dames; et si leur escrivit, principalement aux trois principales, des lettres les plus honnestes du monde de remerciemens et d'offres, qui les contentèrent et animèrent davantage.

Hélas! il eut bien, quelque temps après, la trefve ; mais, l'attendant à venir, la ville fut prise, comme j'ay dit ailleurs; qui fut une perte inestimable pour la France, d'avoir perdu une si noble et si chère alliance, laquelle, se ressouvenant et se ressentant de son ancienne origine, se voulut rejoindre et remettre parmy nous: car on dit que ces braves Siennois sont venus des peuples de France qu'en la Gaule on appeloit jadis Senonnes, que nous tenons aujourd'huy ceux de Sens; aussi en tiennent-ils encor de l'humeur de nous autres François, car ils ont la teste près du bonnet, et sont vifs, soudains et prompts comme nous. Les dames, pareillement aussi, se ressentent de ces gentillesses, gracieuses façons, et familiaritez françoises.

J'ay leu dans une vieille cronique que j'ay allégué ailleurs, que le roy Charles huictiesme, en son voyage de Naples, lorsqu'il passa à Sienne, il y fut receu par une entrée si triomphante et si superbe qu'elle passa toutes les autres qu'il fit en toute l'Italie; jusques à là que, pour plus grand respect et signe d'humilité, toutes les portes de la ville furent ostées de leurs gonds et portées par terre; et tant qu'il y demeura furent ainsi ouvertes à tous allants et venants, et puis après, venant son despart, remises.

Je vous laisse à penser si le roy, toute sa cour et son armée, n'eurent pas grand sujet d'aymer et honnorer cette ville (comme de vray il fit tousjours), et en dire tous les biens du monde. Aussi la demeure à luy et à tous en fut très-agréable, et sur la vie fut défendu de n'y faire aucune insolence, comme certes la moindre du monde ne s'ensuivit. Ha! braves Siennois, vivez pour jamais! Que pleust à Dieu fussiez-vous encore nostres en tout, comme vous l'estes, possibles, en cœur et en âme! car la domination d'un roy de France est bien plus douce que celle d'un duc de Florence; et puis le sang ne peut mentir. Que si nous estions aussi voisins comme nous sommes reculez, possible, tous ensemble conformes de volontez, en ferions-nous dire.

Les principales dames de Pavie, en leur siège du roy François, sous la conduite et exemple de la signora contessa Hippolita de Malespina, leur générale, se mirent de mesmes à porter la hotte, remuer terre et remparer leurs bresches, faisant à l'envy des soldats.

Un pareil trait que ces dames siennoises que je viens de raconter je vis faire à aucunes dames rochelloises, au siège de leur ville: dont il me souvient que le premier dimanche de caresme que le siège y estoit, Monsieur, nostre général, manda sommer M. de La Noue de sa parole, et venir parler à luy et luy rendre compte de sa négociation que luy avoit chargé pour cette ville; dont le discours en est long et fort bizarre, que j'espère ailleurs descrire. M. de La Noue n'y faillit pas, et pour ce M. d'Estrozze fut donné en ostage dans la ville, et trefves furent faites pour ce jour et pour le lendemain.

Ces trefves ainsi faites, parurent aussitost comme nous, hors des tranchées force gens de la ville sur les rampars et sur les murailles; et sur tous parurent une centaine de dames et bourgeoises des plus grandes, plus riches et des plus belles, toutes vestues de blanc, tant de la teste que du corps, toutes de toiles de Hollande fine, qu'il fit très-beau voir. Et ainsi s'estoyent-elles vestues, à cause des fortifications des rampars où elles travailloyent, fût ou à porter la hotte ou à remuer la terre; et d'autres habillemens se fussent ensalaudis, et ces blancs en estoyent quittes pour les mettre à la lessive; et aussi qu'avec cet habit blanc se fissent mieux remarquer parmy les autres. Nous autres fusmes fort ravis à voir ces belles dames; et vous assure que plusieurs s'y amusèrent plus qu'à autre chose: aussi voulurent-elles bien se monstrer à nous; et ne furent à nous guières chiches de leur veue, car elles se plantoyent sur le bord du rampart d'une fort belle grâce et démarche, qu'elles valoyent bien le regarder et désirer.

Nous fusmes curieux de demander quelles dames c'estoyent. Ilz nous respondirent que c'estoyent une bande de dames ainsi jurée, associée et ainsi parée pour le travail des fortifications, et pour fère de tels services à leur ville ; comme certes de vray elles en firent de bons, jusques-là que les plus viriles et robustes menoyent les armes : si que j'ay ouy conter d'une, pour avoir souvent repoussé ses ennemis d'une pique, elle la garde encor si soigneusement comme sacrée relique, qu'elle ne la donneroit, ny ne voudroit pour beaucoup d'argent la bailler, tant elle la tient chère chez soy.

Du temps du roi François Ier, la ville de Sainct-Riquier, en Picardie, fut entreprise et assaillie par un gentilhomme flamend, nommé Domrin, enseigne de M. du Ru, accompagné de cent hommes d'armes et de deux mille hommes de pied, et quelque artillerie. Dedans il n'y avoit seulement que cent hommes de pied, qui estoit fort peu. Et estoit prise, ne fut que les dames de la ville se présentèrent à la muraille avec armes, eau et huile bouillante et pierres, et repoussèrent bravement les ennemis, bien qu'ils fissent tous les efforts pour entrer. Encore deux desdites dames levèrent deux enseignes des mains des ennemis, et les tirèrent de la muraille dans la ville ; si bien que les assiégeans furent contraints d'abandonner la bresche qu'ils avoyent faite et les murailles, et se retirer et s'en aller : dont la renommée fut par toute la France, la Flandre et la Bourgogne. Au bout de quelque temps, le roi François passant par là, en voulut voir les femmes, les loua et les remercia.

Durant cette guerre de la Ligue, les dames de Vitré s'acquittèrent de mesme en leur ville assiégée par M. de Mercueur. Elles y sont très-belles et tousjours fort proprement habillées de tout temps ; et pour ce n'espargnoyent leur beautez à se monstrer viriles et courageuses ; comme certes tous actes virils et généreux, à un tel besoin, sont autant à estimer en les femmes qu'en les hommes.

Ainsi que de mesme furent jadis les gentiles femmes de Cartage, lesquelles, quand elles virent leurs marys, leurs frères, leurs pères, leurs parens et leurs soldats cesser de tirer à leurs ennemis, par faute de cordes à leurs arcs, qui estoyent toutes usées de force de tirer par une si grande longueur de siège, et par ce, ne pouvans plus chevir de chanvre, de lin, ny de soie, ny d'autres choses pour faire cordes, s'advisèrent de couper leurs belles tresses et blonds cheveux, et ne pardonner à ce bel honneur de leurs testes et parement de leurs beautez ; si bien qu'elles-mesmes, de leurs belles, blanches et délicates mains, en retorsèrent et en firent des cordes, et en fournirent à leurs gens de guerre : dont je vous laisse à penser de quels courages et de quels nerfs ils pouvoient tendre et bander leurs arcs, en tirer et en combattre, portans si belles faveurs des dames.

Nous lisons dans l'histoire de Naples que ce grand capitaine Sforze, sous la charge de la reine Jeanne seconde, ayant esté pris par le mary de la reine, Jacques, mis en estroitte prison et en quelques traits de corde sans doute il avoit la teste tranchée, sans que sa sœur Marguerite se mit en armes et aux champs. Et fit si bien, elle en personne, qu'elle prit quatre gentilshommes napolitains des principaux, et manda au roy que tel traittement il feroit à son frère, tel le feroit-elle à ses gens. Si bien qu'il fut contraint de faire accord et le lascher sain et sauve. Ah! brave et généreuse sœur, ne tenant guière en cela de son sexe!

Je sçay aucunes sœurs et parentes que, si elles eussent fait pareil trait, il y a quelque temps, possible eussent-elles sauvé un brave frère qu'elles avoyent, qui fut perdu pour faute de secours et d'assistance pareille.

Maintenant je veux laisser ces dames en général guerrières et généreuses : parlons d'aucunes particulières. Et pour la plus belle monstre de l'antiquité, je n'allégueray que cette seule Zénobie pour toutes, laquelle, après la mort de son mary, ne s'amusa, comme plusieurs, à perdre le temps à le plorer et regretter, mais à s'emparer de l'empire au nom de ses enfans, et faire la guerre aux Romains et à l'empereur Aurélian, qui en estoit lors empereur, en leur donnant de la peine beaucoup l'espace de huict ans, jusqu'à ce qu'estant descendue en champ de bataille contre luy, fut vaincue et prise prisonnière, et menée devant l'empereur; lequel, après lui avoir demandé comment elle avoit eu la hardiesse de faire la guerre aux empereurs, elle luy répondit seulement : « Vrayment! je cognois bien que vous estes empereur, puisque vous m'avez vaincue. » Il eut si grand aise de l'avoir vaincue, et en tira si grande ambition, qu'il en voulut triompher : et avec une très-grande pompe et magnificence elle marchoit devant son char triomphant, fort superbement habillée et accommodée d'une grande richesse de perles et pierreries, de grands joyaux et de chaisnes d'or, dont elle estoit enchaisnée au corps, aux pieds et aux mains, en signe de captive et d'esclave : si que, par la grande pesanteur de ses joyaux et chaisnes qu'elle portoit sur elle, fut contrainte de faire plusieurs pauses et se reposer souvent en ce triomphe. Grand cas, certes, et admirable, que, toute vaincue et prisonnière qu'elle estoit, encor donnoit-elle loy au vainqueur triomphateur, et le faisoit arrester et attendre jusques à ce qu'elle eust repris son halleine! Grande aussi et honneste courtoisie estoit-ce à l'empereur de luy permettre son aise et repos et endurer sa débilité, et ne la contraindre ny presser de se haster plus qu'elle ne pouvoit : de sorte que l'on ne sçait que plus louer, ou l'honnesteté de l'empereur, ou la façon de faire de la reine, qui, possible, pouvoit-elle jouer ce jeu exprès, non tant pour son imbécillité ou lassitude que pour quelque ostentation de gloire, et monstrer au monde qu'elle en vouloit recueillir ce petit brin sur le soir de sa belle fortune, comme elle avoit fait le matin, et que monsieur l'empereur luy cédoit ce coup là pour l'attendre en ses pas lents et graves marchers. Elle se faisoit fort arregarder et admirer, autant des hommes que des dames, desquelles aucunes eussent fort voulu ressembler cette belle image : car elle estoit des plus belles, selon que disent ceux qui en ont escrit. Elle estoit d'une fort belle, haute et riche taille, son port très-beau, sa grâce et sa majesté de mesmes ; par conséquent son visage très-beau et fort agréable, les yeux noirs et fort brillans. Entr'autres beautez, ils luy donnoyent les dents très-belles et fort blanches, l'esprit vif, fort modeste, sincère et clémente au besoin ; la parolle fort belle et prononcée d'une voix claire : aussi elle-mesme faisoit entendre toutes ses conceptions et volontez à ses gens de guerre, et les haranguoit souvent.

Je pense, certes, qu'il la faisoit bien aussi beau voir, ainsi vestue si superbement et gentiment en habit de femme, que quand elle estoit armée tout à blanc ; car tousjours le sexe l'emporte : aussi est-il à présumer que l'empereur ne la voulut exhiber en son triomphe qu'en son beau sexe féminin, qui la représenteroit mieux et la rendroit au peuple plus agréable en ses perfections de beauté. De plus, il est à présumer aussi, qu'estant si belle, l'empereur en avoit tasté, jouy et en jouissoit encor ; et que s'il l'avoit vaincue d'une façon, il ou elle (les deux se peuvent entendre) l'avoit vaincu aussi de l'autre.

Je m'estonne que, puisque cette Zénobie estoit si belle, l'empereur ne la prît et entretint pour l'une de ses garces, ou bien qu'elle n'ouvrist et dressast par sa permission, ou du sénat, boutique d'amour et de putanisme, comme fit Flora, afin de s'enrichir et accumuler force biens et bons moyens, au travail de son corps et branslement de son lict ; à laquelle boutique eussent pu venir les plus grands de Rome, à l'envy tous les uns des autres : car enfin il n'y a tel contentement et félicité au monde, s'il semble, que se ruer sur la royauté et principauté, et de jouir d'une belle reine, princesse et grande dame. Je m'en rapporte à ceux qui ont esté en ces voyages, et y ont fait si belles factions. Et par ainsi cette reine Zénobie se fust fait tost riche par la bourse de ces grands, ainsi que fit Flora, qui n'en recevoit point d'autres en sa boutique. N'eust-il pas mieux vallu pour elle de traitter cette vie en bombances, magnificences, chevances et honneurs, que de tomber en la nécessité et extrémité qu'elle tomba, à gaigner sa vie à filer parmi des femmes communes et mourir de faim, sans que le sénat, ayant pitié d'elle, veu sa grandeur passée, luy ordonna pour son vivre quelque pension, et quelques petites terres et possessions, que l'on appella longtemps les possessions zénobiennes : car enfin c'est un grand mal que la pauvreté ; et qui la peut éviter, en quelque forme qu'on se puisse trasmuer, fait bien, ce disoit quelqu'un que je sçay.

J'ay ouy dire que le feu roy Henry deuxiesme ne désiroit rien tant que de pouvoir prendre prisonnière la reine de Hongrie, non pour la traitter mal, encore qu'elle luy eust donné plusieurs sujets par ses bruslemens, mais pour avoir cette gloire de tenir cette grande reine prisonnière, et voir quelle mine et contenance elle tiendroit en prison, et si elle seroit si brave et si orgueilleuse qu'en ses armées : car enfin il n'y a rien si superbe et brave qu'une belle, brave et grande dame, quand elle veut et qu'elle a du courage, comme estoit celle-là, et qui se plaisoit fort au nom que luy avoyent donné les soldats espagnols, qui, comme ils appeloyent l'empereur son frère *el padre de los soldatos*[1] eux l'appeloyent *la madre*[2]; ainsi que Victoria ou Vittorina, jadis, du temps des Romains, fut appelée en ses armées *la mère du camp*. Certes, si une dame grande et belle entreprend une charge de guerre, elle y sert de beaucoup, et anime fort ses gens, comme j'ay veu la reine mère qui bien souvent venoit en nos armées, et les asseuroit tout plain et encourageoit fort, et comme fait aujourd'huy sa petite fille, l'infante, en Flandres, qui préside en son armée, et se fait paroistre à ses gens de guerre toute valeureuse, si que sans elle et sa belle et agréable présence, la Flandre n'auroit moyen de tenir, ce disent tous; et jamais la reine de Hongrie, sa grande-tante, ne parut telle en beauté, valeur et générosité et belle grâce.

Dans nos histoires de France, nous lisons combien servit la présence de cette généreuse comtesse de Montfort, estant assiégée dans Annebon; car, encor que ses gens de guerre fussent braves et vaillants, et qu'ils eussent combattu et soustenu des assauts et fait aussi bien que gens du monde, ilz commencèrent à perdre cœur et vouloir se rendre; mais elle les harangua si bien, et anima de si belles et courageuses paroles, et les anima si beau et si bien qu'ils attendirent le secours, qui leur vint à propos, tant désiré; et le siège fut levé. Et fit bien mieux; car, ainsi que ses ennemys estoyent amusez à l'assaut, et que tous y estoyent, et vid les tentes qui en estoyent toutes vuides, elle, montée sur un bon cheval et avec cinquante bons chevaux, fit une saillie, donne l'allarme, met le feu dans le camp; si bien que Charles de Blois, cuidant estre trahy, fit aussitost cesser l'assaut. Sur ce sujet je feray ce petit conte :

Richilde, fille unique et héritière de Monts en Hainault, femme de Baudouin sixiesme, comte de Flandres, fit tous efforts contre Robert le Frizon, son beau-frère, institué tuteur des enfans de Flandres, pour luy en oster la connoissance et administration et se l'attribuer : quoy poursuivant à l'ayde de Philippes,

[1] Le père des soldats.
[2] La mère.

Pour traiter l'amour avec un seigneur de Mortemer.

roy de France, luy hazarda deux batailles. En la première elle fut prise, ce que fut aussi Robert son ennemy, et amprès furent rendus par eschange : luy en livra la seconde, laquelle elle perdit, et y perdit son fils Arnulphe, et [fut] chassée jusques à Monts.

Ysabel de France, fille du roy Philippes le Bel, et femme du roy Édouard II°, duc de Guyenne, fut en malle grâce du roy son mary, par de meschants rapports de Huc le Despencier, dont fut contrainte de se retirer en France avec son fils Édouard; puis s'en retourna en Angleterre avec le chevalier de Hainaut, son parent, et une armée qu'elle y mena, au moyen de laquelle elle prit son mary prisonnier, lequel elle délivra entre les mains de ceux avec lesquels il lui convint finir ses jours ; ainsi qu'à elle-mesme il luy en prit, qui, pour traitter l'amour avec un seigneur de Mortemer, fut par son fils confinée en un chasteau à finir ses jours. C'est elle qui a baillé aux Anglois sujet de quereller à tort la France. Mais voilà une mauvaise reconnoissance pourtant, et grande ingratitude de fils, qui, oubliant un grand bienfait, traita ainsi sa mère pour un si petit forfait. Petit l'appelléje, puisqu'il est naturel, et que mal aisément, ayant pratiqué les gens de guerre, et qu'elle s'estoit tant accoustumée à garçonner avec eux parmy les armées et tentes et pavillons, falloit bien qu'elle garçonnast aussi entre les courtines, comme cela se voit souvent. Je m'en rapporte à nostre reine Léonor, duchesse de Guyenne, qui accompagna le roy son mary outre mer et en la guerre sainte. Pour pratiquer si souvent la gendarmerie et soudardaille, elle se laissa fort aller à son honneur, Jusqu'à là qu'elle eût à faire avec les Sarrazins; dont pour ce le roy la répudia, ce qui nous cousta bien. Pensez qu'elle voulut esprouver si ces bons compagnons estoyent aussi braves champions à couvert comme en pleine campagne, et que, possible, son humeur estoit d'aymer les gens vaillants, et qu'une vaillance attire l'autre, ainsi que la vertu; car jamais celuy ne dit mal qui dist que la vertu ressembloit le foudre qui perce tout.

Ceste royne Léonor ne fut pas la seule qui accompagna en cette guerre sainte le roy son mary. Mais avant elle, et avec elle et après, plusieurs autres princesses et grandes dames avec leurs marys se croisèrent, mais non leurs jambes qu'elles ouvrirent et eslargirent à bon escient, si qu'aucunes y demeurèrent, et les autres en retournèrent de très-bonnes vesses. Et sous la couverture de visiter le saint-sépulchre, parmy tant d'armes, faisoyent à bon escient l'amour; aussi, comme j'ay dit, les armes et l'amour conviènent bien ensemble, tant la simpathie en est bonne et bien conjointe.

Encores telles dames sont-elles à estimer, d'aymer et traitter ainsi les hommes, non comme firent jadis les Amazones, lesquelles, encore qu'elles se disent filles de Mars, se deffirent de leurs maris disans que ce mariage estoit une vraie servitude : mais prou d'ambition avoyent-elles avec d'autres hommes pour en avoir des filles, et faire mourir les enfants [masles].

Jo. Nauclerus, en sa *Cosmographie*, récite que, l'an de Christ 1123, après la mort de Tibussa, reine des Bohèmes, et qui fit renfermer la ville de Prague de murailles, et qui abhorroit fort la domination des hommes, il y eut une de ses damoiselles de grand courage, nommée Valasca, qui gaigna si bien et filles et dames du pays, et leur proposa si bien et beau la liberté, et les dégousta si fort de la servitude des hommes, qu'elles tuèrent chacune, qui son mary, qui son frère, qui son parent, qui son voisin, qu'en moins d'un rien elles furent maistresses; et ayant pris les armes de leurs hommes, s'en aydèrent si bien et se rendirent si braves et si adextres, à mode d'Amazonnes, qu'elles eurent plusieurs victoires. Mais après, par les menées et finesses d'un Primislaus, mary de Libussa, homme qu'elle avait pris de basse et vile condition, furent défaites et mises à mort. Ce fut par permission divine de l'acte énorme perpétré pour faire ainsi perdre le genre humain.

Ces dames pouvoyent bien monstrer leur beaux courages pour d'autres belles factions, courageuses et viriles que par telles cruautez, ainsi que nous avons veu tant d'emperières, de reines, de princesses et grandes dames, par actes nobles, et aux gouvernements et maniements de leurs estats, et autres sujets, dont les histoires en sont assez pleines sans que je les raconte; car l'ambition de dominer, régner et impérier loge dans leurs âmes aussi bien que des hommes et en sont aussi friandes.

Si en vays-je nommer une qui n'en fut tant atteinte, qui est Victoria Colonna, femme du marquis de Pescayre, de laquelle j'ay leu dans un livre espagnol que, lorsque ledit marquis entendit aux belles offres que luy fit Hieronimo Mouron de la part du pape (comme j'ay dit cy-devant) du royaume de Naples, s'il vouloit entrer en ligue avec luy, elle, en estant avertie par son mary mesme, qui ne luy celoit rien de ses plus privez affaires, ny grands ny petits, luy escrivit (car elle discit des mieux), et luy manda qu'il se souvînt de son ancienne valeur et vertu, qui luy avoit donné telle louange et réputation qu'elle excédoit la gloire et la fortune des plus grands roi de la terre, disant que : *non con grandeza de los reynos, de Estados ny de hermosos tutilos, sino con fé illustre y clara virtud, se alcançava la honra, la qual con loor siempre vivo, legava à los descendientes; y que no havia ningun grado tan alto que no fuese vencido de una trahicion y mala fé. Que por esto, ningun deseo tenia de ser muger de rey, queriendo antes ser muger de tal capitan, que no solamente en guerra con valorosa mano, mas en paz con gran honra de animo no vencido, havia sabido vencer reyes, y grandisimos principes, y capitanes, y darlos a triunfos, y imperiarlos;* disant que : « non avec la grandeur des royaumes, des grands Estats ni hauts et beaux « tiltres, sinon avec une foy illustre et claire vertu, l'honneur s'acquéroit, « laquelle avec une louange tousjours vive alloit à nos descendans; et qu'il « n'y avoit nul grade si haut qui ne fust vaincu ny gasté par une trahison « commise et foy rompue; et que pour l'amour de cela elle n'avoit nul désir « d'estre femme de roy, mais d'un tel capitaine, lequel, non seulement en « guerre avec sa main valleureuse, mais en paix avec grand honneur d'un « esprit non vaincu, avoit sceu vaincre les rois, les grands princes et capi- « taines, et les donner aux triumphes et les impérier. » Cette femme parloit d'un grand courage, d'une grande vertu, et de vérité et tout : car de régner par un vice est fort vilain, et de commander aux royaumes et aux rois par la vertu est très-beau.

Fulvia, femme de P. Claudius, et en secondes nopces de Marc-Antoine, ne s'amusant guières à faire les affaires de sa maison, se mit aux choses grandes, à traitter les affaires d'Estat, jusques-là qu'on luy donna la réputation de commander aux empereurs. Aussi Cléôpâtra l'en sceut très-bien remercier, et luy avoir cette obligation que d'avoir si bien instruit et discipliné Marc-Antoine, à obéyr et ployer sous les lois de submission.

Nous lisons de ce grand prince françois Charles Martel, qui onc ne voulut prendre et porter le tiltre de roy, qui estoit en sa puissance, mais aima mieux régenter les rois et leur commander.

Parlons d'aucunes de nos dames. Nous avons eu, en nostre guerre de la Ligue, madame de Montpensier, sœur de feu M. de Guise, qui a esté une grande femme d'Estat, et qui a porté sa bonne part de matière, d'inventions de son gentil esprit, et du travail de son corps, à bastir ladite ligue; si qu'après avoir esté bien bastie, jouant aux cartes un jour et à la prime (car elle ayme fort ce jeu), ainsi qu'on luy disoit qu'elle meslast bien les cartes, elle respondit devant beaucoup de gens : « Je les ay si bien meslées qu'elles ne sçauroient ny mieux mesler ny démesler. » Cela fust esté bon si les siens ne fussent esté morts ; desquels, sans perdre cœur d'une telle perte, en entreprit la vengeance. Et en ayant sceu les nouvelles dans Paris, sans se tenir recluse en sa chambre à en faire les regrets, à mode d'autres femmes, sort de son hostel avec les enfants de M. son frère, les tenant par les mains, les pourmeine par la ville, fait sa déploration devant le peuple, l'animant de pleurs, de cris de pitié et de paroles qu'elle fit à tous de prendre les armes et s'eslever en furie, et faire les insolences sur la maison et tableau du roy comme l'on a veu et que j'espère de dire en sa vie, et à luy dénier toute fidélité, ains au contraire de luy jurer toute rebellion, dont puis après son meurtre s'en ensuivit ; duquel est à sçavoir qui sont ceux et celles qui en ont donné les conseils et en sont coulpables. Certainement le cœur d'une sœur perdant tels frères ne pouvoit pas digérer tel venin sans venger ce meurtre.

J'ay ouy conter qu'après qu'elle eut ainsi bien mis le peuple de Paris en grande besogne de telles animositez et insolences, elle partit vers le prince de Parme à luy demander secours de vengeance. Et y va à si grandes et longues traittes qu'il fallut un jour à ses chevaux de coche demeurer si las et recreus au beau mitan de la Picardie dans les fanges, qu'ils ne pouvoyent aller ny en avant ny en arrière, ny mettre un pied l'un devant l'autre. Par cas passa un fort honneste gentilhomme de ce païs, qui estoit de la religion, qui, encor qu'elle fust desguisée et de nom et d'habit, il la conneut, et, ostant de devant les yeux les menées qu'elle avoit fait contre ceux de la religion, et l'animosité qu'elle leur portoit, luy tout plain de courtoisie, luy dit : « Madame, je vous connois
« bien, je vous suis serviteur : je vous voy en mauvais estat, vous viendrez,

« s'il vous plaist, en ma maison que voilà près, pour vous seicher et vous
« reposer. Je vous accommoderay de tout ce que je pourray au mieux qu'il
« me sera possible. Ne craignez point ; car, encore que je sois de la religion,
« que vous nous haïssez fort, je ne voudrois me départir d'avec vous sans
« vous offrir une courtoisie qui vous est très-nécessaire. » A telle offre elle se
laissa aller, et l'accepta fort librement; et, après l'avoir accommodée de ce
qui luy estoit nécessaire, reprend son chemin et la conduit deux lieues, elle
pourtant luy celant son voyage ; dont depuis de cette courtoisie, à ce que j'ay
ouy dire, en cette guerre s'en acquitta à l'endroit dudit gentilhomme par
force autres courtoisies.

Plusieurs se sont estonnez comment elle se fia à luy, estant huguenot. Mais
quoy ! la nécessité fait faire beaucoup de choses ; et aussi qu'elle le vid si
honneste, et parler si honnestement et franchement qu'elle jugea qu'il estoit
enclin à faire un trait honneste.

Madame de Nemours, sa mère, ayant esté prisonnière après la mort de
messieurs ses enfans, ne faut point douter si elle demeura désolée par une
telle perte insupportable, jusques à là que de son naturel elle est dame de
fort douce humeur et froide, et qui ne s'esmeut que bien à propos, elle vint à
débagouller mille injures contre le roy, et luy jetter autant de malédictions et
d'exécrations (car, et qui n'est la chose, et la parolle qu'on ne fît et ne dit
pour une telle véhémence de perte et de douleur!), jusques à ne nommer le
roy autrement et tousjours que *ce tyran*. Puis après estant à soy revenue,
elle dit : « Las ! que dis-je, tyran ? Non ! non ! je ne le veux plus appeler tel,
« mais roy très-bon et clément, s'il me donne la mort comme à mes enfans,
« pour m'oster de la misère où je suis, et me colloque en la béatitude de
Dieu. » Puis après, appaisant ses paroles et cris et y faisant quelque sur-
céance, elle ne disoit sinon : « Ah ! mes enfans ! ah ! mes enfans ! » réitérant
ordinairement ces paroles avec ses belles larmes, qui eussent amoly un cœur
de rocher. Hélas ! elle les pouvoit ainsi plorer et regretter, estant si bons, si
généreux, si vertueux, et valleureux, mais surtout ce grand duc de Guise,
vray aisné et vray parangon de toute valeur et générosité. Aussi qu'elle
aimoit si naturellement ses enfans qu'un jour, moy discourant avec une
grand'dame de la cour de madite dame de Nemours, elle me dit que c'estoit
la plus heureuse princesse du monde, pour plusieurs raisons qu'elle m'alléguoit, fors en une chose, qui estoit qu'elle aymoit messieurs ses enfans par
trop : car elle les aymoit si très-tant, que l'appréhension ordinaire qu'elle
avoit d'eux et qu'il ne leur arrivast mal troubloit toute sa félicité, vivant
ordinairement pour eux en inquiétude et allarme. Je vous laisse donc à penser combien elle sentit de maux, d'amertumes, et de picqueures par la mort

de ces deux, et par l'appréhension de l'autre, qui estoit vers Lion, et de M. de Nemours prisonnier : car de sa prison, disoit-elle, ne s'en soucioit point, ny de sa mort non plus, ainsi que je viens de dire.

Lorsqu'on la sortit du chasteau de Blois pour la mener en celuy d'Amboise en plus estroite prison, ainsi qu'elle eut passé la porte elle tourna et haussa la teste en haut vers le portrait du roy Louis XIIe son grand-père, qui est là engravé en pierre au-dessus sur un cheval avec une fort belle grâce et guerrière façon. Elle, s'arrestant là un peu et le contemplant, dit tout haut devant force monde là accouru, d'une belle et asseurée contenance dont jamais n'en fut despourveue : « Si celuy qui est là représenté estoit en vie, il ne permet- « troit pas qu'on emmenast sa petite-fille ainsi prisonnière, et qu'on la trait- « tast de cette sorte. » Et puis suivit son chemin sans plus rien dire. Pensez que dans son âme elle imploroit et invoquoit les mânes de ce généreux ayeul, pour estre justes vengeurs de sa prison : ny plus ny moins que firent jadis des conjurateurs de la mort de César, lesquels, ainsi qu'ils alloyent faire leur coup, se tournèrent vers l'estatue de Pompée, et sourdement invoquèrent et implorèrent l'ombre de sa main, jadis si valleureuse, pour conduire leur entreprise à faire le coup qu'ils firent. Possible que l'invocation de cette princesse peut servir et avancer la mort du roy, qui l'avoit ainsi outragée. Une dame de grand cœur qui couve une vindicte est fort à craindre.

Je me souviens que, quand feu M. son mary, M. de Guise, eut son coup dont il mourut, elle estoit pour lors au camp, qui estoit venue là pour le voir quelques jours avant. Ainsi qu'il entra en son logis blessé, elle vint à l'endevant de luy jusqu'à la porte de son logis toute esperdue et esplorée, et l'ayant salué s'escria soudain : « Est-il possible que le malheureux qui a fait le coup « et celui qui l'a fait faire (se doutant de M. l'admiral) en demeurent impunis! « Dieu! es juste, comme tu le dois estre, vange cecy : autrement... » et n'achevant le mot, M. son mary la reprit, et luy dit : « Ma mie, n'offencez « point Dieu en vos paroles. Si c'est luy qui m'a envoyé cecy pour mes fautes, « sa volonté soit faite, et louange luy en soit donnée. S'il vient d'ailleurs, « puisque les vengeances luy sont réservées, il fera bien celle-cy sans vous. » Mais luy mort, elle la poursuivit si bien que leur meurtrier fut tiré à quatre chevaux, et l'auteur prétendu d'elle fut massacré au bout de quelques années, comme j'espère dire en son lieu, par les instructions qu'elle donna à M. son fils, comme je l'ay veu, et les conseils et persuasions dont elle le nourrit dès sa tendre jeunesse, jusques après que la vengeance en fût faite totale.

Je me souviens que le roy Charles IXe faisant le tour de son royaume, estant à Bourdeaux, fut mis en prison le baron de Bournazel, un fort brave et honneste gentilhomme de Gascogne, pour avoir tué un autre gentilhomme de son pays mesme, qui s'appeloit La Tour : on disoit que c'estoit par grande supercherie. La veufve en poursuivit si vivement la punition, qu'on se donna la garde que les nouvelles vindrent en la chambre du roy et de la reine, qu'on alloit trancher la teste audict baron. Les gentilshommes et dames soudain s'esmeurent et travailla-on fort pour luy sauver la vie. On en pria par deux fois le roy et la reyne de luy donner grâce. M. le chancellier s'y opposa fort, disant qu'il falloit que justice s'en fît. Le roy le vouloit fort, qui estoit jeune et ne demandoit pas mieux que le sauver, car il estoit des gallants de la cour et M. de Cipierre l'y poussoit aussi fort. Cependant l'heure de l'exécution approchoit, ce qui estonnoit tout le monde. Sur quoy M. de Nemours survint (qui aimoyt le pauvre baron, lequel l'avoit suivy en de bons lieux aux guerres qui s'alla jetter de genoux aux pieds de la reine, et la supplia de donner la vie à ce pauvre gentilhomme, et la pria et pressa tant de parolles qu'elle luy fut octroyée; dont sur-le-champ fut envoyé un capitaine des gardes qui l'alla quérir et prendre en la prison, ainsi qu'il sortoit pour le mener au supplice. Par ainsi il fut sauvé, mais avec une telle peur, qu'à jamais elle demeura empreinte sur son visage; et oncques puis ne peut recouvrer couleur, comme j'ay veu et comme j'ay ouy dire de M. de Sainct-Vallier, qui l'eschappa belle à cause de M. de Bourbon.

Cependant la veufve ne chauma pas, et l'endemain vint trouver le roy, ainsi qu'il alloit à la messe, et se jetta à ses pieds. Elle luy présenta son fils, qui pouvoit avoir trois ou quatre ans, et luy dit : « Au moins, Sire, puisque vous « avez donné la grâce au meurtrier du père de cet enfant, je vous supplie de « la luy donner aussi dez cette heure, pour quand il sera grand, il aura eu sa « revanche et tué ce malheureux. » Du depuis, à ce que j'ay ouy dire, la mère tous les matins venoit esveiller son enfant; et, en luy monstrant la chemise sanglante qu'avoit son père lorsqu'il fut tué, elle luy disoit par trois fois : « Advise-la bien, et souviens-toi bien, quand tu seras grand, de venger ceci : « autrement je te deshérite. » Quelle animosité !

Moy, estant en Espagne, j'ouïs conter qu'Antonio Roques, l'un des plus braves, vaillants, fins, cauts, habiles, fameux, et des plus courtois bandouilliers avec cela qui fût jamais en Espagne (ce tient-on), ayant eu envie de se faire prestre dez sa première profession, le jour venu qu'il lui falloit chanter sa première messe, ainsi qu'il sortoit du revestiaire et qu'il s'en alloit avec grande cérémonie au grand autel de sa paroisse, bien revestu et accommodé à faire son office, le calice à la main il ouït sa mère qui luy dit ainsi qu'il passoit : « *Ah! vellaco, villacomejor, seria de vengar la muerte de tu padre, que de* « *cantar misa :* « Ah ! malheureux et meschant que tu es ! il vaudrait mieux de « vanger la mort de ton père que de chanter messe. » Cette voix luy toucha si bien au cœur, qu'il retourne froidement du my-chemin, et s'en va au revestitoire : là se dévestit faisant à croire que le cœur lui avoit fait mal et que ce seroit pour une autre fois : et s'en va aux montaignes parmy les bandoulliers, s'y fait si fort estimer et renommer qu'il en fut esleu chef ; fait force maux et volleries, vange la mort de son père, qu'on disoit avoir esté tué d'un autre ; d'autres qu'il avoit esté exécuté par justice. Ce conte me fit un bandouillier mesme, qui avoit esté sous sa charge autresfois, et me le loua jusques au tiers ciel, si que l'empereur Charles ne luy put jamais faire mal.

Il fut dit et commandé à madame la duchesse de Valentinois, sur l'approchement de la mort du roy Henry et le peu d'espoir de sa santé, de se retirer en son hostel de Paris et n'entrer plus en sa chambre, autant pour ne le perturber en ses cogitations à Dieu, que pour inimitié qu'aucuns luy portoyent. Estant donques retirée, on lui envoya demander quelques bagues et joyaux qui appartenoyent à la couronne, et les eust à rendre. Elle demanda soudain à M. l'harangueur : « Comment ! le roy est-il mort ? — Non, madame, respondit « l'autre, mais il ne peut guères tarder. — Tant qu'il lui restera un doigt de « vie donc, dit-elle, je veux que mes ennemis sçachent que je ne les crains « point, et que je ne leur obéiray tant qu'il sera vivant. Je suis encor invin- « cible de courage. Mais lorsqu'il sera mort, je ne veux plus vivre après luy ; « et toutes les amertumes qu'on me sçauroit donner ne me seront que dou- « ceurs au prix de ma perte. Et par ainsi, mon roy vif ou mort, je ne crains « point mes ennemis. »

Cette dame monstra là une grande générosité de cœur. Mais elle ne mourut pas, ce dira quelqu'un, comme elle avoit dit. Elle ne laissa pourtant à sentir plusieurs approches de la mort ; et aussi que, plutost que mourir, elle fit mieux de vouloir vivre, pour monstrer à ses ennemis qu'elle ne les craignoit point, et que, les ayant veus d'autresfois bransler et s'humilier sous elle, n'en vouloit faire de mesme en leur endroit, et leur monstrer si bien teste et visage qu'ils n'osèrent jamais lui faire desplaisirs. Mais bien mieux : dans deux ans il la recherchèrent plus que jamais, et rentrèrent en amitié, comme je vis : ainsi qu'est la coustume des grands et grandes, qui ont peu de tenue en leurs amitiez, et s'accordent aisément en leurs différents, comme larrons en foire, et s'ayment et se haïssent de mesme : ce que nous autres petits ne faisons pas ; car, il se faut battre, venger et mourir, ou en sortir avec des accords bien pointillez, bien tamisez et bien sollennisez ; et si nous en trouvons mieux.

Or, comme j'ai déduit la générosité d'aucunes dames en aucuns beaux faits de leurs vies, j'en veux descrire aucunes qu'elles ont monstré en leur mort. Et, sans emprunter aucun exemple de l'antiquité, je ne veux alléguer que cettui-cy de feue madame la régente, mère du grand roi François. Ce fut

en son temps, ainsi que j'ay ouy dire à aucuns et aucunes qui l'ont veue et cogneue, une très-belle dame, et fort mondaine aussi, et fut cela, mesme en son aage décroissant. Et, pour ce, quand on luy parloit de la mort, en haïssoit fort le discours, jusques aux prescheurs qui en parloient en leurs sermons : « Comme, ce disoit-elle, si on ne sceust pas assez qu'on devoit tous mourir « un jour; et que tels prescheurs, quand ilz ne sçavoient dire autre chose en « leurs sermons, et qu'ils estoyent au bout de leurs leçons, comme gens « ignares, se mesloyent sur cette mort. » La feue reine de Navarre, sa fille, n'aymoit non plus ces chansons et prédications mortuaires que sa mère.

Estant donc venue la fin destinée, et gisant dans son lict, trois jours avant que de mourir, elle vid la nuict sa chambre toute en clarté, qui estoit transpercée par la vitre. Elle se courrouça à ses femmes de chambre qui la veilloyent pourquoy elles faisoyent un feu si ardent et esclairant. Elles luy respondirent : qu'il n'y avoit qu'un peu de feu, et que c'estoit la lune qui ainsi esclairoit et donnoit telle lueur. « Comment! dit-elle, nous en sommes au bas; elle n'a garde d'esclairer à cette heure. » Et soudain, faisant ouvrir son rideau, elle vid une comette qui esclairoit ainsi droit à son lict. « Ha! dit-elle, voilà un « signe qui ne paroist pas pour personnes de basse qualité. Dieu le fait « paroistre pour nous autres grands et grandes. Refermez la fenestre : c'est « une comette qui m'annonce la mort; il se faut donc préparer. » Et le lendemain au matin, ayant envoyé quérir son confesseur, fit tout le devoir de bonne chrestienne, encore que les médecins l'assurassent qu'elle n'estoit pas là. « Si « je n'avois veu, dit-elle, le signe de ma mort, je le croirois, car je ne me sens « point si bas; » et leur conta à tous l'apparition de sa comette. Et puis, au bout de trois jours, quittant les songes du monde, trespassa.

Je ne sçaurois croire autrement que les grandes dames, et celles qui sont belles, jeunes et honnestes, n'ayent plus de grands regretz de laisser le monde que les autres; et toutesfois, j'en voys nommer aucunes qui ne s'en sont point souciées, et volontairement ont receu la mort, bien que sur le coup l'annonciation leur soit fort amère et odieuse.

La feue comtesse de la Rochefoucault, de la maison de Roye, à mon gré et à d'autres une des belles et agréables femmes de France, ainsi que son ministre (car elle estoit de la religion comme chacun sait) luy annonça qu'il ne falloit plus songer au monde, et que son heure estoit venue, et qu'il s'en falloit aller à Dieu qui l'appelloit, et qu'il falloit quitter les mondanitez, qui n'estoyent rien au prix de la béatitude du ciel, elle luy dit : « Cela est bon, « monsieur le ministre, à dire à celles qui n'ont grand contentement et plaisir « en celluy-ci, et qui sont sur le bord de la fosse; mais à moy, qui ne suis que « sur la verdeur de mon aage et de mon plaisir en celluy-ci, et de ma beauté, « vostre sentence est fort amère. Et d'autant que j'ay plus de sujet de m'aymer « en ce monde qu'en tout autre, et regretter à mourir, je vous veux monstrer « en cela ma générosité, et vous asseurer que je prends la mort à gré, comme « la plus vile, abjette, basse, laide et vieille qui fust au monde. » Et puis, s'estant mis à chanter des pseaumes de grand'dévotion, elle mourut.

Madame d'Espernon, de la maison de Candale, fut assaillie d'une maladie si soudaine qu'en moins de six ou sept jours elle fut emportée. Avant que mourir, elle tenta tous les moyens qu'elle put pour se guérir, implorant le secours des hommes et de Dieu par ses prières très-dévotes, et de tous ses amis, serviteurs et servantes, luy faschant fort qu'elle vint à mourir en si jeune aage; mais, après qu'on luy eust remonstré qu'il falloit à bon escient s'en aller à Dieu, et qu'il n'y avoit plus aucun remède : « Est-il vray? dit-elle; laissez-moy faire; je vay donc bravement me résoudre. » Et usa de ces mesmes et propres mots. Et, en haussant ses beaux bras blancs, et en touchant les deux mains l'une dans l'autre, et puis, d'un visage franc et d'un cœur asseuré, se présenta à prendre la mort en patience, et de quitter le monde, qu'elle commença fort à abhorrer par des parolles très-chrestiennes; et puis mourut en très-dévote et bonne chrétienne, en l'aage de vingt-six ans, et l'une des belles et agréables dames de son temps.

On dit qu'il n'est pas beau de louer les siens, mais aussi une belle vérité ne se doit pas céler; et c'est pourquoy je veux ici louer madame d'Aubeterre, ma niepce, fille de mon frère aisné, laquelle, ceux l'ont veue à la cour ou ailleurs, diront bien avec moy avoir esté l'une des belles et accomplies dames qu'on eust sceu voir, autant pour le corps que pour l'âme. Le corps se monstroit fort à plain et extérieurement ce qu'il estoit, par son beau et agréable visage, sa taille, sa façon et sa grâce : pour l'esprit, il estoit fort divin, et n'ignoroit rien ; sa parole fort propre, naïve, sans fard, et qui couloit de sa bouche fort agréablement, fût pour la chose sérieuse, fût pour la rencontre joyeuse. Je n'ay jamais veu femme, selon mon opinion, plus ressemblante nostre reine de France Marguerite, et d'air et de ses perfections, qu'elle ; aussi l'ouïs-je dire une fois à la reine mère. C'est un mot assez suffisant pour ne la louer davantage; aussi je n'en diray pas plus : ceux qui l'ont veue ne me donneront, je m'asseure, nul démenty sur cette louange. Elle vint à estre tout à coup assaillie d'une maladie qui ne se put point bien cognoistre des médecins, qui y perdirent leur latin; mais pourtant elle avoit opinion d'estre empoisonnée ; je ne diray point de quel endroit; mais Dieu vangera tout, et, possible, les hommes. Elle fit tout ce qu'elle put pour se faire secourir, non qu'elle se souciast, disoit-elle de mourir : car dez la perte de son mary, elle en avoit perdu toute crainte, encore qu'il ne fust certes nullement égal à elle, ny ne la méristast, ny les belles larmes non plus qu'elle jettoit de ses beaux yeux après sa mort; mais eust-elle fort désiré de vivre encor un peu pour l'amour de sa fille, qu'elle laissoit tendrette ; tant cette occasion estoit belle et bonne, et les regrets d'un mary sot et fascheux sont fort vains et légers.

Elle, voyant donc qu'il n'y avoit plus de remède, et sentant son poulx, qu'elle-mesme tastoit et cognoissoit fringant (car elle s'entendoit à tout,) deux jours avant qu'elle mourust, envoya quérir sa fille, et luy fit une exhortation très-belle et saincte, et telle que, possible, ne sçay-je mère qui la pust faire plus belle ny mieux représentée, autant pour l'instruire à bien vivre au monde que pour acquérir la grâce de Dieu; et puis luy donna sa bénédiction, luy commandant de ne troubler plus par ses larmes son aise et repos qu'elle alloit prendre avec Dieu. Puis elle demanda son miroir, et s'i arregardant très-fixement : « Ah ! dit-elle, traistre visage à ma maladie, pour laquelle tu n'as changé » (car elle le monstroit aussi beau que jamais) ; « mais bientost la mort « qui s'approche en aura la raison, qui te rendra pourry et mangé de vers. » Elle avoit aussi mis la pluspart de ses bagues en ses doigts; et les regardant, et sa main et tout, qui estoit très-belle : « Voilà, dit-elle, une mondanité que j'ay « bien aymée d'autresfois; mais à cette heure, de bon cœur je la laisse, pour « me parer en l'autre monde d'une autre plus belle parure. » En voyant ses sœurs qui pleuroyent à toute outrance auprès d'elle, elle les consola et pria de vouloir prendre en gré avec elle ce qu'il plaisoit à Dieu luy envoyer ; et que, s'estans tousjours si fort aimées, elles n'eussent regret à ce qui luy apportoit de la joie et contentement ; et que l'amitié qu'elle leur avoit tousjours portée dureroit éternellement avec elles, les priant d'en faire le semblable, et mesme à l'endroit de sa fille : et les voyant renfoncer leurs pleurs, elle leur dit encore : « Mes sœurs, si vous m'aymez, pourquoy ne vous réjouissez-vous « avec moi de l'eschange que je fais d'une vie misérable avec une très-« heureuse? Mon âme, lassée de tant de travaux, désire en être déliée, et « estre en lieu de repos avec Jésus-Christ mon sauveur ; et vous souhaittez « encor attachée à ce chétif corps, qui n'est que sa prison et non son domicile. « Je vous supplie donc, mes sœurs, ne vous affliger davantage. »

Tant d'autres pareils propos beaux et chrestiens dit-elle, qu'il n'y a si grand docteur qui en eust pu proférer de plus beaux, lesquels je coule. Surtout elle demandoit à voir madame de Bourdeille sa mère, qu'elle avoit prié ses sœurs d'envoyer quérir, et souvent leur disoit : « Mon Dieu ! mes sœurs, madame « de Bourdeille ne vient-elle point? Ha ! que vos courriers sont longs ! Ils ne « sont pas guières bons pour faire diligences grandes et postes. » Elle y alla, mais ne la put voir en vie, car elle estoit morte une heure devant.

Elle me demanda fort aussi, qu'elle appeloit tousjours son cher oncle ; et nous envoya le dernier adieu. Elle pria de faire ouvrir son corps après sa mort, ce qu'elle avoit tousjours fort détesté, afin, dit-elle à ses sœurs, que la cause de sa mort estant plus à plain descouverte, cela leur fust une occasion, et à sa fille, de conserver et prendre garde à leurs vies ; « car, dit-elle, il « faut que j'advoue que je soupçonne d'avoir esté empoisonnée depuis cinq « ans avec mon oncle de Branthome et ma sœur la comtesse de Durtal ; mais « je pris le plus gros morceau : non toutesfois que je vueille charger personne, « craignant que ce soit à faux et que mon âme en demeure chargée, laquelle « je désire estre vuide de tout blasme, rancune, inimitié et péché, pour voler « droit à Dieu son créateur. »

Je n'aurois jamais fait si je disois tout ; car ses devis furent grands et longs, et point se ressentant d'un corps fany, esprit foible et décadant. Sur ce, il y eut un gentilhomme son voisin, qui disoit bien le mot, et avoit aymé à causer et bouffonner avec luy, qui se présenta, elle luy dit : Ha ! mon amy ! « il se faut rendre à ce coup, et langue et dague, et tout. Adieu ! »

Son médecin et ses sœurs luy vouloyent faire prendre quelque remède cordial : elle les pria de ne luy en donner point, « car ils ne serviroyent rien « plus, dit-elle qu'à prolonger ma peine et retarder mon repos ». Et pria qu'on la laissât : et souvent l'oyoit-on dire : « Mon Dieu, que la mort est « douce ! et qui l'eust jamais pensé? » Et puis, peu à peu, rendant ses esprits fort doucement, ferma les yeux, sans faire aucuns signes hydeux et affreux, que la mort produit sur ce poinct à plusieurs.

Madame de Bourdeille, sa mère, ne tarda guières à la suivre; car la mélancholie qu'elle conceut de cette honneste fille l'emporta dans dix-huict mois, ayant esté malade sept mois, ores bien en espoir de guérir et ores en désespoir; et dez le commancement elle dit qu'elle n'en reschapperoit jamais, n'appréhendant nullement la mort, ne priant jamais Dieu de luy donner vie ny santé, mais patience en son mal, et surtout qu'il luy envoyast une mort douce et point aspre et langoureuse; ce qui fut : car, ainsi que nous ne la pensions qu'esvanouie, elle rendit l'âme si doucement qu'on ne luy vit jamais remuer ny pied, ny bras, ny jambe, ny faire aucun regard affreux ny hydeux; mais, contournant ses yeux aussi beaux que jamais, trespassa, et resta morte aussi belle qu'elle avoit esté vivante en sa perfection.

Cette-cy, et non plus :

Vous avez eu ces jours passez madame de Balagny, vraye sœur en tout de ce brave Bussi. Quand Cambray fut assiégée, elle y fit tout ce quelle put, d'un cœur brave et généreux, pour en défendre la prise : mais après s'estre en vain esvertuée par toutes sortes de défenses qu'elle y put apporter, voyant que c'estoit fait, et que la ville estoit en la puissance de l'ennemy, et la citadelle s'en alloit de mesme, ne pouvant supporter ce grand crève-cœur de déloger de sa principauté (car son mary et elle se faisoyent appeler prince et princesse de Cambray et Cambrésis : tiltre qu'on trouvoit parmy plusieurs nations odieux et trop audacieux, veu leurs qualitez de simples gentilshommes), mourut et creva de tristesse dans la place d'honneur. Aucuns disent qu'elle-mesme se donna la mort, qu'on trouvoit pourtant estre acte plustost payen que chrestien. Tant y a qu'il la faut louer de sa grande générosité en cela et de la remonstrance qu'elle fit à son mary à l'heure de sa mort, quand elle luy dit : « Que te reste-t-il, Balagny, de plus vivre après ta désolée infortune, pour « servir de risée et de spectacle au monde, qui te monstrera au doigt, sortant « d'une si grande gloire où tu t'es veu haut eslevé, en une basse fortune que « que je te voy préparée si tu ne fais comme moi? Appren donc de moy à « bien mourir et ne survivre ton malheur et ta dérision. » C'est un grand cas quand une femme nous apprend à vivre et mourir. A quoy il ne voulut obtempérer ny croire; car, au bout de sept ou huict mois, oubliant la mémoire prestement de cette brave femme, il se remaria avec la sœur de madame de Monceaux, belle certes et honneste damoiselle; monstrant à plusieurs qu'enfin il n'y a que vivre, en quelque façon que ce soit.

Certes la vie est bonne et douce ; mais aussi une mort généreuse est fort à louer, comme cette-cy de cette dame, laquelle, si elle est morte de tristesse, est bien contre le naturel d'aucunes dames, qu'on dit estre contraires au naturel des hommes ; car elles meurent de joye et en joye.

Je n'en allégueray que ce seul conte de mademoiselle de Limeuil l'aisnée, qui mourut à la cour estant l'une des filles de la reine. Durant sa maladie, dont elle trespassa, jamais le bec ne luy cessa, ains causa tousjours ; car elle estoit fort grand'parleuse, brocardeuse et très-bien et fort à propos, et très-belle avec cela. Quand l'heure de sa mort fut venue, elle fit venir à soy son vallet (ainsi que les filles de la cour en ont chacune le leur) ; et s'appelloit Jullien, qui jouoit très-bien du violon : « Jullien, luy dit-elle, prenez vostre violon et « sonnez-moy tousjours jusques à ce que me voyez morte (car je m'y en vois) « la *Défaitte des Suisses*, et le mieux que vous pourrez : et quand vous « serez sur le mot *Tout est perdu*, sonnez-le par quatre ou cinq fois, le plus « piteusement que vous pourrez : » ce que fit l'autre, et elle-mesme luy aidoit de la voix : et quand ce vint à *Tout est perdu*, elle le récita par deux fois ; et se tournant de l'autre costé du chevet, elle dit à ses compagnes : « Tout « est perdu à ce coup, et à bon escient ; » et ainsi décéda. Voilà une mort joyeuse et plaisante. Je tiens ce conte de deux de ses compagnes dignes de foy, qui virent jouer le mystère.

S'il y a ainsi aucunes femmes qui meurent de joye ou joyeusement, il se trouve bien des hommes qui en ont fait de mesmes : comme nous lisons de ce grand pape Léon, qui mourut de joye et liesse quand il vid nous autres François chassez du tout hors de l'estat de Milan ; tant il nous portoit de haine !

Feu M. le grand prieur de Lorraine prit une fois envie d'envoyer en cours vers le Levant deux de ses gallères sous la charge du capitaine Beaulieu, l'un de ses lieutenants, dont je parle ailleurs. Ce Beaulieu y alla fort bien, car il estoit brave et vaillant. Quand il fut vers l'Archipelage, il rencontra une grand' nau vénétienne bien armée et bien riche : il l'acommença à la canonner, mais la nau luy rendit bien sa salve ; car de la première vollée elle luy emporta deux de ses bancs avec leurs forçats tout net, et son lieutenant, qui s'appeloit le capitaine Panier, bon compagnon, qui pourtant eut le loisir de dire ce seul mot, et puis mourir : « Adieu paniers, vendanges sont faites. » Sa mort fut plaisante par ce bon mot. Ce fut à M. de Beaulieu à se retirer, car cette nau estait pour luy invincible.

La première année que le roy Charles neufiesme fut roy, lors de l'édict de juillet, qu'il se tenoit au fauxbourg de Sainct-Germain, nous vismes pendre un enfant de la matte là mesme, qui avoit dérobé six vaisselles d'argent de la cuisine de M. le prince de La Roche-sur-Ion. Quand il fut sur l'eschelle, il pria le bourreau de luy donner un peu de temps de parler, et se mit sur le devis, en remonstrant au peuple qu'on le faisoit mourir à tort, « car, disoit-il,

« je n'ay point jamais exercé mes larcins sur de pauvre gens, gueux et mal-
« lotrus, mais sur les princes et les grands, qui sont plus grands larrons que
« nous et qui nous pillent tous les jours ; et n'est que bien fait de
« répéter d'eux ce qu'ils nous dérobbent et nous prennent ». Tant d'autres
sornettes, dit-il, plaisantes, qui seroyent superflues de raconter, sinon que le
prestre qui estoit monté sur le haut de l'eschelle avec luy, et s'estoit tourné
vers le peuple, comme on void, lui escria : « Messieurs, ce pauvre patient se
« recommande à vos bonnes prières ; nous dirons tous pour luy et son âme un
« *Pater noster* et un *Ave Maria*, et chanterons *Salve,* » et que le peuple luy
respondoit, ledic patient baissa la teste, et regardant ledic prestre, commença
à brailler comme un veau, et se mocqua du prestre fort plaisamment, puis
luy donna du pied et l'envoya du haut de l'eschelle en bas, si grand saut qu'il
s'en rompit une jambe. « Ah ! monsieur le prestre, par Dieu, dit-il, je sçavois
« bien que je vous deslogerois de là. Il en a, le gallant. » L'oyant plaindre, se
mit à rire à belle gorge déployée, et puis luy-mesme se jetta au vent. Je vous
jure qu'à la cour on rit bien de ce trait, bien que le pauvre prestre se fust fait
grand mal. Voilà une mort, certes, non guières triste.

Feu M. d'Estampes avoit un fou qui s'appeloit Colin, fort plaisant. Quand
sa mort s'approcha, M. d'Estampes demanda comment se portoit Colin. On
luy dit : « Pauvrement, monsieur ; il s'en va mourir, car il ne veut rien pren-
« dre. — Tenez, dit M. d'Estampes, qui lors estoit à table, portez-luy ce potage,
« et luy dites que, s'il ne prend quelque chose pour l'amour de moy, que je ne
« l'aymeray jamais, car on m'a dit qu'il ne veut rien prendre. » L'on fit l'ambassade à Colin, qui, ayant la mort entre les dents, fit response : « Et qui
« sont-ils ceux-là qui ont dit à monsieur que je ne voulois rien prendre ? » Et
estant entourné d'un million de mouches (car c'estoit en esté), il se mit à
jouer de la main autour d'elles, comme l'on voit les pages et laquais et autres
jeunes enfants après elles ; et ayant pris deux au coup, en faisant le petit tour
de main qu'on se peut mieux représenter que l'escrire : « Dittes à monsieur,
« dit-il, voylà que j'ay pris pour l'amour de luy, et que je m'en vais au
« royaume des mouches, » et se tournant de l'autre costé le gallant trespassa.

Sur ce j'ay ouy dire à aucuns philosophes que volontiers aucunes personnes se souviènent à leur trespas des choses qu'ils ont le plus aymées, et
les recordent, comme les gentilhommes, les gens de guerre, les chasseurs et
les artisans, bref de tous quasi en leur profession, mourant ils en causent
quelque mot : cela s'est veu et se voit souvent.

Les femmes de mesmes en disent aussi quelque ratellée, jusques aux putains ;
ainsi que j'ay ouy parler d'une dame d'assez bonne qualité, qui à sa mort

triompha de débagouller de ses amours, paillardises et gentillesses passées : si bien qu'elle en dit plus que le monde en sçavoit, bien que l'on la soupçonnast fort putain. Possible pouvoit-elle faire cette descouverte, ou en resvant, ou que la vérité, qui ne se peut céler, l'y contraignist, ou qu'elle voulust en décharger sa conscience ; comme de vray en saine conscience et repentance, c'le en confessa aucuns en demandant pardon, et les espécifioit et cottoit en marge, que l'on y voyoit tout à clair. « Vrayment, » ce dit quelqu'un, « elle « estoit bien à loisir d'aller sur cette heure nettoyer sa conscience d'un tel « ballay d'escandale, par si grande spéciauté ! »

Il n'y a pas longtemps qu'un gentilhomme de par le monde, en une province que je ne nommeray point, en mourant en fit de mesme, et publia ses amours et paillardises, et spécifia les dames et damoiselles avec lesquelles il avoit eu à faire, et en quels lieux et rendez-vous, et de quelles façons, dont il s'en confessoit tout haut, et en demandoit pardon à Dieu devant tout le monde. Cettuy-là faisoit pis que la femme, car elle ne faisoit que s'escandaliser, et ledict gentilhomme escandalisoit plusieurs femmes. Voilà de bons gallants et gallantes.

On dit que les avaritieux et avaritieuses ont aussi cette humeur de songer fort, à leur mort, en leurs trésors d'escus, les ayant tousjours en la bouche. Il y a environ quarante ans qu'une dame de Mortemar, l'une des plus riches dames du Poictou, et des plus pécunieuses, et après venant à mourir, ne songeant qu'à ses escus qui estoyent en son cabinet, et tant qu'elle fut malade se levoit vingt fois le jour à aller voir son trésor. Enfin s'approchant fort de la mort et que le prestre l'exhortoit à la vie éternelle, elle ne disoit autre chose et ne respondoit que : « Donnez-moi ma cotte ; les meschans me des- « robbent ; » ne songeant qu'à se lever pour aller voir son cabinet, comme elle faisoit les efforts, si elle eust pu la bonne dame ; et ainsi elle mourut.

Je me suis sur la fin un peu entrelassé de mon premier discours ; mais prenez le cas qu'après la moralité et la tragédie vient la farce. Sur ce je fais fin.

PARAIT AUJOURD'HUI

Chez Victor BUNEL, Éditeur, 3, rue de l'Abbaye, Paris, et chez tous les Libraires
et Marchands de Journaux de Paris et de la Province

VIES DES DAMES GALANTES
Par le Seigneur de BRANTOME

10 Centimes	**50 Livraisons**	**50 Centimes**
LA LIVRAISON	2 LIVRAISONS PAR SEMAINE	LA SÉRIE DE 5 LIVRAISONS

UNE SÉRIE TOUS LES QUINZE JOURS

EN VENTE CHEZ TOUS LES LIBRAIRES DE PARIS ET DES DÉPARTEMENTS

Victor BUNEL, Éditeur, 3, rue de l'Abbaye.

HISTOIRE DE LA BASTILLE
DEPUIS SA FONDATION, 1371, JUSQU'A SA DESTRUCTION, 1789

Mystères de la Bastille, ses prisonniers, ses gouverneurs, ses Archives, détails des tortures et supplices usités envers les prisonniers.

Par MM. ARNOULD, ALBOISE et A. MAQUET
Magnifique volume illustré de 100 gravures.
Prix du volume broché. . . . . . . 9 fr.

LA BELLE GABRIELLE
Par AUGUSTE MAQUET

60 numéros à 10 centimes ; la série de 5 livraisons, 50 centimes.
Le volume broché, 7 francs.

CONFESSIONS DE MARION DELORME
Par Eugène de MIRECOURT

Magnifique édition de 100 livraisons, illustrée de 120 gravures.
Prix : 10 francs, broché

MÉMOIRES DE NINON DE LENCLOS
Par Eugène de MIRECOURT

Magnifique édition de 95 livraisons, illustrée de 120 gravures
Prix du volume broché, 9 fr. 50 c.

L'ARTICLE 47
Par ADOLPHE BELOT

Magnifique édition illustrée, 10 c. la livraison.
Prix du volume broché, 1 fr. 60 c.

RÉIMPRESSION (IN EXTENSO) DU JOURNAL OFFICIEL DE LA COMMUNE

Imprimé sur le même format que le Journal officiel du gouvernement

Des numéros du dimanche 19 mars au mercredi 24 mai 1871 dernier numéro paru.

Ouvrage complet : 6 fr. broché ; 8 fr. cartonné

LA MAISON DU BAIGNEUR
Par Auguste MAQUET

30 numéros à 10 centimes ; la série de 5 livraisons, 50 centimes.
Le volume broché, 4 francs.

HISTOIRE DES BAGNES
DEPUIS LEUR CRÉATION JUSQU'A NOS JOURS

Édition populaire illustrée de plus de 150 dessins
Par PIERRE ZACCONE
Un magnifique volume. . . . . . 10 fr.

HISTOIRE DES COURTISANES CÉLÈBRES
Par Henri de KOCK

Un fort vol. de 100 livraisons, orné de 100 magnifiques gravures.
Prix du volume broché, 10 fr.

HISTOIRE DES LIBERTINS ET LIBERTINES
DE TOUS LES TEMPS ET DE TOUS LES PAYS
Par Henri de KOCK

50 livraisons à 10 centimes, 50 centimes la série de 5 livraisons
Prix du volume broché, 5 francs.

VOLUMES VENDUS AU RABAIS

LA FEMME DE FEU
Par Adolphe BELOT

Magnifique volume avec 20 grav. Prix : **1 fr. 50** au lieu de **2 fr.**

LE PARRICIDE
Par Adolphe BELOT et Jules DAUTIN

BEAU VOLUME DE 35 LIVRAISONS, ORNÉ DE 35 GRAVURES
Prix : **2 fr. 75** au lieu de **3 fr. 50**

HISTOIRE DES THUGS
Par René de PONT-JEST

BEAU VOLUME DE 70 LIVRAISONS, AVEC 70 GRAVURES
Prix : **5 fr.** au lieu de **7 fr.**

LES FEMMES INFIDÈLES
Par Henri de KOCK

Fort volume de 100 livraisons, orné de 100 magnifiques gravures
Prix : **6 fr.** au lieu de **10 fr.**

Tous ces ouvrages peuvent être demandés en feuilles, en séries et en volumes.

EN COURS DE PUBLICATION

LES CONTES DE BOCCACE

Magnifique édition de 100 livraisons, illustrée de 150 gravures

10 cent. la livraison, 50 cent. la série, 2 liv. par semaine, 1 série de 5 liv. tous les quinze jours
6 SÉRIES SONT DÉJA PARUES

Le succès qui a accueilli notre édition populaire illustrée des *Contes de Boccace* nous encourage à publier aujourd'hui **La Vie des Femmes Galantes**, par le Seigneur de Brantôme.

Il n'existe pas d'édition illustrée de ce livre CLASSIQUE, et nous pensons plaire à nos lecteurs en leur donnant cet ouvrage orné de gravures exécutées par nos principaux artistes dessinateurs et graveurs.

Cette nouvelle publication sera composée entièrement en caractères neufs et imprimée par la Maison TOLMER ET Cie.

L'éditeur Victor BUNEL ne doute pas de l'empressement du public à répondre à son appel ; il ne reculera devant aucun sacrifice pour rendre cet ouvrage digne d'avoir sa place dans toutes les bibliothèques.

9946 — Paris. — Typographie Tolmer et Cie, rue de Madame, 3.

www.ingramcontent.com/pod-product-compliance
Lightning Source LLC
Chambersburg PA
CBHW060129170426
43198CB00010B/1095